魁阁学术文库
Kui Ge Academic Library

本书出版得到云南大学民族学一流学科建设经费资助

本书为教育部高校人文社会科学重点研究基地重大项目
"民族学本体论转向下的中国视角及实践研究"
（项目批准号22JJD840005）的阶段性成果

魁阁学术文库

Kui Ge Academic Library

政治人类学

从日常语言视角

POLITICAL

ANTHROPOLOGY

From an Ordinary Language

Perspective

朱晓阳　著

POLITICAL

ANTHROPOLOGY

FROM AN ORDINARY LANGUAGE

PERSPECTIVE

社会科学文献出版社

SOCIAL SCIENCES ACADEMIC PRESS (CHINA)

"魁阁学术文库"编委会

主　任：李培林　林文勋

秘书长：谢寿光

委　员（按姓氏音序排列）：

陈光金　成伯清　冯仕政　关　凯　何　明

胡洪斌　孔建勋　李建军　李晓斌　李友梅

李志农　廖炼忠　马雪峰　童根兴　王春光

王天夫　王延中　杨绍军　张文宏　张晓明

张　翼　周飞舟　周建新　周晓虹

"魁阁学术文库"总序

1939年7月,在熊庆来、吴文藻、顾毓琇等诸位先生的努力下,云南大学正式设立社会学系。在这之前的1938年8月到9月间,吴文藻已携家人及学生李有义、郑安仑、薛观涛辗转经越南从河口入境云南,差不多两个月后,其学生费孝通亦从英国学成后经越南到昆,主持云南大学社会学系附设的燕京大学-云南大学实地研究工作站(亦称社会学研究室)。1940年代初,社会学研究室因日军飞机轰炸昆明而搬迁至昆明市郊的呈贡县魁星阁,"魁阁"之名因此而得。此后差不多6年的时间里,在费孝通的带领下,"魁阁"汇集了一批当时中国杰出的社会学家和人类学家,如许烺光、张之毅、田汝康、史国衡、谷苞、胡庆钧、李有义等,进行了大量的田野调查,出版了一系列今日依然熠熠生辉的学术精品。由于吴文藻、费孝通、杨堃等诸位先生在1940年代的努力,云南大学社会学系及其社会学研究室("魁阁")成为当时全球最重要的社会学学术机构之一,其中涌现了一大批20世纪中国最重要的社会学家、人类学家。"魁阁"因其非凡的成就,成为中国现代学术史上的一个里程碑。

"魁阁"的传统是多面相的,其主要者,吴文藻先生将之概括为"社会学中国化",其含义我们可简单概括为:引进西方现代社会科学的理论与方法,以之为工具在中国开展实地研究,理解与认知中国社会,生产符合国情的社会科学知识,以满足建设现代中国之需要。

为实现其"社会学中国化"的学术理想,1940年代,吴文藻先生在商务印书馆主持出版大型丛书"社会学丛刊",在为"社会学丛刊"写的总序中,吴先生开篇即指出,"本丛刊之发行,起于两种信念及要求:一为促使社会学之中国化,以发挥中国社会学之特长;一为供给社会学上的基本参考书，以辅助大学教本之不足"。丛刊之主旨乃是"要在中国建立起比较社会学的基础"。"魁阁"的实地研究报告，如费孝通的《禄村农田》、张之毅的《易村手工业》、史国衡的《昆厂劳工》、田汝康的《芒市边民的摆》等多是在"社会学丛刊"乙集中出版的。

80多年前，社会学的前辈先贤正是以这样的方式奠定了中国社会学的基础。为发扬"魁阁"精神，承继"魁阁"传统，在谢寿光教授的主持下，云南大学民族学与社会学学院和社会科学文献出版社共同出版"魁阁学术文库"，以期延续"魁阁"先辈"社会学中国化"的理论关怀，在新的时代背景下，倡导有理论关怀的实地研究，以"魁阁学术文库"为平台，整合社会学、人类学、社会工作、民族学、民俗学、人口学等学科，推进有关当代中国社会的社会科学研究。受"社会学丛刊"的启发，"魁阁学术文库"将包含甲乙丙三"集"，分别收入上述学科综合性的论著、优秀的实地研究报告，以及国外优秀著作的译本，文库征稿的范围包括学者们完成的国家各类课题的优秀成果、新毕业博士的博士学位论文、博士后出站报告、已退休的知名学者的文集、国外优秀著作的译本等。我们将聘请国内外知名的学者作为遴选委员会的成员，以期选出优秀的作品，贡献世界。

是为序。

第十三届全国人大常委会委员、社会建设委员会副主任委员
中国社会科学院学部委员、社会政法学部主任

云南大学党委书记

目录

前 言 …………………………………………………………… 1

第一部分 理论和方法

第一章 政治人类学：从传统本体论到日常语言视角 …………… 3
第二章 本体政治与当代人类学思潮 …………………………… 24
第三章 迈向日常语言视角的政治人类学 ……………………… 50
第四章 本体观人：重温马克思主义人类学 …………………… 67

第二部分 干预和介入 政治人类学的公共性

第五章 再思"发展"：政治人类学与中国发展研究 …………… 87
第六章 介入或不介入：人类学的选择 ………………………… 111

第三部分 民族志

第七章 从乡绅到中农 …………………………………………… 133
第八章 基层社会空间的法 ……………………………………… 166

参考文献 ………………………………………………………… 192

前　言

　　思量很久，我决定用《政治人类学——从日常语言视角》作为书名。写作本书的初心始于 20 余年前政治人类学界的一个发问——"不以西方为出发点的'政治学'如何成为可能"。本书提出中国人政治生活中的日常语言，如"势"或"地势"中蕴含着一种选择途径。但本书不是自说自话，而是在与西方社会科学根本问题对话的基础上进行的政治研究进路探索。

　　从对话立场出发的政治有以下两个重要面向。其一是本体性政治（ontological politics），即所谓政治应当放在人与其生存环境（生境）的关系中去理解。这种关系包括人与同一社区或不同社区内的其他人的关系，也包括人与生境中的其他动物、植物、地势的关系。在这种整合关系下的政治涉及公共生活秩序，与公共目标有关。其中会有权力和权威/服从关系，涉及的活动包括日常的和非日常的事件。

　　其二是日常语言视角。本书在第一章中写道：如对以地势为核心概念的人类学本体论下定义，可以将之称为日常语言视角人类学。它在关于实在（reality）的看法上与实在论语言哲学基本一致，但也有一些差别。差别之处在于，日常语言视角人类学在承认语言之间有互相翻译可能的"彻底解释"前提下，将不同语言的述说视为他者性的生活形式或视角。[①] 日常语言视角人类学主张，文化（语言）之间可互相理解（翻译），意在消除反思人类学的表征危机论。其强调不同语言述说视角有差异，导向实在/本体相对论。以本书所讨论的地势为例，其作为日常语言，虽然与西方社

[①] 朱晓阳：《日常语言视角的人类学本体论》，《中国农业大学学报》（社会科学版）2021 年第 2 期。

会科学中的 topography（地志学）或 morphology（形态学）之间可互相翻译，但它指向一种汉语述说视角下的实在。①

除了以上两个重要面向外，本书还强调政治人类学的应用性和介入性。政治人类学研究的基础和核心是民族志调查与写作。人类学的政治研究以民族志为知识来源，并以民族志为透镜折射政治生活。

综合以上，本书由三部分组成。第一部分是关于政治人类学的理论和方法。首先，本书对传统的政治人类学诸进路进行评述，并对中国人类学传统的进路或"社会学中国化"（包括吴文藻、潘光旦、金岳霖和费孝通等）的主张进行梳理。本书对前人文献的梳理是基于它们与日常语言视角人类学的关联性进行的。其次，本书对当代人类学本体论转向思潮中的本体政治取向进行评述，对金岳霖的日常语言哲学之人类学意义进行辨析，特别是对他将势作为哲学根本性问题进行辨析。与此相关，本书第三章对潘光旦的"位育"概念及其与当代人类学本体论转向的关联进行讨论。此外，该章还对费孝通的行文从日常语言视角进行分析，将费孝通的成就作为一个范例。本书第四章从当代政治人类学视域重温马克思主义人类学，讨论马克思主义人类学与当代人类学本体论的内在联系。本书以日常语言视角人类学为进路，勾勒出在与西方社会科学思想根本性问题对话基础上的政治人类学进路和方法。

本书第二部分是关于政治人类学的公共性或应用性的研究。在政治人类学中，人类学发展研究和以发展为中心的"介入"是这个领域学者与实践者的核心关怀。在第五章，本书借助中国过去40余年的发展历程和发展经验，从政治人类学的传统出发，对中国发展道路和发展干预研究做评述。与此相关，本书第六章对当代政治人类学的"介入"争议进行辨析。

本书在第三部分呈现日常语言视角下的政治人类学民族志。两个案例均以地势方法研究乡村社会及基层秩序。第七章基于最近70年的地方历史勾勒出从20世纪前半叶的乡绅到土改之后的中农，甚至到21世纪自然村社会中隐性延续的社会阶层结构。第八章以地势方法研究基层社会空间如

---

① 朱晓阳：《中国的人类学本体论转向及本体政治指向》，《社会学研究》2021年第1期。

何安顿"法"。该章还从日常语言视角，将"家园"、"家宅"和"处境"等作为地势进路的体现。

几年前我曾写过一篇网文《中国故事和美国故事》，其中有几句话与本书的主旨和进路有关，现引作这篇前言的结尾：

> 在社会科学理论领域，多年来的一种争论就是"本土化"。在此我想说中国学者和美国学者所共同分享的社会科学哲学、方法论和主旨论题比一般想象得要多。我想举出哲学圈内外很有名气的金岳霖为例。金先生的《论道》将中文日常语言中的势等作为核心概念。一般人会以为金先生是在讲本土化的政治哲学，殊不知金先生的问题意识和进路是从休谟的问题——因果论疑难中承继下来的。今天的中国社会科学在范式上与金先生的探索有很多相似的地方。我们这些年在处理费孝通提出的"扩展中国社会学的界限"或者说"寻找与古人跨越时间的联系"等问题时，使用的是多样的"工具"和进路，如从美国的实用主义哲学、英国的日常语言哲学到中国的语文学等。我们并不需要将自己的论说还原为什么国学或者"普遍社会科学"，简单来说，除了语言述说视角差异外，也不需要强调什么本土不本土的视角。

第一部分　理论和方法

第一章　政治人类学：从传统本体论到日常语言视角

本章通过梳理多年政治人类学的相关文献，回顾过去将近一个世纪这个领域的一些流派或范式与日常语言视角实在论政治之间的关系。本章将讨论中国人类学的日常语言视角实在论传统。这一传统自20世纪30年代的"社会学中国化"主张开始。笔者认为，虽然在同一语境中的本土化争论是无意义的问题，但对社会学同义词意涵的比较性（拓展性）描述却是当下社会学和人类学的重要工作。此外，在同一语境中，用来把握现实的概念有是否更切近现实之差别。费孝通的成就是这方面的一个范例。

一　引言

在最近人类学领域出现的本体论转向思潮中，有一种主张认为，为强调本体相对主义视角，同时也为强调说话者视角，应当将格尔茨的一句名言——"民族志在抒写巫术的部分，不需要像巫师写的一样"[①]——反过来说，即"可以用巫师的语言来写关于巫术的民族志"。笔者在发扬这种论说时，采用南美视角论（perspectivism）人类学喜用的逆反结构主义表达方式称：写出能指的民族志。用能指写民族志，即将地方话或述说等看作视角的内在部分，也就是转向日常语言视角实在论。

何谓日常语言视角人类学？笔者曾做过如下论述：如对以地势为核心概念的人类学本体论下定义，可以将之称为日常语言视角人类学。它在关

---

① 朱晓阳：《中国的人类学本体论转向及本体政治指向》，《社会学研究》2021年第1期。

于实在（reality）的看法上与实在论语言哲学基本一致，但也有一些差别。差别之处在于，日常语言视角人类学在承认语言之间有互相翻译可能的"彻底解释"前提下，将不同语言的述说视为他者性的生活形式或视角。日常语言视角人类学主张，文化（语言）之间可互相理解（翻译），意在消除反思人类学的表征危机论。其强调不同语言述说视角有差异，导向实在/本体相对论。以本书所讨论的地势为例，其作为日常语言，虽然与西方社会科学中的 topography（地志学）或 morphology（形态学）之间可互相翻译，但它指向一种汉语述说视角下的实在。①

以上定义浓缩了笔者对人类学政治研究领域前人成果的梳理及选择，包含了对中国社会学和人类学传统的承继。在本章以下部分，首先将对这些相关文献做一些评述。本章并非意在全面回顾过去一个世纪这个领域的流派或范式，而是"刻意"偏颇，即仅仅讨论与日常语言视角实在论政治相关的部分。其次，本章将讨论中国人类学的日常语言视角实在论传统。这一传统自 20 世纪 30 年代的"社会学中国化"主张开始。最后，本章以费孝通的行文为日常语言视角实在论的一个范例。

二 政治人类学传统进路与日常语言视角

本节要评述的相关流派或进路首先包括结构功能论的社会形态学、英国人类学家李区（Leach）基于结构主义的上缅甸研究和马克思主义人类学。以上这些都是从结构 - 系统角度讨论政治的范式。其次将评述强调能动性和过程的法律人类学争论，以及试图以文化表征阐释超越争论的格尔茨式人类学。此外还有两种与政治人类学有关的当代进路，分别是栖居视角和福柯的真话本体论。

从政治人类学的学科编年史来说，《非洲的政治制度》② 一书代表了政治领域社会文化人类学分支的形成。该书的范式正是基于涂尔干传统的结构功能主义。书中的"努尔人"部分则直接受益于莫斯（又译毛斯）的社

---

① 朱晓阳：《中国的人类学本体论转向及本体政治指向》，《社会学研究》2021 年第 1 期。
② M. 福蒂斯、E. E. 埃文思 - 普里查德编《非洲的政治制度》，刘真译，商务印书馆，2016。

会形态学。社会形态学与日常语言视角人类学之间的契合可以用黑格尔辩证逻辑之"肯定"与"否定之否定"来阐释，即结构功能主义的本体论为肯定阶段，经过以认识论或表征论为主流的反思人类学否定阶段，人类学再次转向将本体论置于学科的聚焦处或否定之否定阶段。因此，我们应当从梳理莫斯的社会形态学开始。

莫斯称其关于北极地区爱斯基摩人道德、法律和宗教与物质环境关系的长文，是涂尔干的社会形态学的体现。从今天来看，莫斯的社会形态学比较粗陋，他简单地将道德－宗教－法律看作其物质基础的"功能"。莫斯称："我们提出了一条方法论准则，即社会生活及其所有形式（道德、宗教、司法等）是它的物质基础的功能，它是与这一基础一起变化的，也就是说与各个人类群体的总量、密度、形式和构成一起变化的。"①

从当代人类学本体论的视角来看，可以在莫斯的社会形态学基础上，在扬弃"功能"一词后，将爱斯基摩人的宗教和法律用生境/生态（物质基础）的 affordance（示能）② 解释，即这些环境条件提供（offer）的一种"价值"，但是社会形态与环境之间的对应不应该像莫斯所设想的那样直接。

社会形态和环境之间应有中介，即联系两者的技能。这里的技能与布迪厄意义上的习性相关。另外，如果技能成为一种知识，则与技术有关。而呈现为表征的，则被称为文化（也包括语言）等。近年来，人类学者基恩（Webb Keane）基于示能，结合符号学、互动论和历史学等，提出了示能进路③。这是将中介因素，特别是语言符号等，与莫斯意义上的社会形态学相结合的一个范例。

与社会形态学相当，结构主义对于当下人类学的本体论转向也有重要影响④。在此我们仅讨论政治人类学学科史上的结构主义及其影响。在政

---

① 马塞尔·毛斯：《论爱斯基摩人社会的季节性变化：社会形态学研究》，载马塞尔·毛斯著《社会学与人类学》，佘碧平译，上海译文出版社，2003，第394页。
② James J. Gibson, *The Ecological Approach to Visual Perception*, Boston: Houghton Mifflin, 1979.
③ Webb Keane, "Perspectives on Affordances, or the Anthropologically Real: The 2018 Daryll Forde Lecture", *Hau: Journal of Ethnographic Theory*, 2018, Vol. 8 (1-2).
④ 笔者已经另文讨论过列维－斯特劳斯及其理论对法国－南美结构本体论和视角论的影响。参见朱晓阳《中国的人类学本体论转向及本体政治指向》，《社会学研究》2021年第1期。

治人类学领域，李区①基于上缅甸克钦人语言范畴及其结构的研究，对于我们思考日常语言视角人类学有重要启示。就李区本人而言，他也经历了由埃文思-普里查德的社会形态学或结构功能论，迈向结构主义的言语概念理想类型的历程。②李区在《上缅甸诸政治体制——克钦社会结构之研究》一书的1964年版序言中说：

> 我的论点其实是说，第五章中描述的这套语言范畴形成了一个持久的结构性定式，而且当克钦人试图（向他们自己或向他人）诠释他们在身边所观察到的经验性社会现象时，所依据的往往就是这套范畴。
>
> 既然把贡萨和贡劳两种政治秩序看作范畴性结构，那么它们必定都是理念型的，无论何时何地都会与实际情况中的经验事实不太相符。事件只有通过加诸其上的言语范畴而被赋予秩序时，它们才具有结构性。③

李区的当地语言/言语范畴说及其结构主义与笔者关于乡绅与中农的研究有契合之处。在笔者的研究中，笔者追溯费孝通等关于乡绅的经验研究和概念讨论，对20世纪后半期乡村社会的中农、生产队干部、村干部等的生命史或口述史进行资料分析，用乡绅和中农的当地语言/言说范畴，描述乡村领导人的结构性延续。笔者认为，用语不仅是表征，还是具身性的"视角"④。

当下的人类学本体论转向中少有人提到马克思主义传统的影响。但是日常语言视角实在论确实与马克思主义人类学本体论之间有契合之处。而马克思主义人类学更是与人类学中"物"的研究有交集。马克思主义人类学如同涂尔干和莫斯的社会形态学一样，提供了一个有关以现实世界为本

---

① 李区：《上缅甸诸政治体制——克钦社会结构之研究》，张恭启、黄道琳译，正港资讯文化事业有限公司，2003。
② 李区：《上缅甸诸政治体制——克钦社会结构之研究》，张恭启、黄道琳译，正港资讯文化事业有限公司，2003，第323页。
③ 李区：《上缅甸诸政治体制——克钦社会结构之研究》，张恭启、黄道琳译，正港资讯文化事业有限公司，2003，第9页。
④ 朱晓阳：《从乡绅到中农》，《中国农业大学学报》（社会科学版）2018年第1期；朱晓阳：《乡绅、"废墟"和自治》，《开放时代》2016年第4期。

的前提。但是当下的人类学本体论强调人与其他生物之间的连续性，甚至将心智假设延伸到动物。而马克思主义人类学遵守的原则是，仅有人类才会有心智或主观能动性。马克思在《1844年经济学哲学手稿》中将这种能动性称为人的"类本质"。[①] 在成熟期以后的马克思则以社会关系、生产方式和阶级等谈论人之为人。此外，虽然马克思主义强调语言对于人的根本意义[②]，但没有像20世纪后半期的日常语言哲学和海德格尔存在哲学那样看待言谈活动或"方言"的意义。

相比之下，从当代人类学本体论视角来解释马克思的人类学本体论，则会更有意义。[③] 当然，一些人类学本体论者试图撇开语言，将心智假设拓展到非人的动物界。因此语言述说的视角差异不被他们关注。在这一点上，当代的马克思主义人类学也没有提供答案。

在法律人类学的20世纪学科史上，格拉克曼和博汉南的"分析体系"（analytical system）与"民俗体系"（folk system）之争值得从日常语言视角实在论角度重新评述。

在从法律人类学诞生（以《非洲的政治制度》为标志）到1970年代以前，即博汉南和格拉克曼的争论平息为止，法律人类学的焦点一方面是关于法的"定义"的争论，另一方面是关于非西方法律研究应该采取规范比较还是过程比较的方式。

具体到关于法律民族志的叙述模式，法人类学家格拉克曼主张用分析体系进行"法律制度比较"，而法律人类学的代表博汉南则提出应以民俗体系描述"纠纷过程和冲突管理"。

博汉南在《提乌人的审判》[④]一书中指出，比较法律是不可能的，因为每一种文化及法律概念都是独特的。博汉南称："我在本书中试图对提乌司法控制的民俗体系进行翻译。要达到这一目标，必须将提乌人与我们

---

① 马克思：《1844年经济学哲学手稿》，中共中央马克思恩格斯列宁斯大林著作编译局编译，人民出版社，2014。
② 恩格斯：《劳动在从猿到人的转变中的作用》，载《马克思恩格斯选集》第三卷，中共中央马克思恩格斯列宁斯大林著作编译局编译，人民出版社，2012。
③ 朱晓阳：《本体观人：重温马克思主义人类学》，《新视野》2022年第1期。
④ Paul Bohannan, *Justice and Judgment among the Tiv*, Oxford University Press, 1957, pp. 7–8.

自身的'法律'进行对照。但我尽量不使用我们自身的'法律'体系来'解释'提乌人,因为这将会破坏他们的思想观念和民俗体系。另外,我也试图从数据中总结出一套分析体系来,并使之有助于普通社会学术语的理解。"①

从当下本体论人类学的视角来看,有必要讨论博汉南所说的"难以翻译"之词是指向不同的"世界观"还是"不同的世界"。这个问题从未进入博汉南和格拉克曼的视野。因为他们在世界是同一个自然世界这一问题上是有共识的。但是从博汉南关于提乌语的 jir 之翻译含混性中可以看出②,他实际上触及了提乌人的 jir 与格拉克曼的"law"(法律)之间存在本体差异的问题。就此而言,博汉南是一位不自觉的日常语言视角实在论者。

在 20 世纪 80 年代初,随着格尔茨的《地方知识——阐释人类学论文集》的出版和后来反思人类学的兴起,不仅博汉南的民俗体系之本体他者性问题没有被发现,而且格拉克曼和博汉南的争论也被淹没。在之后的几十年,人类学的法律研究中,格尔茨的"法律是对真实加以想象的独特方式之一部分"③和"地方知识"成为强音,此后更激进的反思人类学和后现代法律人类学也登上舞台。按照 Sally Falk Moore 的看法,法人类学者总的来说,已经抛弃了关于定义的争论。④ 反思人类学时期的法律人类学者倾向于了解特定场景下的权力、控制和公正等问题,诸如谁建造法律?谁不服从它们?它们是如何规范化和实施的?以及它们如何从伦理上证成?

在后现代法律人类学中,桑托斯(Boaventura de Santos)的《被压迫者的法》是"关注权力和法律建构与权力关系"民族志案例⑤。在桑托斯

---

① Paul Bohannan, *Justice and Judgment among the Tiv*, Oxford University Press, 1957, pp. 7-8.
② 按博汉南的看法,jir 的翻译问题在于 jir 既有法庭之义,又有个案的意思,要了解 jir 是如何的,最好对之进行完整描述。
③ 克利福德·格尔茨:《地方知识——阐释人类学论文集》,杨德睿译,商务印书馆,2014,第 288 页。
④ Sally Falk Moore, *Law and Anthropology: A Reader*, Blackwell Publishing, 2005, pp. 1-4.
⑤ 博温托·迪·苏萨·桑托斯:《迈向新法律常识——法律、全球化和解放》(第二版),刘坤轮、叶传星译,中国人民大学出版社,2009。

第一章 政治人类学：从传统本体论到日常语言视角

看来，法律是一种多重网络的现象，即对同一个（社会）对象进行不同的现实构想，将它们创造为不同的法律对象。

桑托斯的法律观比格尔茨的"法律是对真实加以想象的独特方式之一部分"更朝后现代方向走远一步，导向了一种法律的非本体性主张。在此前提下，司法被想象成政治性的话语实践之间的竞争或修辞活动。

格尔茨的"地方知识说"虽然常被误解为以认识论为中心的后现代法律人类学的滥觞，但他的阐释人类学其实有民族志"客观性"的根。特别是他关于厚描（thick description）的主张值得从今天的角度进行梳理。

当今的人类学学人，从初学人类学开始就知道厚描这个词。在格尔茨那里，作为认识论进路的厚描有着本体论或实在的前提，即"眨眼动作"。格尔茨的厚描理论认为同一世界，有不同"世界版本（看法）"。这是理解人类学认可的自然主义的前提。就此而言，厚描与语言分析哲学家戴维森所主张的"彻底解释"之间有内在契合。① 两者都赞成"文化持有者"的世界可理解、可翻译，而且理解或翻译的起点都是共同面对的"同样的事件和客体"。

如站在今日的本体论立场看格尔茨的阐释人类学，人们会批评他没有考虑法律感知的本体差异性。如前所述，当今的本体论人类学会将"法"的表述及其相应"物"（包括具体活动、司法过程，如jir）视为差异本体或"地方世界"。

格尔茨的地方知识或法律感知比较研究，仅止于对不同的法律文化（法律感知）的阐释。它将对不同的法律文化进行互相评注作为阐释人类学的目标。就法律人类学这一具体领域而言，格尔茨的阐释人类学主张以法律的语言混乱来描述不同法律感知的交融。

但关键的问题在于，我们面对的是"法律的语言混乱"，还是法律的不同"地方世界"？如以笔者的滇池东岸小村农民地权观研究为例，研究发现，土地产权观具有非排他性，即一块土地既是"国家的"，又"属于

---

① 格尔茨认为自己运用的是实用主义现象学和阐释学方法（an applied pragmatic phenomenological and hermeneutical method）。（Arun Micheelsen, "I Don't Do Systems: An interview with Clifford Geertz", *Method & Theory in the Study of Religion*, 2002, 14 (1), pp. 2–20.）

集体所有"。① 而且在当地世界，这种非排他性地权并不自相矛盾。从村规民约制定者角度来看，将"国家"、"集体"和"农户"放在一起的分类是一种融贯的秩序，这是一种将"农户－集体（村）－国家"与土地的关系按照差序形成的秩序。

此外，一地区的房屋产权也是非排他性的，或可称为"家庭成员共享产权"②。这里的问题是，难道这只是一种法律感知？或地方知识？或者我们应当直接将它们视为一种"现实"或"生活形式"。它们是与亲属关系现实、财产继承实践、社会福利制度性安排（包括老人赡养和照顾制度）相关的"法"。这种差异的地方世界是以日常语言视角被呈现出来的。

通过以上对格尔茨的地方知识或法律感知的重新阐释，笔者认为法律不仅仅是"想象真实的一种方式"。当格尔茨说它（阐释人类学）将多个世界带进我们的视野和"一沙一世界"③ 时，也许其意并非指今天人类学本体论转向所说的"复数世界"。但格尔茨的阐释人类学本体论与其建构主义法律感知之间的矛盾，确实蕴含着通过日常语言视角本体论将之克服的途径。

栖居视角是日常语言视角实在论的一个较早说法。这一视角来自英戈尔德（Tim Ingold）所理解的海德格尔之栖居概念。但英戈尔德的理解与海氏的差别很大。例如英戈尔德的栖居是一个说明性的概念，缺乏海德格尔的栖居概念的伦理和价值面向。而且英戈尔德的栖居意在强调人与有机体之间的连续。因此谈栖居视角不以语言为前提。④ 英戈尔德的栖居视角下的"技能"是"无言"的文化，是人与有机体无区别的活动。栖居视角对人的语言述说及与之相应的生活形式这个面向没有关注。

---

① 朱晓阳：《"彻底解释"农民的地权观》，载苏力主编《法律和社会科学》第8辑，法律出版社，2011。
② 见本书第八章。
③ 克利福德·格尔茨：《地方知识——阐释人类学论文集》，杨德睿译，商务印书馆，2014，第212页。在该书的2000年版序言中，格尔茨说："从哲学上对自然法之性质的重新思考，到取决于视角（perspectival）、取决于观察者（observer dependent），一切的发展都在强化以个案为基础的知识在科学上的地位，'一沙一世界'不再只是泛神论的一句比喻。"
④ Tim Ingold, *The Perception of the Environment: Essays on Livelihood, Dwelling and Skill*, New York: Routledge, 2003, pp. 157–171.

第一章 政治人类学：从传统本体论到日常语言视角

从海德格尔1950~1970年代的一系列关于栖居和语言的文章来看，他所说的"诗意地栖居"是一种以语言（特别是方言）为家的状态。我们可以认为他将语言（特别是方言）看作栖居的实质。海德格尔在数篇文章中对18~19世纪的德国诗人黑贝尔的方言诗做过深入讨论。[①] 此外海德格尔的《在通向语言的途中》一书也是关于语言与栖居的重要文本。[②]

英戈尔德的栖居视角，更多是吸收詹姆斯·吉布森（James Gibson）的生态心理学（ecological psychology）的成果。[③] 栖居视角在作为社会政治理论概念方面有不足之处，例如它没有对利益或其他政治性表征予以关注。因此栖居视角有必要与政治-经济视角相结合，或与其他社会科学视角相结合。此外栖居视角缺乏中介。当然，在基恩的示能进路下，对符号意识形态和符号模式的强调（包括心理、社会互动和社会历史三方面的中介），对于探讨伦理生活与现实/历史环境间的关系更接近民族志情景。

福柯在晚期关于"真话本体论"的论说[④]对于我们思考日常语言视角实在论具有直接启示意义。

从方法论意义上说，福柯对我们的启示有两点。第一，应当越过社会自我表现和意识形态，在话语实践层面讨论政治实践和做法。第二，不要用权力-话语论去化约其他生活形式。福柯自己晚期的研究提供了这方面的范例。他在最后几年研究存在于古代的一种"话语性实践"（discursive practices）或"真的话语的本体论"（ontologie des discour vrais），例如古希腊的关心自己、说真话或直言问题。福柯强调直言与关心自己这一问题直接相关联。[⑤] 福柯的直言或说真话将言说者的生活形式联系在一起，对本

[①] 见海德格尔的《J. P. 黑贝尔的语言》、《黑贝尔——乡愁之魂》和《语言与家乡》（马丁·海德格尔：《思的经验》，陈春文译，商务印书馆，2018，第108~110、115~134、140~170页）。

[②] 海德格尔：《在通向语言的途中》（修订译本），孙周兴译，商务印书馆，2004。

[③] Tim Ingold, *The Perception of the Environment: Essays on Livelihood, Dwelling and Skill*, New York: Routledge, 2003, pp. 157-171.

[④] 米歇尔·福柯：《说真话的勇气：治理自我与治理他者Ⅱ》，钱翰、陈晓径译，上海人民出版社，2016。

[⑤] 米歇尔·福柯：《说真话的勇气：治理自我与治理他者Ⅱ》，钱翰、陈晓径译，上海人民出版社，2016，第134~135页。

章的日常语言视角实在论而言具有非常重要的启示意义。

福柯在1984年将直言定义为"真的话语的本体论"。何谓福柯意义上的直言？直言意味着"说真话"。福柯指出："直言者说的是他认为是真的东西，还是他所说的真的就是真的？在我看来，直言者说的就是真的，因为他知道那是真的：他知道那是真的因为它真的是真的。直言者不仅真诚地说出他的想法，而且他所说的还是真理。他说的是他知道为真的东西。所以直言的第二种特征是信念和真理的完全一致。"[①]

福柯的说真话或直言似乎与语言哲学家戴维森关于语言不是表象或中介的看法一致，也与海德格尔晚期讨论的 ereignis（居有）和 sage（道说）相呼应。就福柯的直言是真话本体论而言，它不是一般日常语言哲学家（塞尔）所称之言语行为（speech act），或（奥斯汀的）施事话语（performative utterance）。福柯自知其直言与日常语言哲学的关联和区别。他称直言是言说活动（speech activity）。直言所涉及的承诺是和某一特定社会情景，以及言说者与其听众之间的身份差异联系在一起的。它关涉一个事实：言说者所说的东西对他自身是危险的，因此包含了一种风险，如此种种。[②]

福柯的直言与奥斯汀的以言行事之别在于其强调言说者本身的生活方式。例如他在1984年最后一次的备课笔记中留下的最后几行字："作为结束我想要强调的是：如果没有对'异'（altÉritÉ）的本质态度，就不会建立起真理：真理从来就不是同一（mÊme）；只有在另一个世界和另一种生活的形式中才能有真理。"[③] 在这一课之前的几周内，福柯花了好几个小时讨论直言与生活方式的联系。他从苏格拉底的"关心自己"主题开始，讲到犬儒生活。[④] 犬儒学派就是用与众不同的流浪和行乞方式，"使生活、生命、bios

---

[①] 米歇尔·福柯：《直言》，载米歇尔·福柯著《自我技术：福柯文选Ⅲ》，汪民安编，北京大学出版社，2016，第291页。

[②] 米歇尔·福柯：《直言》，载米歇尔·福柯著《自我技术：福柯文选Ⅲ》，汪民安编，北京大学出版社，2016，第289~290页。

[③] 米歇尔·福柯：《说真话的勇气：治理自我与治理他者Ⅱ》，钱翰、陈晓径译，上海人民出版社，2016，第277页。

[④] 米歇尔·福柯：《说真话的勇气：治理自我与治理他者Ⅱ》，钱翰、陈晓径译，上海人民出版社，2016，第131~146页。

第一章 政治人类学：从传统本体论到日常语言视角

（生物）成为人们所说的 alethurgie（真理的发生），真相的表达"①。

从生活方式，到直言以至真相，它们之间的关联有多重要？福柯认为这是从苏格拉底那里开辟的西方的两条哲学求真的路线之一。第一条是"认识自己"，从这里走向灵魂、理性或逻各斯。另一条是"关心自己"，从这里走向生活方式。"这种根本的两重性，在我们的思想史中划下了浓重的印记。我认为，在'灵魂的存在'和'生命的风格'的双重性中，刻画下了在西方哲学史中非常重要的东西。"②

艺术和文学领域有着与福柯的直言相当的状况。在福柯看来，艺术的真源于艺术家的生活。他认为能展现真的艺术家是古希腊犬儒的近现代载体。犬儒就是人类派出去探索前路，然后回来以直言报告真相的"侦察兵"。③

综观戏剧表演各派的理论，会发现它们都将松弛作为达到艺术真的途径。其核心就是训练演员，以松弛状态获得一种与角色同在的自然的状态。这与福柯所称之直言的社会情景相似吗？这好像与海德格尔论述语言本质时指出的居有和道说的状态更接近。④ 海德格尔常用诗来谈论思和真。他借德国诗人格奥尔格的诗句，将之改写成"词语崩解处，一个'存在'出现"。海德格尔认为当诗进入词语崩解处、回到寂静之音处时，寂静之音正为世界的天地神人四重整体开辟道路，于是真理显现。⑤

实际上海德格尔所说的词语崩解处、寂静之音处或居有等，如果就诗或戏剧艺术创作的状态而言，类似于以上所说的那样一种松弛状态，就是那样一种《道德经》所言之"虚极"和"静笃"⑥，也是气功家用通俗话

---

① 米歇尔·福柯：《说真话的勇气：治理自我与治理他者Ⅱ》，钱翰、陈晓径译，上海人民出版社，2016，第143页。
② 米歇尔·福柯：《说真话的勇气：治理自我与治理他者Ⅱ》，钱翰、陈晓径译，上海人民出版社，2016，第134~135页。
③ 米歇尔·福柯：《说真话的勇气：治理自我与治理他者Ⅱ》，钱翰、陈晓径译，上海人民出版社，2016，第139~155页。
④ 海德格尔：《语言的本质》，载海德格尔著《在通往语言的途中》（修订译本），孙周兴译，商务印书馆，2004。
⑤ 海德格尔关于语言本质的讨论，特别是方言的论述，是最接近本章的日常语言视角实在论的。（海德格尔：《语言的本质》，载海德格尔著《在通往语言的途中》（修订译本），孙周兴译，商务印书馆，2004。）
⑥ 《道德经》第十六章有句"致虚极，守静笃。万物并作，吾以观其复"。

说的"胎息"。这种联想貌似很玄，其实没有什么神秘的，而且一般中国人修身练功所求的就是返回到身心的静笃状态。对海德格尔来说，这种状态就是诗的词语崩解处，就是寂静之音处；对演员来说，就是松弛；对气功家来说，就是"恒无欲也，以观其妙"的真境界。

如前所述，对从社会形态学到真话本体论的评述旨在为日常语言视角人类学梳理出传承的脉络。值得指出的是，福柯和海德格尔分别从差异生活形式和方言诗与真的关系所做的讨论，对于本章后半部分对中国"社会学本土化"争论的辨析，特别是对费孝通行文的讨论有重要意义。

三 中国人类学的日常语言视角实在论传统

在本章以下两节，笔者将回应开头提到的一个话题，即中国人类学的日常语言视角实在论传统。我们首先会想到，20 世纪 30 年代吴文藻先生主张的"社会学中国化"[①] 是其开端，而学界当下所称之"社会学本土化"[②] 则是其接续。本章的日常语言视角实在论实际上与这两端有一定距离。

在吴文藻那里，"社会学中国化"的最初步骤是用中文教材，以中文讲述中国的事。用费孝通的话说："（吴文藻）提出'社会学中国化'的主张，现在看来必然会觉得是件很自然的事，不过是纠正在中国大学里竟要用外语来讲授社会和人文科学的课程的怪事。"[③]

[①] 吴文藻：《〈社会学丛刊〉总序》，载吴文藻著《论社会学中国化》，陈恕、王庆仁编，商务印书馆，2010，第 3 页。

[②] 有关近年来中国社会学本土化争论的文章可以参考：谢宇：《走出中国社会学本土化讨论的误区》，《社会学研究》2018 年第 2 期；梁玉成：《走出"走出中国社会学本土化讨论的误区"的误区》，《新视野》2018 年第 4 期；冯雪峰：《本土化讨论厘清社会学话语权建设要点》，《中国社会科学报》2019 年 11 月 6 日；贺雪峰：《本土化与主体性：中国社会科学研究的方向——兼与谢宇教授商榷》，《探索与争鸣》2020 年第 1 期；翟学伟：《社会学本土化是个伪问题吗》，《探索与争鸣》2018 年第 9 期；任剑涛：《重思中国社会科学的本土化理想》，《广州大学学报》（社会科学版）2020 年第 3 期；谢立中：《"中国本土社会学"辨析》，《北京工业大学学报》（社会科学版）2020 年第 2 期；刘世定：《对社会学中国化的反思》，载周晓虹主编《重建中国社会学：40 位社会学家口述实录（1979—2019）》，商务印书馆，2021。此外，还有赵鼎新以《从本土化到中国社会科学话语体系》为题的演讲。笔者也发表过一篇相关文章《日常语言视角下的社会学"本土化"》，《中国社会科学报》2020 年 7 月 22 日。

[③] 费孝通：《师承·补课·治学》，生活·读书·新知三联书店，2002。

第一章 政治人类学：从传统本体论到日常语言视角

吴文藻曾批评那些"始而由外人用外国文字介绍，例证多用外国材料。继而由国人用外国文字讲述，有多讲外国材料者，亦有稍取本国材料者，又继而由国人用本国文字讲述本国材料，但亦有人以一种特殊研究混作社会学者……当此期间，社会学在知识文化的市场上，仍不脱为一种变相的舶来品"。

吴文藻说："……我们的立场是：以试用假设始，以实地证验终。理论符合事实，事实启发理论，必须理论与事实糅合一起，获得一种新综合，而后现实的社会学才能植根于中国土壤之上，又必须有了本此眼光训练出来的独立的科学人材，来进行独立的科学研究，社会学才算彻底的中国化。"[1]

吴文藻的"社会学中国化"重在"分析和研究西方人类学的相关理论，主张研究要在充分理解和掌握国外人类学最新理论的基础上，与中国实际相结合进行"[2]。

从日常语言视角实在论的立场观之，费孝通说得很对，吴文藻的"社会学中国化"主张以中文教材和中文概念研究中国的实际一经落实，"中国化"也就实现了。这是从逻辑上能推衍出的极端结果。至于中国的实际是用进化论、社会生物学、功能论、阐释理论、结构主义、政治经济学、道家学说、孔儒思想，还是实践理论或常人方法学等解释，那已是中国本土社会学的事情。就此而言，后来再争论本土化与否是无意义的问题。当然，用当下人类学视角论者的话说，本土化与广义社会学论说之间的社会学这个同义词仍存在 equivocation（多义性）。[3] 这类人类学者认为，多义性出现在"共享同一文化（语言）"，但身处不同世界的情况下。[4] 因此，

---

[1] 吴文藻：《〈社会学丛刊〉总序》，载吴文藻著《论社会学中国化》，陈恕、王庆仁编，商务印书馆，2010，第3~4页。

[2] 胡鸿保主编《中国人类学史》，中国人民大学出版社，2006，第109页。

[3] Eduardo V. de Castro, "Perspectival Anthropology and the Method of Controlled Equisvocation", *Tipití: Journal of the Society for the Anthropology of Lowland South America*, 2004, Vol. 2, Iss. 1, Article 1.

[4] Eduardo V. de Castro, "Perspectival Anthropology and the Method of Controlled Equivocation", *Tipití: Journal of the Society for the Anthropology of Lowland South America*, 2004, Vol. 2, Iss. 1, Article 1.

在中文语境中的本土化争论虽然无意义，但对同义词意涵的比较性（拓展性）描述却是当下社会学和人类学的重要工作。[①] 此外，同一中文语境中的不同社会学论说或概念间的差别，应当视如"两只黄蝴蝶"（胡适白话诗）与"大堰河，我的保姆"（艾青）之间的差别。简言之，这是分行的白话与优秀白话诗之间的差别，并非"本土诗"与"外国诗"的差别。但是这种于诗界很了然的事情，在社会学圈子却不大清楚。有关这一区分的重要意义，将在本章最后部分讨论。

让我们继续沿着中国社会学内部的本土化争论朝前走。

由上可见，吴文藻所言的中国化就是以国外人类学最新理论，即功能主义为框架，进行中国的实地研究。这种中国化的设想为后来半个多世纪中国"社会学本土化"主张提供了一条基本路径，即以西方社会学和人类学理论为假设框架，通过经验研究验证这些理论。或者更进一步，在这种假设框架下，对中国的社会观念和概念，如关系、人情、面子等进行实证测量或阐释。再或者，以这类概念为方法进行社会实际研究。[②]

虽然吴文藻倡导的"社会学中国化"被认为是"社会学本土化"的先河，但是今天的中国社会学论说已经超出吴文藻的西方人类学的相关理论框架。简言之，这种社会学的"最强有力"[③]进展是在本土化之争中被称为"范式本土化"的论说。按谢宇的说法，"范式本土化"试图以中国传统知识范式来理解中国。而用赵鼎新的话说，"范式本土化"大致相当于

[①] 这方面是对如关系、人情、面子，以及当下对家等词的意涵的比较性描述。这类工作正是被称为范式本土化学者所关注的。参见 Eduardo V. de Castro, "Who is Afraid of the Ontological Wolf? Some Comments on an Ongoing Anthropological Debate", *The Cambridge Journal of Anthropology*, 2015, Vol. 33, No. 1。

[②] 按谢宇的归纳，"社会学本土化"可分为"议题本土化"、"应用本土化"和"范式本土化"。（谢宇：《走出中国社会学本土化讨论的误区》，《社会学研究》2018年第2期。）赵鼎新则用"研究问题本土化"、"视角本土化"、"概念本土化"、"方法论本土化"和"本体和认知本土化"等来区分"社会学本土化"。赵自己认可"本体和认知本土化"，认为这个层次接近谢宇的"范式本土化"，是一种话语体系层面的中国化。（赵鼎新：《从本土化到中国社会科学话语体系》，社会学研究微信公众号，2020年4月26日。）

[③] 谢宇：《走出中国社会学本土化讨论的误区》，《社会学研究》2018年第2期。

第一章 政治人类学：从传统本体论到日常语言视角

其所称的"本体和认知本土化"[①]。

潘光旦和费孝通等的中国社会研究可以归为"范式本土化"。此外，费孝通的"差序格局"还被当作"概念本土化"的例子。[②] 同样是使用本土语言，他们在描述中国社会时的差距很大。相比之下，费孝通的《乡土中国》和哲学家金岳霖的《论道》等在述说视角本体论方向上的推进更有意义。

笔者已经另文讨论过金岳霖关于"势"的论说之于人类学的意义。[③] 简言之，金岳霖不是在吴文藻等默认的实证社会科学之自然因果律下，甚至也非理解社会学默认的理由逻辑框架下，讨论"势"的意义。他是以"势"为与自然逻辑空间相异的视角去讨论因果疑难这一根本性问题。因此，如说金岳霖有所谓本土化自觉，其自觉的问题意识则超越了同时期"社会学中国化"的论说。金岳霖的论说与后来的"范式本土化"也不一样，是在与西方哲学就根本问题展开对话。相比之下，"范式本土化"论者多专注孔儒社会思想对于解释中国现实问题的意义。

潘光旦虽然也用孔儒社会思想解释中国社会，但他的核心关注是如何用孔儒社会思想中的词语翻译西方社会生物学的重要概念。潘光旦将 adaptation 和 social adjustment 以"位育"去翻译。与金岳霖相似，潘光旦也是在与西方哲学中的根本问题之一，即人与自然关系问题展开对话。[④] 这与吴文藻的实证主义功能论下的经验研究不一样。[⑤]

[①] 赵鼎新的"本体和认知本土化"主张"道家本体"和"中庸/折中本体"。他说："在确立一套道家和中庸本体的基础上，同时融合了演绎、归纳和回溯（abduction）逻辑的分析方法。"（赵鼎新：《从本土化到中国社会科学话语体系》，社会学研究微信公众号，2020年4月26日。）

[②] 赵鼎新：《从本土化到中国社会科学话语体系》，社会学研究微信公众号，2020年4月26日。

[③] 见本书第二章。朱晓阳：《中国的人类学本体论转向及本体政治指向》，《社会学研究》2021年第1期。

[④] 潘认为："演化理论里一大堆概念中唯一没有演成一个社会思想的支派的似乎只有'调适'或'位育'概念，可能是因为它比较的最富有综合性，最有'汇'的意味。"参见潘光旦《派与汇——作为费孝通〈生育制度〉一书的序》，载潘光旦著《政学罪言》，上海观察社，1948。转引自潘乃谷、潘乃和编《潘光旦选集》第三集，光明日报出版社，1999，第314页。

[⑤] 钱穆写于20世纪80年代初的《略论中国社会学》也对人与自然的根本问题展开讨论。钱穆指出："中国文化之最高理想，与其最高精神，乃在通天人一内外。以今语言之，则为人文与自然之和合成体，即人文之自然化，自然之人文化。"（参见钱穆《现代中国学术论衡》，生活·读书·新知三联书店，2005，第203~204页。）

以上提到,在同一中文语境中的本土化争论是无意义的问题。现在可进一步指出:在同一语境中,用来把握现实的概念有是否更切近现实之分。费孝通的成就是这方面的一个范例。

四 费孝通的行文

费孝通晚年曾检讨中国主流社会学的主要问题在于沿用实证主义的科学方法[①]。其中包括费孝通自己的《江村经济》等研究。虽然费孝通在早年用实证主义和功能论作为其研究的进路,但与同行的作品相比,《乡土中国》与实证主义的科学说明(explanation)关系甚小。相反,其成就却与费孝通是汉语白话散文写作的高手有直接关系。翻读该书,随处可见费孝通的文学写作才能。

> 把"犯人"拖上堂,先各打屁股若干板,然后一方面大呼冤枉。父母官用了他"看相"式的眼光,分出那个"獐头鼠目",必非好人,重加苛责,逼出供状,结果好恶分辨,冤也伸了,大呼青天。[②]

在以上短短的一段文字中,费孝通写出了一场有起承、有转合、有高潮、有结尾的戏。而且其行文汉语语感强,韵味足,内容让人回味。类似这样的段落不少,例如《乡土中国》的"无讼"一节中的"通奸案"和"父子抽大烟"等。

笔者曾于2018~2023年参与云南大学的《魁阁时代》话剧创作。在用费孝通及魁阁时期同仁的文献编写剧本时,对费孝通行文与戏剧文学之间的高度契合深有体会。换句话说,费孝通的散论常常以戏剧对话、戏剧场面的形式,有些甚至直接以对话体写成。[③] 这与当时的其他社会学者的

[①] 费孝通:《试谈扩展社会学的传统界限》,《北京大学学报》(哲学社会科学版)2003年第3期。

[②] 费孝通:《乡土中国》,生活·读书·新知三联书店,1985,第55页。

[③] 如费孝通的《言论·自由·诚实》,载《费孝通文集》第三卷,群言出版社,1999,第401~407页。

第一章 政治人类学：从传统本体论到日常语言视角

风格差别很大。费孝通的文本，只要涉及对人和事的描述，基本上可以直接搬上舞台演出。① 笔者作为《魁阁时代》的编剧在谈创作体会时曾说：费孝通是《魁阁时代》最大的编剧。② 后来再读费孝通早年的一些作品，发现他的戏剧话本风格在其早年的写作中已经显露出来。③

费孝通的《乡土中国》显示出一个社会学家如何用日常语言，对中国的实际做既精准又有诗意的把握。所谓诗意是指它有如方言诗一般的连根拔出之力或通透感。而且在费孝通充满余韵和举重若轻的行文中，融入了当时代生僻的社会学和人类学概念，以及孔儒社会思想中的词语等。费孝通的《乡土中国》一方面有坚实的社会科学知识论说做底子，另一方面又有一流散文家的行文。就此可以举《差序格局》这一篇为例。

这篇散论的内容涉及比较中西社会的家、社会网络、结构、不同传统知识范式等。就其内容而言，这是一篇含量巨大的文章。但所有生僻的专业内容都被费孝通以朴实生动的日常语言描述出来。在其行文中，翻译的或当时代本土化社会学者所用的词语，基本上被化成一种新的、不失其深刻意义的中国社会学论说。例如在以"己"为中心的人伦/水波纹的著名段落中，费孝通引用了潘光旦在同一时期（1947年）发表的"说伦字"一文④中的内容。比较一下潘的文章和费的相关内容，可以看出费在旧学方面的功底远不及其老师，但费以现代汉语述说把握社会现实，其关联中西社会和文化的概括力，特别是用戏剧话本式行文呈现这些"干货"的能力则甚过其师。

费孝通对中国社会的呈现，会让人想到韦伯关于社会科学的概念与被把握之物间存在非理性嫌隙，以及对这种嫌隙的呈现需要"天才"的说法。韦伯认为，"科学天才用以关联研究对象的种种价值将能够规定整整

---

① 如费孝通的《物伤其类》，载《费孝通文集》第三卷，群言出版社，1999，第143~149页。这篇悼亡友的文字中有大段是戏剧场面和对话，我们将它们直接搬上舞台演出。
② 朱晓阳：《谁惧怕戏剧家费孝通？——关于文献剧〈魁阁时代〉的一点体会》，《北大人类学季报》创刊号，内部资料。
③ 如费孝通发表于1924年的第一篇文学作品《秀才先生的恶作剧》，载《费孝通文集》第一卷，群言出版社，1999，第1页。
④ 潘乃谷、潘乃和选编《潘光旦选集》第一集，光明日报出版社，1999，第350~353页。

一个时代的'见解'"[1]。此外，费孝通的成就也令人想到海德格尔在读解德国方言诗人作品时的说法。用海德格尔的一个词来说，费孝通的《乡土中国》是对乡土中国世界的 sage[2]。

在评述费孝通的《乡土中国》成就时，一个相关问题会被提出：除了语言人类学的田野报告[3]和哲学家的演绎之外，所谓语言述说视角下的差异性于何处容易被发现？答案是在文学中，特别是在诗中。这里所说的是优秀的文学或好诗。只要有一些文学阅读和翻译的经验，我们就会得出"诗不好译"的结论，或者直接宣称"诗不可译"。这是能被很多人接受的说法。有过诗翻译经验者，会感到翻译诗时，虽然一般能够互相对准并翻出对方语言的同义词基本意思，但无法做到完全形貌对译。翻译无法呈现诗歌语词的模糊处，无法呈现原诗的声音。而诗歌语言的发声、韵律、节奏是诗的存在本身。[4] 这是其词语内容的源泉，也是语言通向现实生活的道路。[5] 但这也是翻译与原作之间基本上不可能互相吻合的原因。

就汉语而言，诗语言还有其象形，即由横竖笔画组成的"身体"。这也不能翻译。因此"诗不可译"相当于说：诗体现日常语言述说视角差异，方言诗则是这种差异的极致体现。因此不难理解，为什么费孝通的成就会显得更有意义。简言之，他是以当时代方言诗描绘中国的社会学家。

---

[1] 马克斯·韦伯：《社会科学认识和社会政策认识中的"客观性"》，载马克斯·韦伯著《社会科学方法论》，韩水法、莫茜译，中央编译出版社，2008，第32页。

[2] 海德格尔：《在通往语言的途中》（修订译本），孙周兴译，商务印书馆，2004，第210~211页；海德格尔：《J. P. 黑贝尔的语言》《黑贝尔——乡愁之魂》《语言与家乡》，载马丁·海德格尔著《思的经验》，陈春文译，商务印书馆，2018。

[3] 语言人类学家关于语言相对主义的最有名案例是萨皮罗-沃夫假设，此外还有语言人类学家丹尼尔·埃弗里特关于亚马孙皮拉罕人语言与其文化之间关系的田野报告。（丹尼尔·埃弗里特：《别睡，这里有蛇：一个语言学家和人类学家在亚马孙丛林深处》，潘丽君译，新世界出版社，2019。）再如 Nicholas Evans 关于澳大利亚北领地土著"话语（words）与土地"关联的发现。（Nicholas Evans, *Dying Words: Endangered Languages and What They Have to Tell Us*, Wiley Blackwell, A John Wiley & Sons, Ltd., 2010, p. 22.）

[4] 诗创作者对于声音与诗的关系会看得很重要，例如西渡说："诗在根本上是一种声音的艺术，声音形象是诗歌最根本的形象。"（《专访｜诗人西渡：诗是宇宙的语言》，https://www.thepaper.cn/newsDetail_forward_15750725。）

[5] 语言人类学中有人（如埃弗里特）认为，我们的声音结构也受到环境等因素的制约。（丹尼尔·L. 埃弗里特：《语言的诞生：人类最伟大发明的故事》，何文忠、樊子瑶、桂世豪译，中信出版集团，2020，第245页。）

虽然他对于中国化并无吴文藻那样的自觉，不像金岳霖那样在根本问题上与西方哲学对话，也不像潘光旦那样能用孔儒社会思想翻译社会生物学，但是费孝通用来把握中国社会的散文却比其他本土社会学家们的语言更有诗性，也更贴合"差异的现实"。

当下对费孝通学术成就的研究一般会称道他的"科学"发现，或从范式意义上称《乡土中国》"重新发明了中国社会学和人类学"等。而笔者在此则是从费孝通汉语诗性写作的角度来评价他的成就。这似乎有些偏离"科学"，但从费的写作经历来看却是恰当的。例如费孝通从年轻时起就是一个文学爱好者。他在1924年发表的第一篇文学作品《秀才先生的恶作剧》中已经显露其用汉语进行白话文创作的才能。① 该文是一篇数百字的微型小说，由简洁的叙述和戏剧话本构成。他在60年后称："我的行文格调二十年代末已经形成。"② 就其早年作品观之，此言不虚。即使在完成博士学位论文（《江村经济》）的时期，费孝通也没有放弃文学创作。近来发现的费孝通的中篇小说《茧》③ 就是一个例证。《茧》可说是一篇文学版的《江村经济》，是费孝通用英文写于1938年的作品。它起码证明了费孝通将社会科学写作与文学创作当作同一件事的两种面向。《茧》给笔者印象深刻的一点仍然是费孝通行文的戏剧话本风格。这部小说有些像小剧场戏剧，以作者叙事和场面性对话为主干。

再次以《乡土中国》为例，其虽然以费孝通在西南联大和云南大学讲授"农村社会学"的讲稿为基础，但它是为时评杂志《世纪评论》所写的杂文连载。《乡土中国》为何有远超其他人类学和社会学家作品的影响？其中重要的原因是其以汉语述说视角"规定了整整一个时代的'见解'"，这是其对中国社会现实的"诗性"把握。费孝通的成就使我们思考当下社会科学教育的缺失。简言之，今天学生的养成应该注入更多文学艺术创作训练或"美育"课程。这种训练或课程应该成为社会科学教育的内在

---

① 《费孝通文集》第一卷，群言出版社，1999，第1页。第一卷中的第二篇文章《皂隶的联话》更是用对话写了一出微型戏剧。
② 费孝通：《自序》，载费孝通编选《费孝通选集》，天津人民出版社，1988，第4页。
③ 费孝通：《茧》，孙静、王燕彬译，王铭铭校，生活·读书·新知三联书店，2021。

成分。

总而言之，金岳霖和费孝通都从汉语述说视角说出西方社会学（包括同义词翻译的中国社会学）述说视角下不被看见的那些现实。这种汉语述说视角在表述自身时，也显出与西文述说视角的社会世界间的"差异性"。这种成就绝非一般的本土化论者所能及。可以说在此后半个世纪，一般本土化社会学远没有达到这些学者的高度。

相比之下，潘光旦的缺憾是他认为用孔儒社会思想中的词语去翻译时并无视角差异，如"位育"之于 adaptation 或 social adjustment 背后的世界"吻合无间"①。此外，潘光旦的另一个问题是其类似于今天的一些"范式本土化"论者，试图用孔儒的知识系统及其词语去解释中国社会的实在。②其情景如今天用古体诗书写当下生活和世界一样。

但"范式本土化"与潘光旦的理论之间仍有一些差别。③ 简言之，这种本土化虽然默认中国的传统社会理论与西方社会学之间能在翻译上对准，即有范式间的通约性，但是这类论者一般不像潘光旦那样直接将诸如"位育"与 adaptation 视为"吻合无间"的同义词。笔者在《日常语言视角的人类学本体论》④ 一文中讨论过这种进路的本土化。在那里笔者还没有清楚地指出其问题所在。现在可以更清晰地表述如下：本土化论者与"广义社会科学"⑤ 论者一样，既没有意识到共享的同义词有多义性，也没有意识到成问题的并非中文概念中哪些属于"本土"而哪些不属于。此外，两者都没有意识到，不同语言述说视角指向不同的生活形式或实在。

用语言人类学者的话来说："我们可能无法跳出'语言的盒子'进行思考，因为我们不会意识到语言对我们思维方式的影响。"⑥ 当本土化论者

---

① 潘光旦：《生物学观点下的孔门社会哲学》，转引自潘乃谷《潘光旦释"位育"》，《西北民族研究》2000 年第 1 期。
② 景天魁等：《中国社会学：起源与绵延》（全 2 册），社会科学文献出版社，2017。
③ 谢宇：《走出中国社会学本土化讨论的误区》，《社会学研究》2018 年第 2 期。
④ 见本书第三章。朱晓阳：《日常语言视角的人类学本体论》，《中国农业大学学报》（社会科学版）2021 年第 2 期。
⑤ 谢宇：《走出中国社会学本土化讨论的误区》，《社会学研究》2018 年第 2 期。
⑥ 丹尼尔·埃弗里特：《别睡，这里有蛇：一个语言学家和人类学家在亚马孙丛林深处》，潘丽君译，新世界出版社，2019，第 251 页。

将翻译成汉语的广义社会学词语与本土同义词进行比较时,其实已经进入了同一种语言述说视角或同一个语言盒子里,已经不是在讨论两种语言视角了。

虽然日常语言视角的说法可能只是稍稍挪动了一小步,但这一步很关键。这一小步看上去只是将论说的"聚焦"有意识地稍稍调整到以诗性为中心的写作,但有了这种自觉调整,就有了费孝通式写作的初步。一般情况下,社会科学是按照"科学"语言书写的。这类写作充斥学科教育和训练,比比皆是。这类写作的词语可能是翻译者生造的,也可能只是某一小圈子内的行话。这些论说当然也可说是日常语言的一部分,但这些论说除了同一圈子内的人为寻找参考文献而使用外,少有普通读者阅读。

因此,日常语言视角写作还有更重要的一步,即如何才能有费孝通那样的诗才。那是与现代汉语作家,如老舍、丰子恺、汪曾祺的文笔相当的一种文学写作能力。也就是说,本土社会学并非写得"直白一些"就能解决问题。以上说过,用直白语言写的诗也有高下之分。这一点诗坛关于"口语诗"的讨论已经够多了。

第二章 本体政治与当代人类学思潮

一 反－反思人类学和多源的本体论转向

在世界范围内，近些年出现的一股人类学思潮被称为本体论转向（ontological turn）。有论者将其概括为："对于客体和人造物在文化生产中作用的重视。"① 本体论转向的人类学一方面重视"实在"（reality），另一方面则反对20世纪80年代以来流行的反思人类学及其表征论。按照英国人类学学者霍布拉德（Martin Holbraad）和裴德森（Morten Axel Pedersen）之说："'如何看事物'这一类的认识论问题，被从最基本的地方转变成本体论问题，即看见'什么'（what there is）。"② 人类学本体论转向的重要特点是主张延伸心智假说，即将心智存在拓展到非人领域。③ 让我们先从本体论转向与反思人类学的表征论关系谈起。

---

① Martin Paleček & Mark Risjord, "Relativism and the Ontological Turn within Anthropology", *Philosophy of the Social Sciences*, 2012, 43（1）, p. 3; Elizabeth A. Povinelli, "Geontologies of the Otherwise", January 13, 2014, https://culanth.org/fieldsights/series/the-politics-of-ontology; Marisol de la Cadena, "Indigenous Cosmopolitics in the Andes: Conceptual Reflections beyond 'Politics'", *Cultural Anthropology*, 2010, 25（2）；朱晓阳：《小村故事：地志与家园（2003—2009）》，北京大学出版社，2011。
② 他们还说："本体论转向的核心是方法论性质的干预，是与形而上学或哲学式的东西相反的。虽然其名若此，人类学的本体论转向因此并不关心什么是世界的本质的真正实在，或者其他任何类似的形而上学探索。"他们的说法道出了本体论转向的人类学语境及其与哲学的本体论之间的距离。（Martin Holbraad & Morten Axel Pedersen, *The Ontological Turn: An Anthropological Exposition*, Cambridge: Cambridge University Press, 2017, p. 5.）
③ Martin Paleček & Mark Risjord, "Relativism and the Ontological Turn within Anthropology", *Philosophy of the Social Sciences*, 2012, 43（1）, p. 3.

第二章 本体政治与当代人类学思潮

从 20 世纪 80 年代开始，人类学中以反思人类学为旗帜的思潮成为最显眼的一道学科风景。《写文化：民族志的诗学与政治学》[①] 和《作为文化批评的人类学——一个人文学科的实验时代》[②] 等代表了这个时期的人类学反思倾向。在反思人类学的背景下，表征危机论成为人类学中的重要话题。[③] 表征危机论直指人类学的知识论基础，对人类学理解"他者"文化表征的真值可能性表示质疑。表征危机论的核心概念包括不确定性（uncertainty）、不可翻译性和文化（范式的）不可共度性（incommensurability）。这股思潮是围绕人类学认识论展开的。但是《写文化：民族志的诗学与政治学》出现以后，从 20 世纪 90 年代中期开始，人类学中也有其他声音出现，其中与以认识论讨论为中心的反思相反的是本体论或存在论人类学。本体论的话题比较多样，总的来说没有一个内在一致的结构或联系能将它们统合起来，但有一个共同的特点是"反-反思人类学"。

最近十几年从各地区出现的反-反思人类学探索中逐渐汇聚起来的人类学倾向中，出现了以本体论转向为代表的标签。与这个标签有亲缘性或具有相似倾向的说法仍然较多，列举一下，大概有：视角论（perspectivism）[④]、

[①] James Clifford & George Marcus (eds.), *Writing Culture: The Poetics and Politics of Ethnography*, Santa Cruz: University of California Press, 1986.

[②] 乔治·E. 马尔库斯、米开尔·M. J. 费彻尔：《作为文化批评的人类学——一个人文学科的实验时代》，王铭铭、蓝达居译，生活·读书·新知三联书店，1998。

[③] 表征危机论是在 1980 年代中期兴起的一种流行观念。从 1986 年《写文化：民族志的诗学与政治学》和《作为文化批评的人类学——一个人文学科的实验时代》出版以来，表征危机论一段时间内变成了不争之论。用马尔库斯和费彻尔的话说，表征危机论来自有关描述社会实在的适合手段的不确定性。表征危机论直指人类学的知识论基础，对人类学理解"他者"文化表征的真值可能性表示质疑。如果说以上两本书集中了表征危机论的观点的话，那么《写文化：民族志的诗学与政治学》一书中所涉及的学者的作品便是表征危机论的代表作：塔拉勒·阿萨德（Talal Asad）的《英国社会人类学中的翻译概念》、Paul Rabinow（保尔·拉宾诺）的《表征就是社会事实：人类学中的现代性与后现代性》、James Cliford（詹姆斯·克利福德）的《导言：部分的真理》和克拉潘扎诺的《赫尔墨斯的困境：民族志描述中对颠覆因素的掩饰》等。在马尔库斯和费彻尔的《作为文化批评的人类学——一个人文学科的实验时代》一书中，他们综述了人类学表征危机的由来。

[④] Eduardo V. de Castro, "Perspectival Anthropology and the Method of Controlled Equivocation", *Tipití: Journal of the Society for the Anthropology of Lowland South America*, 2004, 2 (1).

地缘本体论（geontology）[1]、对称性人类学（symmetrical anthropology）[2]、本体论政治（the politics of ontology）[3]、地志转向（topographic turn）[4]、栖居视角[5]、可供性（示能性）视角（the perspective of affordance）[6]、非认识论相对主义[7]、结构本体论（structural ontology）[8]和客体指向本体论（object-oriented ontology）[9]等。近年在国际上有学者将本体论人类学分成"广义"和"狭义"两种转向。[10]广义者包括各式本体论指向的论说，狭义者则指受到法国结构主义影响的视角论、结构本体论和对称性人类学等。

虽然本体论转向已经在人类学领域引起很大反响，但是目前尚未到对其理论和实践主张进行定位的时刻。由于本体论转向的思想来源杂多，其在实践层面的勾连错综复杂，因此很难对其做一种范式性的清晰描述。但是本体论转向与人类学和人类学之外的学科（例如建筑学）或交叉性的学科（例如科学技术研究，STS）已经产生相互影响。而且它与特定文化区域社会和政治生活层面的问题也产生了相互影响。因此有必要从中国人类学的视域，对这股思潮做一番梳理和评述。

本章以本体论转向为背景及对话对象，讨论与此有关的中国人类学。本章首先从学科内部来梳理本体论转向的基本论说，其次从现实和实践的

---

[1] Elizabeth A. Povinelli, "Geontologies of the Otherwise", January 13, 2014, https://culanth.org/fieldsights/series/the-politics-of-ontology.

[2] Latour Bruno, *We Have Never Been Modern*, trans. By Catherine Porter. New York: Harvester Wheatsheaf, 1993.

[3] Martin Holbraad & Morten Axel Pedersen, "The Politics of Ontology", January 13, 2014, https://culanth.org/fieldsights/series/the-politics-of-ontology.

[4] Kirsten Hastrup, "Social Anthropology: Towards a Pragmatic Enlightenment?", *Social Anthropology*, 2005, 13 (2).

[5] Tim Ingold, *The Perception of the Environment: Essays on Livelihood, Dwelling and Skill*, New York: Routledge, 2003.

[6] Webb Keane, "Perspectives on Affordances, or the Anthropologically Real: The 2018 Daryll Forde Lecture", *HAU: Journal of Ethnographic Theory*, 2018, 8 (1-2).

[7] 朱晓阳：《小村故事：地志与家园（2003—2009）》，北京大学出版社，2011年。

[8] Philippe Descola, *Beyond Nature and Culture*. Chicago: The University of Chicago Press, 2013; Amiria Salmond, "Transformation transformed", *HAU: Journal of Ethnographic Theory*, 2016, 6 (3).

[9] Graham Harman, *Tool-Being: Heidegger and the Metaphysics of Objects*, New York: Open Court, 2002.

[10] Eduardo Kohn, "Anthropology of Ontologies", *Annual Review of Anthropology*, 2015, 44.

驱动力来讨论这些思潮的出现和走向，最后讨论中国的本体论人类学。

二 学科内在动力和论说

当下秉持狭义本体论转向观点的学者基本上会认为本体论转向摒弃了20世纪80年代以来的认识论问题①，特别是不再谈所谓文化范式之间的不可共度性，并将这种本体论与法国结构主义的影响相联系。而广义本体论转向的情况则较复杂，其中较少具有内在的一致性。但是无论狭义还是广义，除了结构主义的影响外，有几种突出的趋向值得提出。其一是受现象学、发展心理学和生态心理学影响的进路，例如英戈尔德所倡导的栖居进路。② 其二是语言分析哲学，特别是受戴维森等后经验主义哲学影响的地志转向、地缘本体论、整体论或非认识论相对主义等。其三是科学技术研究。其四是人类学对"物"的研究的传统及其延续，例如客体指向本体论等。③

如果从现象学和结构主义两方面来区分，本体论人类学可以分为：一是以图式（schema）为核心的结构本体论，包括法国-美洲视角论和戴维森等后经验主义哲学影响下的整体论或非认识论相对主义；二是以可供性/示能为基本的栖居进路和示能进路④。但是本体论人类学中并没有清晰的站队，各种主张和进路都是相互交织的。在本章的这一部分，我们将对本体论转向的主要倾向进行梳理。

---

① 但霍布拉德和裴德森等英国学者认为认识论问题在本体论转向中是重要的。（Martin Holbraad & Morten Axel Pedersen, *The Ontological Turn: An Anthropological Exposition*, Cambridge: Cambridge University Press, 2017, p.5.）

② 虽然一般都会将英戈尔德的栖居进路列为本体论人类学，但英戈尔德自己并不认为其属于这股潮流中的一员。参见 Tim Ingold, *The Perception of the Environment: Essays on Livelihood, Dwelling and Skill*, New York: Routledge, 2003。

③ 格拉海姆·哈曼认为拉图尔的观念是"客体指向本体论"，拉图尔对此并不否认。参见 Graham Harman, *Tool-Being: Heidegger and the Metaphysics of Objects*, New York: Open Court, 2002。

④ Webb Keane, "Perspectives on Affordances, or the Anthropologically Real: The 2018 Daryll Forde Lecture", *HAU: Journal of Ethnographic Theory*, 2018, 8 (1-2).

在世界范围内，本体论转向的人类学或应当被称为转向本体论。如果说反思人类学关注的焦点是知识论和认识论的话，那么这股思潮试图反其道而行之，欲将焦点从知识论和认识论问题转移到本体性/存在性问题。而用巴西人类学家卡斯特罗的话说："我们应当从对关于民族志权威性的认识论批评移到关于民族志异己性（alterity）的本体论决定，移到关于他者的本体性自己决定概念的阐明，换句话说，移到对人类学的同义词意涵比较（或扩展）描述再定义。"①

话虽这样说，但来自不同传统和不同领域的本体论转向主张者之间的差别却比较大，甚至连如何梳理本体论转向也难以达成共识。② 鉴于此，本章对不同进路的梳理将体现中国的本体论转向视野，并较多注意与这一视野关系较近的进路。

第一种进路是当下影响最大，几乎成为本体论转向旗帜的结构 – 视角论。这一路径本身就较复杂，但是按照孔恩的看法，可称为"狭义的本体

---

① Eduardo V. de Castro, "Who is Afraid of the Ontological Wolf? Some Comments on an Ongoing Anthropological Debate", *The Cambridge Journal of Anthropology*, 2015, 33 (1).

② 例如下文的孔恩将本体论转向按照广义和狭义来区分，并以法国结构主义影响的论说（主要是南美洲人类学）为主流。而霍布拉德和裴德森在 *The Ontological Turn：An Anthropological Exposition* 一书中，则用"其他本体论"和"我们的本体论"来区分，后者包括瓦格内（Wagner）、斯特拉森（Strathern）和卡斯特罗。（Martin Holbraad & Morten Axel Pedersen, *The Ontological Turn：An Anthropological Exposition*, Cambridge：Cambridge University Press, 2017, p.5）而赛尔孟德（Salmond）以及马丁·帕累克（Martin Paleček）和马克·赫斯约德（Mark Risjord）的梳理则将包括戴维森等后经验主义哲学影响下的人类学也包括进去。[Amiria J. M. Salmond, "Transforming Translations (part 2)：Addressing Ontological Alterity", *HAU：Journal of Ethnographic Theory*, 2014, 4 (1), pp.155 – 187；Martin Paleček & Mark Risjord, "Relativism and the Ontological Turn within Anthropology", *Philosophy of the Social Sciences*, 2012, 43 (1), p.3.] 最近有一篇考古学领域关于本体论的文章，将本体论转向概括为三种类型：第一种是世界观焦点（worldview focused），第二种是关系焦点（relations focused），第三种是世界焦点（worlds focused）。（Craig N. Cipolla, "Taming the Ontological Wolves", *American Anthropologist*, 2019, 121 (3), pp.613 – 627.）第一种被认为存在较少争议，认为不同本体论就是不同他者的世界观。持第二种观点者包括英戈尔德等在内。第三种则指与孔恩所指的狭义本体论转向接近，包括德斯科拉和卡斯特罗等。（Craig N. Cipolla, "Taming the Ontological Wolves", *American Anthropologist*, 2019, 121 (3), pp.613 – 627.）在笔者看来，第一种本体论转向与其他长期存在的研究"现实"或实体问题的文化人类学并无差别，例如都会关心物体（考古发现的人造物等）的象征意义。第二种则相当于本章所概括的现象学进路。第三种则是受结构主义影响的进路。

论转向"①，而且与列维-斯特劳斯的结构主义相关联②。这一进路以法国人类学家菲利普·德斯科拉（Philippe Descola）的结构本体论（structural-ontological approach）和卡斯特罗的视角论为代表。③

德斯科拉的结构本体论与结构主义有直接关系。④ 德斯科拉将图式与生态心理学中的 affordance 概念相结合，将图式扩展到非人类生命，从而将心智等延伸到非人类领域。他以结构主义的二项对立及转化形式，确定与图式相关的"识别"（identification）模式。将"识别"模式按内在性（interiority）和物理性（physicality）两个对立项间的连续/非连续区分，得到四种不同本体论模式：泛灵论、图腾主义、自然主义和类别论。⑤

对于法国-南美结构本体论学者来说，除开结构主义，亚马孙-安第斯地区传统的泛灵论对其影响很直接。卡斯特罗是一个代表。⑥ 他的视角论一方面有泛灵论的根源，另一方面是结构主义或逆反结构主义。卡斯特罗将结构主义反转，认为能指是"自然"的（多样的）、有具体指向的，所指是"文化"的（单一的）。这样一来就有了从"多元文化、单一自然"的人类学信条，反转到"多元自然、单一文化"的视角论主张。视角论所说的"自然"应被理解成通过不同 person（包括人之外的动物）的身体性视野而切近的"世界"，因身体性视野之不同而多样。在视角论那里，"世界"是复数的世界。

---

① Eduardo Kohn, "Anthropology of Ontologies", *Annual Review of Anthropology*, 2015, 44.
② Philippe Descola, "Transformation transformed", *HAU: Journal of Ethnographic Theory*, 2016, 6 (3).
③ Eduardo V. de Castro, "Perspectival Anthropology and the Method of Controlled Equivocation", *Tipití: Journal of the Society for the Anthropology of Lowland South America*, 2004, 2 (1); Eduardo Kohn, "Anthropology of Ontologies", *Annual Review of Anthropology*, 2015, 44.
④ 德斯科拉的核心概念是图式，是一种将结构主义与格式塔心理学相结合的模式。Philippe Descola, *Beyond Nature and Culture*, Chicago: The University of Chicago Press, 2013; Amiria Salmond, "Transformation transformed", *HAU: Journal of Ethnographic Theory*, 2016, 6 (3).
⑤ 德斯科拉的路径有结构主义传统，强调"转变"（transformation），其核心是图式。他认为图式与不同人和不同物种的经验、历史等的偶然条件相遭遇，形成区分内在（interiorities）或自己（self）与他者（others）的不同本体论模式。
⑥ Eduardo V. de Castro, "Perspectival Anthropology and the Method of Controlled Equivocation", *Tipití: Journal of the Society for the Anthropology of Lowland South America*, 2004, 2 (1); 李隆虎:《同一文化，多个世界？——评美洲印第安视角主义》,《思想战线》2016 年第 3 期。

南美视角论的一个重要主张是"一元文化",即不仅与人类不同的其他动物有文化,而且它们的文化与人的是一样的。卡斯特罗的一个著名段子是亚马孙地区视角论传说:"人视自己为人,美洲虎也视自己为人;美洲虎和人一样酿造木薯酒,但美洲虎的酒却是人类眼中的血。"①

在人类语言范围内谈论视角论时,卡斯特罗的一个核心概念是 equivocation(多义性或含混性)。多义性出现在"同一文化(语言)"但身处不同世界(自然)的情况下。例如当亚马孙-安第斯人和外来的左翼运动伙伴都使用 land(土地)一词来交流时,这个词实际上是多义的,在左翼人士看来是 land rights,而在土著人看来则是 earth-being(大地之在)。② 按卡斯特罗的看法,这种词义含混"不是单纯的理解失败……它与对待世界的想像方式无关系,而是与被看见的真实世界有关"。卡斯特罗因此认为,翻译是为了显露差异,而人类学民族志应强调"民族志差异"或他者性(alterity)。

这种多义性具有直接的政治意义。视角论主张者从这里导出了"泛灵论-视角论"传统的万物政治(cosmopolitics)主张。③

第二种进路是布鲁诺·拉图尔的对称性人类学④和科学技术研究(STS)。它与南美视角论关系紧密,但是将拉图尔的人类学放在其 20 世纪 80 年代就已经开始的科学技术研究的进路中来看更合适。STS 从物(thing)出发,主张实体(包括人造物)是"演成的"(enactment)。⑤ 拉图尔的行动者网络理论(actor network theory)是 STS 的核心。按照这种理

---

① 这个故事出现在很多关于视角论介绍或讨论的文章中。但是德斯科拉认为,在亚马孙地区很少听到卡斯特罗讲的这个故事,在其他人的民族志中也没有出现过。
② 视角论人类学者卡迪娜在解释"大地之在"时认为,它形成了尊重并影响人类与非人类存在的关系性条件。这些条件使生命得以在安第斯的许多部分产生。非人类指的是动物、植物和景观。参见 Marisol de la Cadena, "Indigenous Cosmopolitics in the Andes: Conceptual Reflections beyond 'Politics'", *Cultural Anthropology*, 2010, 25(2)。
③ Marisol de la Cadena, "Indigenous Cosmopolitics in the Andes: Conceptual Reflections beyond 'Politics'", *Cultural Anthropology*, 2010, 25(2).
④ Bruno Latour, *We Have Never Been Modern*, trans. By Catherine Porter. New York: Harvester Wheatsheaf, 1993.
⑤ Steve Woolgar & Javier Lezaun, "The Wrong Bin Bag: A Turn to Ontology in Science and Technology Studies?", *Social Studies of Science*, 2013, 43(3).

论，物也是行动者。行动者不再局限于人类中心主义。与STS关系较近的则是客体指向本体论（OOO）。① 这些路径都从物出发。

第三种进路是英戈尔德和韦布·肯恩等的现象学指向本体论。在本体论转向思潮中，现象学提供了重要的思想和方法论来源，其中尤以海德格尔影响为大。

英国人类学家英戈尔德对海德格尔的栖居一词重新诠释，称之为栖居视角。② 英戈尔德和肯恩都使用生态心理学家詹姆斯·吉布森（James Gibson）的核心概念affordance③来描述概念图式或倾向性等的形成。英戈尔德和肯恩的可供性–栖居进路与基于图式的结构–视角论形成对立。④ 如上所述，德斯科拉试图在以图式为论述核心的前提下，将affordance融入他的结构–本体论模式。⑤

第四种进路是来自语言分析的社会科学哲学，特别是戴维森的哲学。这种进路与前述进路最大的区别是以认识论的表征讨论为出发点。⑥ 如前

---

① Graham Harman, *Tool-Being: Heidegger and the Metaphysics of Objects*, New York: Open Court, 2002.
② Tim Ingold, *The Perception of the Environment: Essays on Livelihood, Dwelling and Skill*, New York: Routledge, 2003, pp. 157–171.
③ James Gibson, *The Ecological Approach to Visual Perception*, Boston: Houghton Mifflin Company, 1979, p. 127.
④ 吉布森认为，环境的affordance即它能够提供给动物的行为能性，可供性可以理解为环境提供的"价值"。（James Gibson, *The Ecological Approach to Visual Perception*, Boston: Houghton Mifflin Company, 1979, p. 127.）
⑤ Philippe Descola, "Transformation transformed", *HAU: Journal of Ethnographic Theory*, 2016, 6 (3).
⑥ 人类学从戴维森哲学出发对表征危机问题进行批评，并试图解决这一问题，这可以追溯到1990年代初期。对这一路径相关文献的梳理，参见朱晓阳《"表征危机"的再思考——从戴维森和麦克道威尔的进路》，载王铭铭主编《中国人类学评论》第6辑，世界图书出版公司北京公司，2008。此外，Kirsten Hastrup于2004年在*Social Anthropology*上发表的一篇文章"Social Anthropology: Towards a Pragmatic Enlightenment?"指出，戴维森和普特南（Hilary Putnam）等人的哲学使人类学进入了"实用主义启蒙"和"地志学转向"（topographic turn）（将当代人类学重视物质性和地志视为地志学转向的内涵）。[Kirsten Hastrup, "Social Anthropology: Towards a Pragmatic Enlightenment?", *Social Anthropology*, 2005, 13 (2).] 在近年本体论转向的讨论中，Salmond提出应当重视戴维森哲学的意义。[Amiria J. M. Salmond, "Transforming Translations (part 2): Addressing Ontological Alterity", *HAU: Journal of Ethnographic Theory*, 2014, 4 (1), pp. 155–187.] 国内人类学对戴维森哲学的兴趣是从思考与中国法律有关的实践和理论问题开始的。（转下页注）

所述，大多数持本体论转向论者认为不需要对认识论进行讨论。①相反，这一进路公开坚持以自然主义为大前提的学说，并从讨论人类学的文化相对主义认识论开始。

具体言之，它关于本体论的讨论是从破除经验论的教条——概念图式二元论开始的。它反认识论相对主义，最后则蕴含非认识论的相对主义。

戴维森在《论概念图式这一观念》②一文中的论述被认为是本体论转向中的反表征论的一个主要认识论根据。帕累克和赫斯约德在《相对论与人类学本体论转向》③一文中对戴维森哲学在人类学本体论转向中的意义做了充分讨论。④虽然大多数坚持反表征论的本体论人类学者并没有提到戴维森的上述文章，但这些人的基本观点却与戴维森相似。按帕累克和赫斯约德的看法，这些人类学者会"拒绝不同概念图式提供关于世界的不同视野的观念。他们也避开主客体之间存在认识中介（epistemic intermediaries）"。基于这个哲学出发点，他们认为差异性或"异己性"（alterity）是本体性的，而不再是认识论意义上的。

在上面提到的文章中，戴维森指出："在放弃关于图式和世界的二元论时，我们并没有放弃世界，而是重建与人们所熟悉的对象的没有中介的联系，这些对象本身的行径使我们的语句和意见为真或为假。"戴维森关

（接上页注⑥）关于戴维森哲学对中国社会科学的意义，朱晓阳在文章《"语言混乱"与法律人类学的整体论进路》中有如下论述："戴维森整体论对于当下中国社会科学的一个重要启示是：它从自然主义为大前提的阐释哲学（与现象学传统的阐释学有别）进路，消除'科学的社会科学'（以传统实证主义为教条的知识话语）与'地方性的'或在地的信念和知识的对立这一问题；它提供了一种在罗蒂所说的'超越西方哲学传统一向所容许的范围'之外，与中国传统社会思想及智慧对话并达到'视野融合'的可能性。"（朱晓阳：《"语言混乱"与法律人类学的整体论进路》，《中国社会科学》2007年第2期。）

① 例如亚马孙地区人类学者会从类似"泛灵论"或"视角论"出发，主张不需要讨论认识论问题以及与表征论相关的"共度性"（commensurability）问题。
② Donald Davidson, "On the Very Idea of a Conceptual Scheme", in *Inquiries into Truth and Interpretation*, Oxford: Oxford University Press, 2001, pp. 183–198.
③ Martin Paleček & Mark Risjord, "Relativism and the Ontological Turn within Anthropology", *Philosophy of the Social Sciences*, 2012, 43（1）.
④ 对戴维森哲学与本体论转向和反表征关系的讨论详见朱晓阳《地势、民族志和"本体论转向"的人类学》，《思想战线》2015年第5期。

第二章 本体政治与当代人类学思潮

于"没有中介的联系"的说法成为其支持本体论转向中反表征论的依据。而他晚期关于解释和理解的三角形关系则成为其与视角论相契合的地方。

戴维森提出,获得(人类学)知识之"真"的三角形关系包含:"表达者"(他者或当地人)、"解释者"(人类学者)、(面对的)同样事件和客体。从视角论的角度来看,三角形顶端的"世界"——同样事件和客体——是多元的。其多元性是由人(person)进入世界的视角不一样造成的。这种差别的视角与身体(body)的差别有关。因此在中国人看来叫"地势",欧洲人叫 topography(地志)。两者虽可互译,但有一些视野差别。①

戴维森哲学与多元本体论相通吗?肯定者一般会提出戴维森的以下说法:"同样事件和客体"——其意义部分取决于外部条件,部分取决于关系、文法、逻辑等。肯定者还会引申道:决定"同样事件和客体"意义的"关系、文法、逻辑"在不同社群中,甚至同一社群中有差异。这种由客体、关系和语言等构成的"同样事件和客体"是"多样本体的"。

戴维森的以下言论也证实了他的哲学与多元本体论相契合的主张:"宣布下述很令人愉快的消息也同样是错误的,即一切人(至少是一切运用语言的说话者)都具有一种共同的概念图式和本体论。因为,如果我们不能可理解地说概念图式是不同的,我们也不能可理解地说它们是同一的。"②

有一点可以肯定,戴维森的哲学与乔姆斯基式的语言学相契合。③ 这种进路与结构主义相似,认为存在深层语言结构,犹如图式一样。

受到上述语言哲学讨论本体论问题思路的启发,几年前有学者以非认识论相对主义④来进行概括。非认识论相对主义意指在认识论层面不存在不可互译的概念图式或语言,但在实在或本体论层面却有差异性。相关学

---

① 郑宇健认为,戴维森的理论在揭示不同范式之间解释有效性的背景下,也蕴含着跨范式阐释的"局部失败",即相互理解的不对称性。郑认为这是由两套语言游戏规范的差别造成的。(郑宇健:《规范性:思想和意义之基》,中国人民大学出版社,2019,第99~101页。)
② 唐纳德·戴维森:《真理、意义与方法——戴维森哲学文选》,牟博选编,商务印书馆,2008,第274页。
③ 戴维森赞成乔姆斯基将语言视为心灵器官的观点,认为语言是人的器官。(唐纳德·戴维森:《真理、意义与方法——戴维森哲学文选》,牟博选编,商务印书馆,2008,第321~322页。)
④ 朱晓阳:《小村故事:地志与家园(2003—2009)》,北京大学出版社,2011。

者提出非认识论相对主义的目的是试图对国内社会学界和人类学界出现的社会理论趋向问题进行回应。从非认识论相对主义角度出发，相关学者提出的"地势"对于其他"空间－地点"论而言是本体性的"他者"。而非认识论的"他者"可以通过"彻底解释"来理解。①

三 本体政治②

本体论转向是由多来源的现实活动引发的。有人将它用本体政治来概括，以凸显其与反（传统）表征政治③在各地区的新运动趋向有关。例如这些新的运动对传统的左翼、新自由主义、环保主义、族群、性别等表征政治均不满意，希望摆脱现实中后殖民主义的影响。按照拉图尔的说法，南美人类学本体论转向的一个重要动机是"寻求如何在不互相消灭的前提下组成共同的世界"。这种动机来自因"生态变异加速而使其生活领域变得日益逼仄的居民"。④

例如南美洲安第斯的万物政治⑤或土著（indigenities）运动就是一种本体政治。本体政治主张从"本体差异"来提出政治性主张，并被表述为土著政治，以示和以前的政治运动的区别。德·拉·卡迪娜认为，万物政治

---

① 朱晓阳：《地势、民族志和"本体论转向"的人类学》，《思想战线》2015年第5期。
② 人类学关于本体政治的讨论已经较多。朱晓阳在《从乡绅到中农》（朱晓阳：《从乡绅到中农》，《中国农业大学学报》（社会科学版）2018年第1期。）一文中做过讨论。此外可参见 Marisol de la Cadena, "Indigenous Cosmopolitics in the Andes: Conceptual Reflections beyond 'Politics'", *Cultural Anthropology*, 2010, 25（2）, pp. 334 - 370. 还有一个集中的资料来源，可参见 Martin Holbraad & Morten Axel Pedersen, "The Politics of Ontology", January 13, 2014, https://culanth.org/fieldsights/series/the-politics-of-ontology。
③ 用表征政治来指称传统运动只是一种简便说法。实际上无论过去还是现在，任何运动都有表征。用政治学家 Murray Edelman 关于政治象征分类的话说，本体政治的表征/符号是指涉性的（referential）或具体的，而传统运动（特别是其目标抽象的运动）的表征/符号往往是抽象的或凝聚性（condensational）的。（Murray Edelman, *The Symbolic Uses of Politics*, Urbana: University of Illinois, 1964.）将与本体政治活动相别的传统运动称为表征政治是因为本章以下所列举的政治活动或多或少都具有诉求直接或直指具体的事项之解决等特征。
④ Bruno Latour, "Another Way to Compose the Common World", *HAU: Journal of Ethnographic Theory*, 2014, 4（1）, pp. 301 - 307.
⑤ Marisol de la Cadena, "Indigenous Cosmopolitics in the Andes: Conceptual Reflections beyond 'Politics'", *Cultural Anthropology*, 2010, 25（2）, pp. 334 - 370.

的出现开启了一种不一样的政治。其诉求的多元性不是因为他们打着性别、种族、族群性或性要求权利的旗号，或是代表自然的环境主义者，而是因为他们将"大地之在"带入政治。在土著运动中，物不仅仅指非人类的东西，它们也是感受性实体。它们目前遭到资本与国家勾结的新自由的威胁。但是土著运动在参与往日同道（例如左翼或环保主义）们的行动时，土著运动积极分子又不可避免地杂交化。他们在左翼或环保主义等传统政治活动者眼中，通常显得"无耻"。例如德·拉·卡迪娜分析过一个安第斯原住民领袖马力阿诺（Mariano）与其左翼伙伴在一起的状况。他与他们有政治合作，并成为"阶级-土著"的组合，一起努力收复土地，并获得成功。但土地对这两种人来说，因其视角下的世界不一样，意义也是多义的。虽然它使两种人以部分性关联（partial connection）① 结合在一起，为同一领土而战，但二者之间仍然有着本体他者性。而其中的安第斯土著运动能够强化政治本体的多元化。②

德·拉·卡迪娜认为这种政治多元化是要将以往基于"单个世界"的政治权争转变成复数的世界内的对反关系。如前所述，复数的世界正是南美视角论的一个基本主张。

如果说，万物政治是将"本体差异性"和"大地之在"等"物"带入政治，那么在谢丽·奥特纳所称之"积极行动人类学"的背后③则是

---

① 部分性关联一词来自英国人类学家斯特拉森，表示土著运动与传统左翼政治家之间是一种"既非独一，也不是多元"的关系。卡迪娜解释说："部分性关联不创造单一实体。在此意义上，实体是多于一，少于二的。"例如左翼政治家接触印第安人时，会将他们的需求在性别、族群、经济、领土或环境斗争的辞令下表达。但这些辞令和土著的理解之间有多义性。参见 Marisol de la Cadena, "Indigenous Cosmopolitics in the Andes: Conceptual Reflections beyond 'Politics'", *Cultural Anthropology*, 2010, 25 (2), p. 347。

② Marisol de la Cadena, "Indigenous Cosmopolitics in the Andes: Conceptual Reflections beyond 'Politics'", *Cultural Anthropology*, 2010, 25 (2), p. 360。

③ 奥特纳使用"抗争"（resistance）这个术语来指称一系列（人类学）介入（engagement）政治问题的模式：批判性的理论讨论、批判性民族志研究、各种政治运动研究、积极行动人类学（activist anthropology）及其他更多的内容。参见 Sherry B. Ortner, "Dark Anthropology and Its Others: Theory since the Eighties", *HAU: Journal of Ethnographic Theory*, 2016, 6 (1), pp. 47-73。David Graeber 的《直接行动：一部民族志》是一项关于总部设在纽约市的直接行动网络（Direct Action Network）组织运动的研究。（David Graeber, *Direct Action: An Ethnography*, Oakland: AK Press, 2009.）

"反意识形态性"、地缘性和"直接行动"。在笔者看来,这些特征与本章所称之本体政治有关联。在此可以简述一下这种新政治的状况。

在詹姆斯·斯科特式的抵抗研究式微后,最近几年,抵抗论说在人类学中重新兴起。这是与世界范围内出现的新抵抗实践浪潮相呼应的。用奥特纳的话说,这是与斯科特的进路不一样的直接行动和民族志作者参与的积极行动人类学。①

被奥特纳称为积极行动人类学者的大卫·格雷伯(David Graeber)更是在评述法国黄背心运动的时候,对这种新政治做了评述。他称:"2011年以来,参加大型民主运动意味着什么的前提,在世界范围内发生了根本转变。过去的'垂直'或先锋队组织模式已迅速让位于一种水平状(horizontal)的风格,其中民主、平等的实践和意识形态最终是同一事物的两个方面。无法理解这一点的人就会错认为像'黄背心'那样的运动是反意识形态的,甚至是虚无主义的。"②

格雷伯观察到的直接行动和貌似"反意识形态性"正是本体政治的当下特征。此外,这些新政治都或多或少具有特定地方内的水平状特征。这与传统的左翼和环保运动的跨地域与"垂直性"不一样。

实际上推动这种政治的现实张力及冲动在20年前已经出现。人类学在这方面的敏锐把握当属伊丽莎白·柏文尼里(Elizabeth A. Povinelli)的《激进世界:不可共度性和不可思议性的人类学》一文。③ 这篇文章正是采用戴维森的"彻底解释"这个核心概念,探讨在"radical worlds"(激进世界)中的跨文化不可共度性问题。该文认为,戴维森的"彻底解释"虽然从认识论方面消除了不可共度性问题,在现实中却产生了互相不可共度的世界(复数)。如她所言:"在自由派流散的阴影中,'激进世界'

---

① 奥特纳认为,这种新政治受到福柯和马克思主义的影响。参见 Sherry B. Ortner, "Dark Anthropology and Its Others: Theory since the Eighties", *HAU: Journal of Ethnographic Theory*, 2016, 6 (1), pp. 47-73。
② 《大卫·格雷伯谈"黄背心"运动:我们脚下的大地已经偏移》,曾嘉慧译,https://user.guancha.cn/main/content? id =60948&s = fwzxfbbt,2018 年 12 月 11 日。
③ Elizabeth A. Povinelli, "Radical Worlds: The Anthropology of Incommensurability and Inconceivability", *Annual Review of Anthropology*, 2001, 30, pp. 319-334.

涌现出来。① 柏文尼里所指的'激进世界'与上述万物政治有相似性。这些'激进世界'中包括强调地缘差异和民族国家的政治体。"② 从今天来看，她预见到了格雷伯多年后所看到的（但在道义上相反的）本体政治倾向。

与积极行动人类学几乎同一时期，中国人类学亦有类似经历。今天与本体论转向相近的最初自觉，一方面来自对社会转型（包括城市化）和发展实践引发的现实问题的思考，另一方面则受到中国社会科学本土化追求的影响。例如相关学者在21世纪初发现国有企业改制中发生的"救家园"和"保卫家园"行动与传统运动的差别。③ 后来，相关学者还注意到中国的"发展干预"与反思人类学影响下的国际发展话语和实践之间的分歧。④ 至于学科本土化的努力，则应当举出费孝通先生的《试谈扩展社会学的传统界限》一文⑤。随着时间的推移，费孝通的这篇文章在中国社会学和人类学中的影响越来越大。

相比奥特纳对直接行动现象的关注，国内学者基本上没有注意到中国社会中出现的相似现象。实际上近些年确实出现不少堪称"直接政治"的公共事件。这些事件是突然发生的，以社交媒体为聚集场所，没有组织者，诉求直接并直指具体的事项的解决。这些事件没有传统运动的意识形态表征。一旦事件得到解决，不满或抗议便自动消散。这种直接政治也包括如笔者等政治人类学者从2010年开始在滇池东岸参与的抵制"仇和新政"下的大拆大建活动。从本章的角度，可以将这些公共事件理解为生成

---

① Elizabeth A. Povinelli, "Radical Worlds: The Anthropology of Incommensurability and Inconceivability", *Annual Review of Anthropology*, 2001, 30, p. 320.
② 朱晓阳：《地势、民族志和"本体论转向"的人类学》，《思想战线》2015年第5期。
③ 朱晓阳：《"误读"法律与秩序建成：国有企业改制的案例研究》，《社会科学战线》2005年第3期。
④ 见本书第五章。朱晓阳、谭颖：《对中国"发展"和"发展干预"研究的反思》，《社会学研究》2010年第4期。
⑤ 费孝通在《试谈扩展社会学的传统界限》（又称"93存稿"）[费孝通：《试谈扩展社会学的传统界限》，《北京大学学报》（哲学社会科学版）2003年第3期。]中，提出要扩展中国社会学的传统界限。他认为，传统社会学领域基本为"主客二分"的实证主义方法论所主宰。这种实证主义的方法论无法把握中国社会的日常生活世界的"理"、"心"和"性"等。而诸如儒道等这些中国的社会思想影响中国社会数千年，确实起到了维护中国社会秩序的作用，但这些东西却无法用现代主流的社会学方法（实证主义方法）去研究。

于"现代国家治理"机制内的抵抗,是本体政治活动。

就特点而言,首先,这些事件是因公民的人身或生存空间遭到侵害而发生,诉求的目标是要求按照国家治理体系的"理性"(如依法治理)追究责任、补偿损失,结果是改善治理机制。这方面的例子如"雷洋案"。其次,这些事件虽然从"现代国家治理"机制内部出现,或者说它们就是这种机制的一部分。例如它们都是要求按照法治的程序对违法行为进行追究,其结果之一是使国家治理体系更加完善。但是它们也回应了公众对于公正和正义的诉求。最后,这些事件之所以有意义,是因为它们的指向和实际后果是使普通人的人身自由更有保障,使人们的生存空间或生境得到保障。这些目标在一个以"现代国家治理"为目标的体制下是可以通过法治建设而达到的。

简言之,上述这些国际的和国内的,发生于最近 20 年的事件,表现出与传统表征政治不一样的性质,它们可以用本体政治来概括。笔者十几年前曾用"整体论"的进路来理解类似法律和政治的现实及其观念。① 就二者都将法律和政治视为有"实在"或本体的整体主义而言,它们是一回事。②

这些各异的政治现象有一些共同的特点,例如反对新自由主义观念的全球化,强调地缘政治,回应蓝领或社会主流中的底层声音,认可宗教及其组织对政治影响的合法性(例如基督教之于美国)③,强调民族-国家是政治的本体等④。

当下面临的一个严肃问题是,有关本体的政治是什么?如此发问的前提是前些年包括政治人类学在内的学界的回答是模糊的。那时候许多学者和大国政治家谈论的"政治"是一种普适的"公共目标"、利益和权力关

---

① 朱晓阳:《"语言混乱"与法律人类学的整体论进路》,《中国社会科学》2007 年第 2 期。
② 朱晓阳:《地势与政治:社会文化人类学的视角》,社会科学文献出版社,2016。
③ 例如特朗普的前顾问班农关于当时局势的看法,他强调犹太教和基督教作为地缘世界的一面。
④ 拉图尔在一篇题为《对话拉图尔:如何打造"领土的政治"?》的对话中指出当前的一个趋势是"富人逃到了他们的离岸庇护所,普通人则选择回到往昔的民族国家"。参见 Bruno Latour & Camille Riquier, "For a Terrestrial Politics: An Interview with Bruno Latour", https://www.eurozine.com/terrestrial-politics-interview-bruno-latour/, 2018。

系。许多学者相信"话语决定论",强调普适性目标、利益和权力关系,以及话语决定的另一面是将政治现象,例如夏威夷原住民的权利要求,也视为表征政治或更负面一些的说法——"玩弄政治"。[1] 今天的问题则是:政治是否有本体性或实在性基础?地势/地缘等本体/实在性条件以及生存环境中的其他动物和植物是不是政治的内在部分?[2] 21世纪以来人类学兴起的本体论转向以本体相对论的主张支持了本体政治的实践。[3] 例如十几年前有人类学家提出,在可共度的知识论下大行其道的是新自由主义下的资本可共度性。其结果之一是给美国一些人民带来伤害。[4] 这种可共度的知识论导致了不可共度的政治"激进世界"(radical worlds)的出现。[5] 所谓"激进世界"就是指这样那样的一些以本体差异自居的政治体。

四 中国人类学的本体论视野

在讨论过人类学本体论转向的学科背景、脉络、理论和实践指向后,本章将在最后部分讨论当下以此为背景的人类学理论和实践论题。这一部分主要关涉中国的人类学。

其一,中国人类学的本体论论说没有像诸如视角论和科学技术研究进路那样,抛弃认识论问题。我们先来看那些认为认识论问题无意义的本体

---

[1] 例如 Marisol de la Cadena 以安第斯地区研究为案例指出:过去在后现代观念影响下的"政治"是一种无本体性的"公共目标"、利益和权力关系。现在的万物政治要包括"物",例如"earth-being"(大地之在)。如前所述,万物政治是一种本体性政治。(Marisol de la Cadena, "Indigenous Cosmopolitics in the Andes: Conceptual Reflections beyond 'Politics'", *Cultural Anthropology*, 2010, 25 (2), pp. 334 – 370.)

[2] 见本书第七章。朱晓阳:《从乡绅到中农》,《中国农业大学学报》(社会科学版)2018年第1期。

[3] 例如本体政治的一个关注点是地缘本体。本体政治在实践中会与注重实力的如"川普主义"等"背向勾连"(在意识形态上相反)。

[4] 例如2016年以来一本书名为《乡下人的悲歌》(*Hillbilly Elegy*)的自传畅销于美国。该书被认为写出了支持特朗普的锈带蓝领的失落、贫困和绝望。《纽约时报》上有一篇题为《读懂特朗普为什么能赢》的书评称,该书作者"讲述了社会底层如何驱动政治反抗,推动唐纳德·J.特朗普的崛起"。该书的中文版已经于2017年出版,参见 J. D. 万斯《乡下人的悲歌》,刘晓同、庄逸抒译,江苏凤凰文艺出版社,2017。

[5] Elizabeth A. Povinelli, "Radical Worlds: The Anthropology of Incommensurability and Inconceivability", *Annual Review of Anthropology*, 2001, 30, pp. 319 – 334.

论转向论说是如何与认识论问题相关联的，然后再以国内的一种本体论论说——地势进路为例，讨论实在论语言哲学（包括认识论和本体论）是如何对其产生影响的。

首先，虽然一些学者试图将认识论当作无意义的问题予以摒弃，主张聚焦本体性/存在性问题。但认识论问题仍然如影随形地扮演着重要角色。例如德斯科拉以普泛化的图式来讨论包括非人类在内皆有的 identification（识别性）[1]，仍然建立在结构主义认识论之上。英戈尔德的栖居视角和肯恩的示能进路则受到现象学传统的生态心理学影响。这种进路的中心问题是能动者（agent）在环境中如何呈现（afford）"价值"。孔恩借用皮尔士的符号层次理论，试图说明非人类如何有对 icon（图标）和 index（标识）的反应与处理能力，此二层次是"象征"（symbol）的基础。卡斯特罗讨论过同义词意涵的多义性，并断言动物的文化与人类一样，将视角论应用于非人类等。

一方面，所有这些努力都想打破语言－图式为人类所独有的局面，并构成人类文化的预设，从而将心智延伸到非人类领域。另一方面，以上这些论说又都与语言哲学认识论、结构主义认识论、实用主义认识论或现象学认识论有关联。正是在绕不开的认识论问题上，当下的延伸心智本体论面临着难以克服的困难。例如这些路径试图从图式、示能或皮尔士符号层次理论出发，设想非人类与人类具有同样的文化。但语言哲学很早就分析过这种延伸心智的论说会面临的棘手问题。例如内格尔关于成为一只蝙蝠会怎么样的讨论[2]，以及丹尼特关于一头狮子可能会讲话，但无助于人理解狮子的论述等[3]。这种悖谬仍然是视角论者和其他主张延伸心智论者不能解开的问

---

[1] Philippe Descola, *Beyond Nature and Culture*, Chicago: The University of Chicago Press, 2013.
[2] Thomas Nagel, "What Is It Like to Be a Bat?" *Philosophical Review*, 1974, 83 (4), p. 43.
[3] 丹尼尔·丹尼特说，"如果狮子可以讲话，我们会很好地理解它。只是那对我们理解狮子毫无帮助"，"它与普通狮子的差异如此之大，以至于它无法告诉我们做一头狮子是什么样的体验。我认为我们应该习惯这样一个事实：我们在日常生活中熟悉的人类概念只能被部分地应用到动物身上"。参见 Joshua Rothman, "Daniel Dennett's Science of the Soul: A philosopher's Lifelong Quest to Understand the Making of the Mind", https://www.newyorker.com/magazine/2017/03/27/daniel-dennetts-science-of-the-soul, 2017。

题，这也使所谓非人类与人类拥有一样的文化成为无法令人接受的说法。

与上述语言哲学进路影响相关，中国学界对本体论的讨论最初被称为"整体论"①，后来被称为非认识论相对主义②、地志学或形态学，再后来以地势为核心概念③。这些讨论都是从当代实在论语言哲学的成果（包括认识论和本体论）出发，探索认识论哲学对人类学本体论问题解决的可能性。其中一些论说与其他本体论转向论，如视角论和结构本体论相通，强调本体差异性。但地势论说与它们之间有重要区别。例如前者将语言或概念图式作为讨论的前提。再例如在心智问题上地势论说不赞同视角论对其他动物心智的过高估计。

如对以地势为核心概念的人类学本体论下定义，可以将之称为日常语言视角实在论。它在关于"实在"或前述"同样事件和客体"的看法上与戴维森的实在论语言哲学一致，但也有一些差别。差别之处在于，地势本体论在承认语言之间有相互翻译可能的"彻底解释"前提下，将不同语言的述说视为他者性的生活形式或视角。这里的生活形式一词借自维特根斯坦④，视角则来自南美人类学视角论。因此，地势作为日常语言，虽然与地志学或形态学之间可互相翻译，但它指向一种汉语述说视角下的实在。

其次，地势本体论与哲学家金岳霖关于道的本体论相契合。金氏的《论道》正是从与当时代的语言哲学之间的对话开始的。如前所述，地势本体论受到当代语言哲学，特别是戴维森的实在论语言哲学下的整体论的影响。金岳霖在《论道》中关于势的实在论进路及其意涵与地势本体论相契合。⑤金岳霖的进路结合了摩尔和罗素的实在论以及中国的道论，建立

---

① 朱晓阳：《"语言混乱"与法律人类学的整体论进路》，《中国社会科学》2007年第2期。
② 朱晓阳：《小村故事：地志与家园（2003—2009）》，北京大学出版社，2011。
③ 朱晓阳：《地势与政治：社会文化人类学的视角》，社会科学文献出版社，2016。
④ 郑宇健将从贯彻戴维森理论逻辑所导致的本体差异性，用维特根斯坦的"语言游戏"规范差异来称呼。参见郑宇健《规范性：思想和意义之基》，中国人民大学出版社，2019，第99~101页。
⑤ 金岳霖：《论道》，商务印书馆，1987，第199~203页。法国学者余莲对于势的研究也有启示意义，但余莲对势的分析，强调势作为策略和兵法。（弗朗索瓦·余莲：《势：中国的效力观》，卓立译，北京大学出版社，2009。）

了以道为中坚原则的本体论。金氏的论说从对休谟的因果论的批评开始，将势和理等概念引入，试图解决困扰因果论的"例外"的问题。金氏提出"理有固然，势无必至"作为解决方案。当代哲学界一般认为金氏对因果论的突破并不成功。① 但金氏主张哲学从"常识"开始，并强调从汉语常识中的知识立论，确实有哲学人类学意义的先见之明。这种从日常生活的实在开始的哲学与当时在英国出现的日常语言哲学遥相呼应。② 金氏关于势和理的研究也是其常识哲学的体现。

关于势的含义，金岳霖认为，势相当于一种整体性的"变"和"动"的原则。他在《论道》中指出："它是变底原则，动底原则，这川流不息的世界底基本原则。"③

金岳霖的势，如用英国日常语言哲学家斯特劳森的话说，即"描述的形而上学"。斯特劳森在肯定形而上学的意义时说："（这些）并不是专门的最为精炼的思想。它们是常识性的不太精炼的思想，但却是最为复杂的人类概念思考所不可或缺的核心。"④ 此外，前些年有国内学者用戴维森有关因果关系的分析，检视金氏的因果论解决方案及其贡献。其主张建议将金氏的因果论解决方案当作有意义的形而上学问题来看待。⑤ 但是，金氏强调势是殊相或实在。金氏认为自己的"实在论底知识论"既不唯心，也不唯物，是"事中有理，理中有事"。⑥ 就此而言，金氏的势更与人类学本体论转向所谈的本体或实在之意相契合。

从当今人类学的角度来看，金岳霖犹如黑夜中的先驱，试图开出一条

---

① 陈波等：《分析哲学——批评与建构》上卷，中国人民大学出版社，2018。
② 对金有影响的英国哲学家摩尔是英国实在论日常语言哲学的关键人物。［Michael Beaney, "Ordinary Language Philosophy", in Gillian Russell & Delia Graff Fara (eds.), *The Routledge Companion to Philosophy of Language*, New York：Routledge, 2012, p. 875.］摩尔 1925 年发表《捍卫常识》(A Defence of Common Sense) 一文后，被同行称为常识哲学家 (common sense philosopher)。金岳霖则在国内有"中国的摩尔"之称。(刘梁剑：《有"思"有"想"的语言——金岳霖的语言哲学及其当代意义》，《哲学动态》2018 年第 4 期。)
③ 金岳霖：《论道》，中国人民大学出版社，2010，第 197 页。
④ 彼得·F. 斯特劳森：《个体：论描述的形而上学》，江怡译，中国人民大学出版社，2004，第 11 页。
⑤ 翁正石：《金岳霖有关因果关系分析的检讨》，载《第三次金岳霖学术思想研讨会论文集》，http://cpfd.cnki.com.cn/Article/CPFDTOTAL-ZLJX200508001019.htm, 2005。
⑥ 金岳霖：《知识论》，中国人民大学出版社，2010，第 13~14 页。

第二章　本体政治与当代人类学思潮

基于汉语日常语言、贯通中西、隐约通向本体（实在）差异性的路。这对于当下人类学本体论转向的讨论来说具有重要意义。虽然当代的哲学界认为金氏的探索谈不上成功，但是就人类学和社会学而言，金氏的日常哲学本体论的贡献确实值得重估。

由以上势的含义来看，地势与西文 topography 或 morphology① 确实有差别。例如 topography 一般被理解为对一个地方的景观/地景所做的客观描述。在传统人类学中，这种地志将景观当作人活动/行动的场景。当然自21世纪以来，人类学界谈论的地志已经与传统地志有很大不同。按照一个最近的人类学定义，地志是一种将地理、居住、政治性边界、法律现实、过去历史的踪迹、地方－名字等包容进特定空间的综合知识。② 从综合性着眼，当下人类学所指的地志与涂尔干和莫斯等所称之社会形态学相当。用莫斯的话来说，地志或形态学是"总体社会事实"。

但无论是地志学还是形态学都不含汉语之势所具有的变和动的意思。而且在一般的经验论前提下谈论它们，都是将其置于因果关系论中。例如莫斯关于爱斯基摩人的社会形态学研究，将道德、法律和宗教视为由物质基础所决定的功能。功能在此就是一种结果，是被物理环境（以社会环境和技术为中介）决定的一种结果。但如金岳霖所言，"势无必至"，即谈势不需要追究因果关系之种种例外。③ 以势的整体论来进行描述，不仅能避免因果关系的例外问题，而且强调了变和动的一面。因此，地势本体论即一种整体性的变的原则，强调与地或与世界有关的变和动。再次强调，地势是汉语述说视角下的日常世界或实在。

其二，对当下的中国人类学学者来说，更重要的是以本体论感知（ontological sensibility）去看见传统人类学的事情（things），使之拓展、深化，使过去路径下被遮蔽的真实得以显露。在此可以引用英国学者霍布拉德和裴德森关于本体论转向的说法。他们认为，本体论转向的核心关注是"关

---

① 莫里斯·哈布瓦赫：《社会形态学》，王迪译，上海人民出版社，2005；马塞尔·毛斯：《社会学与人类学》，佘碧平译，上海译文出版社，2003。
② Kirsten Hastrup, "Social Anthropology: Towards a Pragmatic Enlightenment?", *Social Anthropology*, 2005, 13 (2), pp. 133-149.
③ 关于此，见本书第三章。

于创造条件,以便能够在某人的民族志材料中'看见'事情。这些事情如换在其他条件下则是看不到的"①。但当前已经不能满足于套用新术语,不能再止步于用一些已经成为套话的词语,如套用行动者网络等概念来解释传统人类学议题也已经没有意义,对示能的套用也是如此。而更有意义的是如何以本体论感知去看见传统上属于仪式、经济行为、亲属关系或政治等民族志材料中的事实。过去一些年国内学者在此方面的研究已经有一些成就。例如余昕关于燕窝的研究,虽然从传统上说是关于食品(燕窝)产业链的研究,但是本体论感知使其多了"物-燕窝"的演成事实。②白美妃关于县域城-乡两栖的研究也显示出本体论视角对于研究城乡关系的优势。③白的论文,越过大多学者只关注的制度变革维度,看到县域内城乡一体化社会形成的时空经验的重要变化。白文发现交通与通信技术的变革以及相关基础设施的完善,带来了人们关于县城-乡村时空经验的变化。伴随农民家庭将新的时空经验融入他们的日常生活,从而将原有的局限于村庄之内的生活模式,"拓扑"至跨越县城-乡村的空间中,呈现为"撑开在城乡之间的家"的形态。林叶"测度"(mapping)拆迁遗留地带中钉子户的日常生活实践,探究这些人如何在治理者有意的疏忽下"捕捉"机会、建立新的社会空间以使临时生活正常化。④林文强调这一社会空间从无到有的"生成性"和旧有邻里关系范式的历时性连续。相关学者关于乡村精英从乡绅到中农的研究也是一例。这些研究在传统的"双轨政治"之外,将农

---

① Martin Holbraad & Morten Axel Pedersen, *The Ontological Turn: An Anthropological Exposition*, Cambridge: Cambridge University Press, 2017, p. 4.
② 余昕:《燕窝贸易与"海洋中国"——物的社会生命视野下对"乡土中国"的反思》,《西南民族大学学报》(人文社科版) 2016 年第 1 期;余昕:《物质性、感官和商品——燕窝价值筑造和转译》,重庆大学高等社会科学研究院-北京大学人类学民俗学中心"本体论视野下的中国社会研究"研讨会, 2019 年 4 月 20~21 日。
③ 白美妃:《超越自然与人文的一种努力——论英格尔德的"栖居视角"》,《青海民族大学学报》(社会科学版) 2017 年第 4 期;白美妃:《技术变迁、时空经验与县域城乡社会的形成》,重庆大学高等社会科学研究院-北京大学人类学民俗学中心"本体论视野下的中国社会研究"研讨会, 2019 年 4 月 20~21 日;白美妃:《撑开在城乡之间的家——基础设施、时空经验与县域城乡关系再认识》,《社会学研究》 2021 年第 6 期。
④ 林叶:《"废墟"上的栖居——拆迁遗留地带的测度与空间生产》,《社会学评论》 2020 年第 4 期。

业生境、技能①等作为乡村政治（本体政治）的内在部分，讨论20世纪后半期乡村精英从乡绅到中农的结构性延续。

与上一点有关，本体政治提供了一种对被无视的政治事实的看见方式。例如基础设施对社会-政治的影响，周永明②等的"路学"，将"道路"作为一种特殊空间，具有重要意义。一些国内学者关于空间、地志、地势与政治的研究也具有帮助看见事情的本体政治色彩。③ 例如刘超群关于闽西古村落的传统民居改造案例④，陈亮对城市中的移民（摊贩）如何在人生地不熟的城市扎下根或再地域化的研究⑤。李耕的论文以示能为核心概念，以福建永泰庄寨为例，说明在规矩、示能和氛围三个维度上，建成环境对社会以及记忆、身体等发挥着作用⑥。再如动物与政治⑦，物对人类世界的影响等。至于实践中的本体政治，如万物政治和直接行动等已经在上文有详述，故在此略过不谈。

其三，本体论转向引发的一种探索是民族志书写。与上面的看见事情相对，这里的问题是如何说出真话。这也是基于中文日常语言的民族志书写应有的自觉，因为日常语言视角意味着民族志将使用近经验概念。⑧ 传统的民族志写作在反思人类学之前，基本上会秉持格尔茨关于近经验和远

---

① 雅各布·伊弗斯在英戈尔德栖居进路的影响下，进行了关于四川夹江手工纸业的研究。（雅各布·伊弗斯：《人类学视野下的中国手工业的技术定位》，胡冬雯、张洁译，《民族学刊》2012年第2期。）
② 周永明：《汉藏公路的"路学"研究：道路空间的生产、使用、建构与消费》，《二十一世纪》（香港）2015年总第148期。
③ 朱晓阳：《地势与政治：社会文化人类学的视角》，社会科学文献出版社，2016；朱晓阳、林叶：《地势、生境与村民自治——基于滇池周边村落的研究实践》，《广西民族大学学报》（哲学社会科学版）2018年第1期。
④ 刘超群：《栖居与建造：地志学视野下的传统民居改造》，《广西民族大学学报》（哲学社会科学版）2018年第1期。
⑤ 陈亮：《以势谋地：移民的城市生存空间和生计策略》，《广西民族大学学报》（哲学社会科学版）2018年第1期。
⑥ 李耕：《规矩、示能和氛围：民居建筑遗产塑造社会的三个机制》，《文化遗产》2019年第5期。
⑦ 孙旭：《动物政治——伺人的牛猪》，重庆大学高等社会科学研究院-北京大学人类学民俗学中心"本体论视野下的中国社会研究"研讨会，2019年4月20~21日。
⑧ Clifford Geertz, "From the Native's Point of View: On the Nature of Anthropological Understanding", in *Local Knowledge: Further Essays in Interpretive Anthropology*, New York: Basic Books, 1983, p. 57.

经验相结合的立场及相应路径。这其实是更久远的主位和客位相结合主张的延续，也是政治法律人类学中民俗体系和分析体系相结合主张的延续。格尔茨曾经说过：民族志在抒写巫术的部分，不需要像巫师写的一样。① 在他看来，民族志作者的任务是用远经验解释文化内部持有者的解释（或表征）。在此意义上，巫师与民族志作者之间的差别是表征。而从非认识论相对主义视角或日常语言视角的角度来看，两者的差别可能来自各自不同的世界体验和视野（perspectival）所见，其相应的不同语言述说视角基于本体性的差异。由于述说视角差异的语言也是"身-视角"的一部分，因此语言，特别是述说，是生活形式或实在的一部分。再加上，来自日常语言哲学的成果表明，即使"写的像巫师一样"也不存在不可翻译这种问题。因此，为了强调本体相对主义视角，同时也强调说话者视角，现在应当将格尔茨的话反过来说：可以用巫师的语言来写关于巫术的民族志。如采用南美视角论喜欢的逆反结构主义表达方式，则可以说：写出能指的民族志！

用能指写民族志的文本已经在国内人类学学生的毕业论文中出现，特别是经常在关于宗教的民族志中出现。② 这似乎侧面印证了格尔茨的关于民族志不是巫师写作的说法。李隆虎关于乌蒙山回民的宇宙观和信仰生活的民族志是这种民族志的实验文本。③ 它也是一个方言述说视角的文本，将语言视为"身"进入世界的一部分。总之，所谓用能指写民族志，即将地方说话或述说等视为视角的内在部分。

其四，应当强调，中国学者的探索是与这场多源的学科运动不谋而合的。言下之意，不能将中国人类学的本体论探索当作对海外人类学本体论

---

① Clifford Geertz, "From the Native's Point of View: On the Nature of Anthropological Understanding", in *Local Knowledge: Further Essays in Interpretive Anthropology*, New York: Basic Books, 1983, p. 57.

② 如朱晓阳《"家人世界"：滇池沿岸宗教生活的语言形式》，《社会》2023 年第 6 期。

③ 李隆虎：《远方的邦克——一个回族村落的信仰与生活》，北京大学博士学位论文，2017；李隆虎：《前世、今生与后世——乌蒙山区回民的宇宙观》，重庆大学高等社会科学研究院-北京大学人类学民俗学中心"本体论视野下的中国社会研究"研讨会，2019 年 4 月 20～21 日。

转向的追随或反应。① 中国人类学的本体论感知有自己的知识来源和实践动力。例如前面谈过的地势本体论与20世纪40年代金岳霖的势之间在进路和内容方面相契合。前者受到当代实在论语言哲学影响，后者则从20世纪初的实在论哲学对话开始。例如受到费孝通的"试谈扩展社会学的传统界限"的号召影响，王铭铭主张以动为本的钱穆"生生论"传统，从而克服包括视角论在内的"静态主义本体观"。② 此外，王铭铭也以广义人文关系学，即包括人、神、物的共同体，来拓展传统的"社会"概念。③ 其他很久以前便有的本体论探索包括对于物和文明人类学的研究，以及由中国城市化中的法律和政治问题引起的对场所和空间的聚焦等。

向伟和李若慧在评述中国人类学中的本体论感知时，注意到中国的本体论转向与过去近20年来探索中国社会异己性的社会学和人类学指向有关，认为它是"身家国天下"宇宙图式的索引，背后牵扯出的由这一宇宙图式对应的人作为某种关系性的存在是中国社会的本体。④ 按此评述，以上提到的费孝通的号召、中国社会结构和中国社会理论的探索都可以被归结为中国的本体论转向。从当下的本体论转向具有本体相对性或异己性的指向着眼，中国社会学和人类学中出现的这些本土化的追求确实有着相似的指向。但是不可否认，这些指向基本上仍然是从中国社会和文化的表征

---

① 国内学者最近几年关于本体论转向的评述包括：郑玮宁：《人类学知识的本体论转向：以21世纪的亲属研究为例》，《考古人类学刊》2012年总第76期，第153~170页；王铭铭：《当代民族志形态的形成：从知识论的转向到新本体论的回归》，《民族研究》2015年第3期；王铭铭：《民族志：一种广义人文关系学的界定》，《学术月刊》2015年第3期）；朱晓阳：《地势、民族志和"本体论转向"的人类学》，《思想战线》2015年第5期；李隆虎：《同一文化，多个世界？——评美洲印第安视角主义》，《思想战线》2016年第3期；白美妃：《超越自然与人文的一种努力——论英格尔德的"栖居视角"》，《青海民族大学学报》（社会科学版）2017年第4期；向伟、李若慧：《"本体论转向"对西方人类学的认识论意义及在中国人类学中的实践》，重庆大学高等社会科学研究院-北京大学人类学民俗学中心"本体论视野下的中国社会研究"研讨会，2019年4月20~21日。

② 王铭铭：《联想、比较与思考：费孝通"天人合一论"与人类学"本体论转向"》，《学术月刊》2019年第8期。

③ 王铭铭：《当代民族志形态的形成：从知识论的转向到新本体论的回归》，《民族研究》2015年第3期。

④ 向伟、李若慧：《"本体论转向"对西方人类学的认识论意义及在中国人类学中的实践》，重庆大学高等社会科学研究院-北京大学人类学民俗学中心"本体论视野下的中国社会研究"研讨会，2019年4月20~21日。

来讨论相对性或异己性。① 换句话说，它们基本上没有显露出本体论转向思潮中的那种本体论感知。它们虽然有本土化取向，但没有自觉贯彻从中文日常语言出发的本体论视角。

此外，在最近国内的学术期刊上或以本体论转向为题的会议上出现了一些与本章内容相关的论文或民族志文体。② 用上文的话说，其中的民族志是以本体论感知去看中国的事情。这些文本所触及的都是具有中国本地世界原发性的问题。其中一些论说与当下世界的本体论转向一样，是在20世纪80年代人类学表征危机以后，各地自成一格产生的③，另有一些则是对近年的本体论转向的反映。

在本章的结尾，笔者想强调：在中国以举国力量阻击新冠疫情期间，本章所讨论的本体论转向，特别是本体政治显得具有特殊意义。这场阻击战已经将我们生存环境中的一种病毒带入了整个国家甚至世界的政治生活。就本章的意义而言，病毒也是政治的一种本体。但要理解这种政治，我们需要以本体论感知扩展有关政治社会学研究的界域。几年前笔者从本

---

① 朱晓阳：《小村故事：地志与家园（2003—2009）》，北京大学出版社，2011。
② 郑玮宁：《人类学知识的本体论转向：以21世纪的亲属研究为例》，《考古人类学刊》2012年总第76期，第153~170页；王铭铭：《当代民族志形态的形成：从知识论的转向到新本体论的回归》，《民族研究》2015年第3期；王铭铭：《民族志：一种广义人文关系学的界定》，《学术月刊》2015年第3期；朱晓阳：《地势、民族志和"本体论转向"的人类学》，《思想战线》2015年第5期；李隆虎：《同一文化，多个世界？——评美洲印第安视角主义》，《思想战线》2016年第3期；白美妃：《超越自然与人文的一种努力——论英格尔德的"栖居视角"》，《青海民族大学学报》（社会科学版）2017年第4期；向伟、李若慧：《"本体论转向"对西方人类学的认识论意义及在中国人类学中的实践》，重庆大学高等社会科学研究院-北京大学人类学民俗学中心"本体论视野下的中国社会研究"研讨会，2019年4月20~21日；孙超：《米谷与革命：中央苏区后期的资源动员》，《中国农业大学学报》（社会科学版）2020年第4期；谢生金：《风水作为行动者》，重庆大学高等社会科学研究院-北京大学人类学民俗学中心"本体论视野下的中国社会研究"研讨会，2019年4月20~21日；王瑞静：《病痛何来：自然主义与泛灵论之别》，重庆大学高等社会科学研究院-北京大学人类学民俗学中心"本体论视野下的中国社会研究"研讨会，2019年4月20~21日；李耕：《规矩、示能和氛围：民居建筑遗产塑造社会的三个机制》，《文化遗产》2019年第5期；孙旭：《动物政治——侗人的牛猪》，重庆大学高等社会科学研究院-北京大学人类学民俗学中心"本体论视野下的中国社会研究"研讨会，2019年4月20~21日。
③ 王铭铭：《当代民族志形态的形成：从知识论的转向到新本体论的回归》，《民族研究》2015年第3期。

体政治视角出发建议：所谓政治应当放在包括人与其生存环境（生境）的关系中理解。这种关系包括人与同一社区或不同社区的其他人，包括人与生境中的其他动物、植物、地势和其他环境条件。在这种整合关系下的政治涉及公共生活秩序，与公共目标有关。在这些活动中会有权力和权威－服从关系涉入。这些活动包括日常的和非日常的事件。①

---

① 朱晓阳：《从乡绅到中农》，《中国农业大学学报》（社会科学版）2018年第1期。

第三章　迈向日常语言视角的政治人类学

本章将讨论日常语言视角实在论这一人类学本体论的进路。对这一进路的介绍将从近年来有关中国"社会学本土化"的争论开始。应当说通过谈论本土化之争，能够使读者直接了解这种进路的来龙去脉，以及这一进路能够解决什么样的问题。笔者近年写过一篇小文[①]，以下是其中相关段落：

> 最近两年社会学领域仍有人在提出"走出中国社会学本土化的误区"[②]这个问题。几年前笔者曾在一些著述中，从当代人类学本体论视角讨论过此类问题。[③] 但最近这场争论中提到的本土化还牵涉到学术之外的纠葛，例如事关争夺话语权问题和中国社会学主体性问题等。笔者虽然意识到这些是争论背后会有的立场和价值，但本文将不去讨论。本文主要关注知识论层面的问题及其消除的路径。

[①] 朱晓阳：《社会学"本土化"及其对手的问题》，《中国社会科学报》2020 年 7 月 22 日。
[②] 谢宇：《走出中国社会学本土化讨论的误区》，《社会学研究》2018 年第 2 期；梁玉成：《走出"走出中国社会学本土化讨论的误区"的误区》，《新视野》2018 年第 4 期；冯耀云：《本土化讨论厘清社会学话语权建设要点》，《中国社会科学报》2019 年 11 月 6 日；贺雪峰：《本土化与主体性：中国社会科学研究的方向——兼与谢宇教授商榷》，《探索与争鸣》2020 年第 1 期；翟学伟：《社会学本土化是个伪问题吗》，《探索与争鸣》2018 年第 9 期；任剑涛：《重思中国社会科学的本土化理想》，《广州大学学报》（社会科学版）2020 年第 3 期。
[③] 朱晓阳："彻底解释"农民的地权观》，载苏力主编《法律和社会科学》第 8 辑，法律出版社，2011；朱晓阳：《地势、民族志和"本体论转向"的人类学》，《思想战线》2015 年第 5 期；朱晓阳：《中国的人类学本体论转向及本体政治指向》，《社会学研究》2021 年第 1 期。

谢宇教授的文章归纳了三种本土化，其中被当作重点看待的是"范式本土化"。谢文称："范式本土化观点的基础是中国与西方在社会文明起源和发展轨迹上的历史性差别。"例如包括费孝通的"93存稿"[①]在内的，以"关系"为核心的中国社会学之"社会理论"。谢文试图说明社会学本土化是个伪问题。它认为包括"范式本土化"在内的"三种本土化的呼吁没有一种能够很好地推动中国社会学的发展"。谢文引用库恩的范式一词，认为"范式本土化"之所以没有意义是因为其没有超出广义社会科学（例如实证社会科学）范式[②]的范畴，以及"我认为中国社会学仍属于广义上的社会科学，而不能够也不应该成为以另一个范式为基础的学问"。

实际上本土化是否属于另一种范式不是问题的关键。因为即使它是另一种库恩意义上的范式，也不会妨碍它与谢文所称之广义的社会科学相共度。如从当代实在论语言哲学如戴维森关于概念图式这一观念的论述来看，本土化可以被视为另一（语言）范式。但是，即使本土化属于另一范式，也不意味着两种范式之间不能互相翻译。戴维森以"彻底解释"很有说服力地讲清楚了两种范式之间可以互相翻译和相互理解。当然，这不是我们追究反本土化问题的原因。

现在的问题是范式之间（语言之间）翻译的问题能够被解决，但述说视角的生活形式差异或本体他者性却没有被消除。这是"范式本土化"的意义所在。这也是谢文及其对立的本土化社会学都没有察觉的。两方都没有认识到能将这场争论的问题消解的是"地方语言"述说视角下的本体差异性。例如坚持广义社会科学观的谢文认为，"范式本土化"，即以中国政治、经济、法律、道德和认知等独特性标榜的中国社会学，无论"有多么与众不同，中国社会学的价值仍然在于它是社会学"。谢文中的"社会学"一词意味着它们都可以用 sociology 来翻译或

[①] 费孝通：《试谈扩展社会学的传统界限》，《北京大学学报》（哲学社会科学版）2003年第3期。
[②] 谢宇的"范式本土化"也许是迄今为止最激进、最具感召力，也最强有力的本土化观点，因此格外值得我们审视。（谢宇：《走出中国社会学本土化讨论的误区》，《社会学研究》2018年第2期。）

理解。没错，这正是"彻底解释"之意，即两种范式之间不存在不可共度性。就此而言，"范式本土化"支持者确实不能弄清其独特性与谢文之"社会学"有多么不一样。

但是如何看待"范式本土化"的语言述说"视角"及其指向的生活形式或实在？这是两方均未意识到的问题。例如本土化派会提出的问题是："'难道美国人不讲关系吗？''外国人不谈面子？'而且讲的人都会自问自答：'都有'。"① 这正好显露出本土化学者对于日常语言的"关系"与 connection、personal networks 等西文中相应的述说之间虽然可互相翻译，但是对不同语言述说视角下的生活形式差异并无察觉。

简言之，本土化社会学的问题在于没有意识到语言述说视角实际上是另一种生活形式、"语法"或规范性描述。两种范式之间是有本体/视角差异性存在的。要从这个语言述说视角说清楚问题，则需要引入当代人类学本体论转向中出现的日常语言视角。这种进路是从戴维森的语言实在论哲学，并结合人类学的视角论等发展起来的。②

在引入日常语言视角之后，我们可以更自觉地将"范式本土化"与谢文中的"社会学"之间的差别看作各自不同的世界体验和视野所见。其相应的不同语言述说视角基于本体性的差异。由于述说视角差异的语言也是"身-视角"的一部分，因此语言，特别是述说，是生活形式或实在的一部分。

现在的问题是：日常语言视角实在论人类学为何？简言之，它在关于实在的看法上与戴维森的实在论语言哲学一致，但也有一些差别。差别之处在于，这种人类学进路在承认不同语言之间有翻译可能的"彻底解释"前提下，将不同语言的述说视为他者性的生活形式或视角。这里的生活形式一词借自维特根斯坦，视角则来自南美视角论。因此，如以地势为例，它作为日常语言，虽然与地志学或形态学之间可互相翻译，但它指向一种

---

① 翟学伟：《社会学本土化是个伪问题吗》，《探索与争鸣》2018 年第 9 期。
② 有关详情，参见朱晓阳《地势、民族志和"本体论转向"的人类学》，《思想战线》2015 年第 5 期；朱晓阳：《中国的人类学本体论转向及本体政治指向》，《社会学研究》2021 年第 1 期。

汉语述说视角下的实在或生活形式。

一 势与日常语言视角实在论

地势或地势本体论是笔者用来讨论日常语言视角人类学[①]的一个核心词语。与地势有关的势也是20世纪前半期金岳霖的常识实在论的核心词语。从知识传统言，地势本体论与金岳霖的常识实在论有内在契合。[②] 我们可以先了解一下金岳霖的常识实在论的核心概念势及其背景。

金氏的《论道》是从与当时代的语言哲学之间的对话开始的。金岳霖的进路结合了摩尔和罗素的实在论及中国的道论，建立了以道为中坚原则的本体论。金氏的论说从对休谟的因果论批评开始，将势和理等概念引入，试图解决困扰因果论的"例外"的问题。金氏提出"理有固然，势无必至"作为解决方案。金岳霖称："休谟讨论因果关系，其所以绕那么一个大圈子者，也因为它碰着势无必至底问题。他承认势无必至，就以为理也没有固然。"[③]

当代哲学界一般认为金氏对因果论的突破并不成功。[④] 但金氏主张哲学从常识开始，并强调从汉语常识中的知识立论，确实有哲学人类学意义的先见之明。这种从日常生活的实在开始的哲学与当时在英国出现的日常语言哲学遥相呼应。[⑤] 金氏关于势和理的研究也是其常识哲学的体现。

关于势的含义，金岳霖认为，势相当于一种整体性的"变"和"动"

[①] 朱晓阳：《中国的人类学本体论转向及本体政治指向》，《社会学研究》2021年第1期。
[②] 金岳霖：《论道》，商务印书馆，1987，第199~203页。
[③] 金岳霖：《论道》，中国人民大学出版社，2010，第201页。
[④] 陈波等：《分析哲学——批评与建构》上卷，中国人民大学出版社，2018。
[⑤] 对金有影响的英国哲学家摩尔（G. E. Moore）是英国实在论日常语言哲学的关键人物。摩尔1925年发表《捍卫常识》（A Defence of Common Sense）一文后，被同行称为常识哲学家（common sense philosopher）。［Michael Beaney, "Ordinary Language Philosophy", in Gillian Russell & Delia Graff Fara（eds.）, The Routledge Companion to Philosophy of Language. New York: Routledge, 2012, p. 875.］金岳霖则在国内有"中国的摩尔"之称。（刘梁剑：《有"思"有"想"的语言——金岳霖的语言哲学及其当代意义》，《哲学动态》2018年第4期。）

的原则。他在《论道》中指出:"它是变底原则,动底原则,这川流不息的世界底基本原则。"①

金岳霖的势,如用英国日常语言哲学家斯特劳森的话说,即"描述的形而上学"。斯特劳森在肯定形而上学的意义时说:"(这些)并不是专门的最为精炼的思想。它们是常识性的不太精炼的思想,但却是最为复杂的人类概念思考所不可或缺的核心。"② 此外,前些年有国内学者用戴维森有关因果关系的分析,检视金氏的因果论解决方案及其贡献。其主张也是建议将金氏的因果论解决方案当作有意义的形而上学问题来看待。③ 但是,金氏强调势是殊相或实在。金氏认为自己的"实在论底知识论"既不唯心,也不唯物,是"事中有理,理中有事"。④ 就此而言,金氏的势更与人类学本体论转向所谈的本体或实在之意相契合。

由势的含义来看,地势与西文 topography 或 morphology⑤ 确实有差别。无论是 topography 还是 morphology 都不含汉语之势所具有的变和动的意思。而且在一般的经验论前提下谈论它们,都是将其置于因果关系论中。例如莫斯关于爱斯基摩人的社会形态学研究,将道德、法律和宗教视为由物质基础所决定的功能。功能在此就是一种"结果"⑥,是由物理环境(以社会环境和技术为中介)所决定的一种结果。但如金岳霖所言,"势无必至",即谈势不需要追究因果关系之种种例外。以势的整体论来描述,不仅能避免因果关系的例外问题,而且强调了变和动的一面。因此,地势本体论即一种整体性的变的原则,而且强调与地或与世界有关的变和动。

---

① 金岳霖:《论道》,中国人民大学出版社,2010,第197页。
② 彼得·F.斯特劳森:《个体:论描述的形而上学》,江怡译,中国人民大学出版社,2004,第11页。金想解决的正是后来麦克道威尔所称之,在因果逻辑空间和理由逻辑空间存在疆界情况下,存在两种规范性描述之间不能互相还原的问题。
③ 翁正石:《金岳霖有关因果关系分析的检讨》,载《第三次金岳霖学术思想研讨会论文集》,http://cpfd.cnki.com.cn/Article/CPFDTOTAL-ZLJX200508001019.htm,2005。
④ 金岳霖:《知识论》,中国人民大学出版社,2010,第13~14页。
⑤ 莫里斯·哈布瓦赫:《社会形态学》,王迪译,上海人民出版社,2005。
⑥ 关于功能是一种因果论意义上的"结果",参见 Niklas Luhmann, "Funktion und Kausalität", Kölner Zeitschrift für Soziologie und Sozialpsychologie, 1962, 14, pp. 618 – 619。

第三章 迈向日常语言视角的政治人类学

值得指出的是，金岳霖并非他那个时代的本土化学者，其问题意识和进路都与当时英国兴起的日常语言哲学密切相关。虽然金氏检视问题的起点是休谟经验论中的因果论怀疑。但是金氏的解决方案确实基于中国人的日常生活和中文日常语言。金的日常哲学将理和势等视为汉语述说中的实在。这与后来以实证主义为前提，试图贯通中西的本土化社会科学不一样。相比之下，这些论者多将中文的人情、面子、关系等视为象征符号或宇宙观。因此这些解决方案多将中国社会的观念作为"方言"，再以实证论为普遍性框架去框定和测量。而当下的中国本土化社会学主张者则试图反实证主义社会科学的路而行之，结果走向了一种文化相对主义的还原论。①

如前所述，金岳霖关于因果关系的讨论实际上触到了后来约翰·麦克道威尔在《心灵与世界》一书中所称之因果逻辑空间和理由逻辑空间存在疆界的预设，也即两种规范性描述之间不能互相还原的问题。金的建议是以"势无必至，理有固然"来解决因果关系疑难问题。在笔者看来，金岳霖的缺陷是没有意识到他所批评的休谟因果论依据因果逻辑空间的"语法"推论其"例外"问题。而金氏的"势无必至"则属于另一种规范性描述，势甚至是另一种述说视角下的世界。对于势的世界应有另一种语法，属于另一种生活形式。金对这一重疆界，即互相不能对准的"世界"没有自觉。因此如中国学者陈波等认为金氏对休谟因果论的批评是无效的。② 因为

---

① 基于中国传统典籍或日常实践用语建构的社会理论，基本上可分为两种。其一，将本土概念当作中层变量，如"关系"、"人情"或"气"等。对这些中层概念的解释则在西方社会学的说明/解释框架之下。其二，坚持本土知识类型和概念的融贯性，例如对天下观的解释。第一种方式是自20世纪60年代本土心理学倡导以来的继续，基本上将本土概念当作实证社会学框架下的"本地经验材料"。第二种隐含的前提是，本土理论及知识话语与西方社会科学的知识话语间存在可翻译性，但没有人从知识论上做出回应。无论坚持两种中的哪一种似乎都面临着困难。第一种的困难可概括为，如何使社会学能够"与古人跨越时间和历史交流"？如何使舶来的社会科学与中国人的生活世界相接轨？这已成为近半个多世纪以来中国学者要处理的主要问题。如费孝通晚年曾表露过这种困惑。[费孝通：《试谈扩展社会学的传统界限》，《北京大学学报》（哲学社会科学版）2003年第3期。] 第二种的困难可概括为"无理"的文化相对主义，称其"无理"是因为它对于本土知识和概念的可翻译性不做回应。（朱晓阳：《小村故事：地志与家园（2003—2009）》，北京大学出版社，2011。）

② 陈波等：《分析哲学——批评与建构》上卷，中国人民大学出版社，2018。

休谟的因果论在其经验论框架下并不包含金氏所说的自相矛盾,也不需要接受金岳霖式的解决方案。如果金氏能从后期维特根斯坦、斯特劳森甚至戴维森的变异一元论来检视自己的势和理等概念,将会对这个问题有另一番推进。① 但我们不能以穿越时间的方式苛求金岳霖。《哲学研究》在维特根斯坦去世后的20世纪50年代才出版,斯特劳森也是在50年代才提出描述形而上学的意义。而那时的金岳霖估计没有机会看到英国日常语言哲学同行的新进展。

如果以上述有关金岳霖的势的理论讨论回应本章开始提到的"社会学本土化"之争,可以说本土化派与其对手一样,其辩护之无力也在于没有搞清楚语言述说视角实际上是另一种生活形式、语法或规范性描述。也就是说,他们没有意识到两种范式之间的差异有本体/视角他者性。其情状与20世纪40年代金岳霖的休谟问题解决方案一样。但金氏的探索已经超出当时代的本土化学者的眼界和成就。例如吴文藻等对于语言述说与生活形式之本体性差异并无自觉,其主张的本土化仍然是用实证的功能主义来研究中国。

今天如果跟随金岳霖及当时和后来的日常语言哲学思路,如果从日常语言视角人类学出发,面临的问题将不是本土化是否有意义,也不是讨论本土化是否属于广义的社会科学范式等。重要的问题是:如何从日常语言视角,做社会科学的理论概念和方法论的建设。例如,如何以日常语言视角实在论和金岳霖的常识实在论的核心概念势及其论说去建构社会政治理论? 在这方面,笔者近些年已有一些讨论。

首先,以势为社会政治理论概念,能够克服实证社会科学持有的因果决定论前提带来的疑难。如金岳霖所称,"势无必至"能解决因果关系所不能解决的"例外"的问题。他认为,势与因果关系一样,属于殊相;但势作为变的原则,不需要追溯原因(不存在第一推动因),势无开始。势

---

① 例如前述有国内学者从戴维森因果关系的分析出发,建议将金氏的因果论解决方案当作有意义的形而上学问题看待。(翁正石:《金岳霖有关因果关系分析的检讨》,载《第三次金岳霖学术思想研讨会论文集》,http://cpfd.cnki.com.cn/Article/CPFDTOTAL-ZLJX200508001019.htm,2005。)

第三章 迈向日常语言视角的政治人类学

很好地解释了因果关系的"例外"状态。金称"势无必至",在另一端是理有固然。势既然是殊相,应当是具体的和可观察的。① 简言之,势相当于一种整体论,包含了不能穷尽的因果关系之"例外",但又是"势无必至"——无法一一列举的。

其次,势在传统社会科学的"结构-能动性"这个二项对立之外,蕴含了"结构化"和实践理论等所欲打开的局面。由于势是汉语述说视角的词语,因此能够较好地使日常生活的实在与理论概念相互融贯。

在传统社会科学里,"结构-能动性"是一个延续百年之久的争论。真正取得实质性进展是在 20 世纪 80 年代以后。吉登斯、布迪厄和萨林斯等的实践理论出来以后,似乎使问题获得了解决。但新功能主义、鲁曼的系统论、后社会史和拉图尔的行动者网络理论又使"结构-能动性"问题在新的条件下重新浮现。这些理论新视野与人的生活世界感受之间更融贯。此外,福柯在实践理论出现之前就形成的权力话语学说也突破了谈权力必论主体的传统樊篱。②

势从某种意义上说与福柯的权力、鲁曼的沟通媒介等有相似性。其相似性在于它们都不再将行动者或主体视为社会学的必要因素。但是,势与福柯的权力和鲁曼的系统有不同之处。不同在于它与中国日常语言中的势有深刻联系。在汉语语境中,政治性的势力不仅仅包括与对身的控制有关的关系(福柯)③,

---

① 金岳霖:《论道》,商务印书馆,1987,第 199~203 页。此外,法国学者余莲对于势做过深入细致研究。他也从中国人生活的关键象征和日常用语开始,即从势的观念出发,认为这是一种"既非机械论(决定论),也非目的论的看法"。余莲称:"中国人通过客观运作之中的趋势,便能见到眼不可见的事物,这是为何中国人不需要一个变成'肉身'的媒介,也不需要'形而上学的公设'。"但余莲并不将势当作本体或实在。这是他与金岳霖和笔者所持的日常语言视角实在论的根本区别。参见弗朗索瓦·余莲《势:中国的效力观》,卓立译,北京大学出版社,2009,第 210 页。
② 福柯自称其兴趣不在于统治的"合法性"问题,而在于统治的机制。福柯的"权力"即所谓的"关系",是一种具体的"控制关系"。参见 Michel Foucault, *The History of Sexuality*, Robert Hurley (trans.), London: Penguin Books, pp. 80-84。
③ 从福柯的视角,将权力视为"势力关系"意味着将它看成一种斗争、冲突和战争。而这可以归结为权力-压抑说。这不是福柯的权力学说所关心的。福柯更关心的是权力的技术、权力作为一种生产真理的关系的意义。参见米歇尔·福柯《两个讲座》,载包亚明主编《权力的眼睛——福柯访谈录》,严峰译,上海人民出版社,1997,第 225 页。

或可以被归结为环境的系统（鲁曼）①；还包括与个人/集体相互进入的地势、局势等环境或物质性的因素。势也与时势这一具有时间向度的因素相关。② 所有这些因素都没有按照系统/结构－行动者这样一种范畴及分类来表征。它们来自另一种范畴和分类，在这种范畴和分类中会有"形势－人"和"势－力"等。例如可以用势力来将国家看作社会理论意义上的一个关键因素。③ 这个因素既是系统或结构，又是行动者；既是环境，又是人力；既是自然，又是文化；既是势，又是人。用中国式的政治学词语来谈论，国家或类似的东西都可以被称为势力。④

二　位育与日常语言视角实在论

与势和地势相关的一个概念是位育。潘光旦先生提出的这个概念近年来在国内社会学中有较多讨论。⑤ 但多数论者关注这个概念是从孔儒社会思想的角度去理解。本章所要做的不一样，首先将这个概念放在当今的演化人类学背景下检视，然后从日常语言视角人类学进路讨论其意义。本章特别关注位育在社会理论建构方面的意义。

---

① 卢曼认为应当将权力看作政治系统中的沟通符码。权力以有权/无权来使政治系统这个创生系统运作。权力既不是结构，也不是主体。参见尼古拉斯·卢曼《权力》，瞿铁鹏译，上海人民出版社，2005。在卢曼看来，人和社会都是系统，都是环境。例如，卢曼有一个著名说法，"社会与人互为环境"。

② 在人类学中，"时势"与萨林斯所使用的 conjectural structure 有接近之处。这个词被国内学者翻译成"并置结构"。但究其更早的出处，例如阿尔都塞的《马基雅维利和我们》，会发现在那里更接近"形势"的意思。（阿尔都塞：《马基雅维利和我们》，载阿尔都塞著《哲学与政治：阿尔都塞读本》，陈越编译，吉林人民出版社，2003，第395～403页。）

③ 这样说不意味着它是唯一决定因素。此外，对于国家的谱系学和人类学研究在本章所涉内容的意义上十分必要。在未及开展这些研究之前，笔者想提出几点见解。首先中国的国家作为"势力"是近当代的产物，它具有列宁主义的根源，同时又结合了毛泽东思想等中国实践。其次不可以将它还原为"会党"或共产主义运动中的某一原型，或如殷海光所指之"问题"等。应当将它当作一个本体论意义上的现实，或者用本章的主张势力来看待。

④ 按照韩非子的说法，法术势三者是政治的基本要义。我们这里的势力与韩非子的势有家族相似性。韩非子："抱法处势则治，背法去势则乱。"（《难势》）

⑤ 如周飞舟《人伦与位育：潘光旦先生的社会学思想及其儒学基础》，《社会学评论》2019年第4期。

第三章 迈向日常语言视角的政治人类学

位育与本章的势，特别是地势等概念有内在关联。其关联与潘光旦对位育的解释有关，也与费孝通对潘的位育所做的补充有关。

潘光旦取《中庸》之言"致中和，天地位焉，万物育焉"来翻译演化论和社会生物学的 adaptation 与 social adjustment。他认为翻译成顺应或适应环境都太过被动，而应以位育来解较准确。他之位育的核心是"安所遂生"。他说："西文 social adjustment 为'社会位育'，在《中庸》中'致中和，天地位焉，万物育焉'之义，位者安其所也，育者遂其生也，安所遂生，适与生物学家研究生态学后所得之综合观念相吻合无间。"①

虽然潘光旦的位育是从孔儒社会思想中选择出来的概念，但是与上述金岳霖的势论相似，其位育概念从一开始就是在试图与当时代西方社会思想流派的对话中选择出的。演化论框架下的社会生物学是被潘光旦用来讨论位育的一个主要背景。潘光旦指出："演化理论里一大堆概念中唯一没有演成一个社会思想的支派的似乎只有'调适'或'位育'概念，可能是因为它比较的最富有综合性，最有'汇'的意味；大凡讲调适就不得不讲关系，每个物体本身内部的关系，物体与物体之间的关系，物体与所处境地的关系，都得讲求到家，因此就不容易分而成派，不特不容易从有机的层级分出来，抑且不容易和无机及超有机的各层级完全绝缘，独行其是。"②

由这段论说可见潘的 adaptation（调适）有联系无机、有机及超有机世界，并使它们相互"汇"通的意味。在这种眼光下，调适或位育似乎与当代的栖居视角的示能之意较接近。但这是潘光旦在 1940 年代末期的观点。在其早期用位育去解释 adaptation 时，潘还没有这样的自觉。

潘光旦最初使用位育概念的目的是试图将 20 世纪初的社会生物学与儒家思想相勾连。潘先生关于位育的预设是孔门的物不齐论，即"人类之生而各异，孔门既已承认之，故其第二步设法在个人方面，则使人人各得发

---

① 潘光旦：《生物学观点下的孔门社会哲学》，转引自潘乃谷《潘光旦释"位育"》，载潘乃穆等编《中和位育：潘光旦一百年诞辰纪念》，中国人民大学出版社，1999，第 22 页。
② 潘光旦：《派与汇——作为费孝通〈生育制度〉一书的序》，载潘光旦著《政学罪言》，上海观察社，1948。转引自潘乃谷、潘乃和选编《潘光旦选集》第三集，光明日报出版社，1999，第 314 页。

育之宜；在社会方面，则使人与人之间，不因差异而相害，而因差异而相成"。他将因人制宜和社会差分（social differentiation）视为同一事物的两面，并称为社会位育。

但当时代社会生物学的 adaptation 和 social adjustment 以自然与文化二分为前提，主张人类本性由其生物性决定或"自然决定说"。潘光旦看到了孔门的物不齐论与这种社会生物学的 individual variation（潘译：个体变异）预设相契合。但是20世纪初的自然决定论遭到同样坚持自然和文化二分的波亚斯式文化决定论的碾压。此后几十年在社会文化人类学中这种自然决定论基本没有市场。与其相关的优生学更因为与纳粹的种族主义有关而臭名昭著。直到最近30年，随着关系性演化论出现，演化人类学发展出新的局面，社会生物学再度成为人类学中的显学。① 演化人类学主张用整合性的人类生境建构来讨论人类演化，而不再认可传统社会生物学强调的遗传因素决定论。人类生境是人作为物种赖以存在的结构性、时间性和社会性情景（context）。它包括有机体所经历和再结构的空间、结构、气候、滋养物和其他物质的、社会的因素。当下人类学本体论转向中的栖居视角与演化人类学非常契合。② 例如英戈尔德用栖居、生境、技能（skill）

---

① 人类学历史上有名的米德与弗里曼的两种萨摩亚真实之争也能折射出文化人类学与生物取向人类学的消长。弗里曼代表的并不是20世纪初的演化论和社会生物学，而是融进了1980年代初的新型社会生物学和演化论。弗里曼对米德的质疑虽然不能动摇米德在文化人类学中的地位，但他在书中提到的新演化人类学的特点值得在此提出。"一个新的科学范式正在浮现。这一范式可以在一个演化的框架中考察文化，并对遗传性因素和外源性因素都加以考虑，对这两者在人类行为和演化中的这些基本方面所发挥的关键重要作用，都给予应有的尊重。"参见德里克·弗里曼《玛格丽特·米德与萨摩亚：一个人类学神话的形成与破灭》，夏循祥、徐豪译，商务印书馆，2008，第261页。
② 秉持关系性演化论的当代人类学认为生境是物种赖以存在的结构性、时间性和社会性情景。它包括有机体所经历和再结构的空间、结构、气候、滋养物和其他物质的、社会的因素。有机体在经历和再结构这些因素时，与其分享同一环境的竞争者、合作者和其他活动者也在场。人类生境建构则发生在空间和社会范围内，包括社会合作者、感知情景、人类个体和社区生态，其中也有很多与人类在同一环境中的其他生物。当代演化人类学主张用整合性的人类生境建构来讨论人类演化。这种路径试图将物质与认知和行为与形态学（morphological）统合起来。参见 Agustin Fuentes, "Integrative Anthropology and Human Niche: Toward a Contemporary Approach to Human Evolution", *American Anthropologist*, June 2015, Vol. 117, No. 2, pp. 302 – 315。

和示能等概念重新考量人与环境的关系。① 在这种当代演化人类学和生态/环境人类学前提条件下，潘光旦的位育值得从人类学本体论视角被重新检视。

潘光旦的位育概念中的"人类之生而各异"，如从演化人类学角度解，则可以被视为人与其所经历和再结构的空间、结构、气候、滋养物和其他物质的、社会的因素相互影响的结果。从这种人类学的角度，人与生境之间应当是栖居性或关系性的，而非如传统社会生物学或早期演化人类学所设想的那种被动适应。就这一点而言，当代的演化人类学和本体论的预设与潘光旦的位育相契合。

当代社会学中更有人结合生物学研究，将人格、幸福感或受教育程度等视为非遗传性基因或遗传基因与社会互动影响作用的结果。② 这种强调基因和社会环境结合的进路则更与潘光旦的位育概念有着"家族相似性"。

一方面，潘光旦的位育值得放在当代演化人类学的关系性进路下或者社会生物学基因－互动影响视角下进行检视；另一方面，潘的位育更值得从日常语言视角实在论进路做讨论。应当指出，潘光旦先生的位育概念以及费孝通先生对位育的发挥，及其所用的处境概念与本章以上所讨论的地势非常相关③。

首先，潘光旦的位育概念与西文的 adaptation 和 social adjustment 之间不能完全对准，或并非"吻合无间"。仔细阅读会发现，有关 adaptation 和 adjustment 是在西方自然科学（生物学）传统下的说明性（explanative）

---

① 英戈尔德强调其栖居进路的一个预设是，个人与有机体根本就是合二为一的东西。
② 国光：《基因组研究的进展与社会科学》，北京大学社会学系午间报告会，2019年9月16日。胡雯等在社会学和基因组学的交叉领域，将基因组学和表观基因组学的进步纳入社会科学问题的研究，例如社会分层和健康不平等。他们利用过去25年中基因组学的诸多研究进展，质疑主流社会学中普遍存在的假设：个体出生时大致相同（处于"空白状态"），观察到的个体差异完全归因于环境影响。参见胡雯、张浩、李毅、刘世定、国光《分子遗传学的发展对社会学的影响》，《社会学研究》2012年第5期。此外丁雪洁的《遗传学信息对社会学的影响：机遇与挑战》一文，介绍了国外有代表性的这个方向的几篇论文，其中包括胡雯等的论文。
③ 费孝通：《乡土重建》，载《费孝通文集》第四卷，群言出版社，1999，第301页。

论说。① 实际上，前述栖居视角之栖居与位育之间也存在述说视角差异。例如英戈尔德的栖居是一个说明性的概念②，与海德格尔的栖居概念有重大差别。其中一个差别是英戈尔德的栖居没有海德格尔的栖居概念的伦理和价值面向。而且英戈尔德的栖居意在强调人与有机体之间的连续，谈栖居视角也不以语言为前提。因此英戈尔德的栖居视角下的技能是无言的文化，是人与有机体无区别的活动。栖居视角对人的语言述说及与之相应的生活形式这个面向没有关注。③

---

① 例如维基百科的相关词条。Adaptation: In biology, adaptation has three related meanings. Firstly, it is the dynamic evolutionary process that fits organisms to their environment, enhancing their evolutionary fitness. Secondly, it is a state reached by the population during that process. Thirdly, it is a phenotypic trait or adaptive trait, with a functional role in each individual organism, that is maintained and has evolved through natural selection. Adjustment is the balancing of internal needs and external demands on the organism. Someone is well adjusted if they have developed the capacity to maintain the harmony of their inner and outer worlds. Adjustment disorder occurs when there is an inability to make a normal adjustment to some need or stress in the environment.

② 英戈尔德的栖居视角将有机体-个人在环境或生活世界中的沉浸视为存在的、不可或缺的条件。从这一视角来看，环境以其示能持续地进入能动者的活动之中，并与能动者相互渗透、相互形塑，持续地进入其居民的周遭，它的许多构成通过他们统合进生命活动的规则性模式而具有意义。（Tim Ingold, *The Perception of the Environment: Essays on Livelihood, Dwelling and Skill*, New York: Routledge, 2003, pp. 157 – 171.）

③ 英戈尔德的栖居进路虽然借用海德格尔的栖居概念，但与后者的论说有很大差异。例如英戈尔德将栖居与筑造视为有本质区分的概念；栖居是说明性的概念，无海德格尔的栖居的伦理和价值；不局限于人/语言，亦不从语言出发。而对海德格尔来说，栖居的出发点和基础都是语言。海德格尔说："假如我们留心语言的特有本质的话，关于一物（thing）的本质的呼声就会从语言而来走向我们。"（马丁·海德格尔：《筑·居·思》，载马丁·海德格尔著《演讲与论文集》，孙国兴译，生活·读书·新知三联书店，2005，第153页。）海德格尔基于语言述说视角指出："栖居，即被带向和平，意味着：始终处于自由（das Frye）之中，这种自由把一切都保护在其本质之中。栖居的基本特征就是这样一种保护。筑造原始地意味着栖居。在筑造一词还原原始地言说之处，它同时也道出栖居的本质所及的范围。""如果我们倾听到语言在筑造一词中所道说的东西，我们就能觉知如下三点。一、筑造乃是真正的栖居。二、栖居乃是终有一死的人在大地上存在的方式。三、作为栖居的筑造展开为那种保养生长的筑造与建立建筑物的筑造。我们栖居，并不是因为我们已经筑造了；相反地，我们筑造并且已经筑造了，是因为我们栖居，也即作为栖居者而存在。"英戈尔德的栖居，更多地吸收了詹姆斯·吉布森的生态心理学（ecological psychology）的成果。（参见 Tim Ingold, *The Perception of the Environment: Essays on Livelihood, Dwelling and Skill*, New York: Routledge, 2003, pp. 157 – 171.）栖居视角在作为社会政治理论概念使用方面还有其他缺失。例如没有对于利益或其他政治性表征的关怀。因此栖居视角有必要与政治-经济视角相结合，或与其他社会科学视角相结合。此外栖居视角缺乏中介。当然在 Keane 的 affordance 进路下，对符号意识形态和符号模式的强调（包括心理、社会互动和社会历史三方面中介），对于探讨伦理生活与现实/历史环境间的关系更接近民族志情景。

第三章 迈向日常语言视角的政治人类学

而如从潘光旦先生对《中庸》的相关内容的发挥和解释来看，位育则是一种有伦理价值取向（如"中和"）或与孔门的物不齐论、社会差分论或人伦本体的论说相关的概念，也是汉语述说视角下的活动或生活形式。

潘光旦的位育以物不齐论为起点，然后以因人制宜及其社会应用为社会差分，而社会差分的实用目的为社会秩序，最后得出"维持和守护社会秩序之物为礼"。表面上看，潘将孔儒社会思想与当时代社会生物学的关键词，如 individual variation、social differentiation、social adjustment 等做了对译，实际上其述说视角指向的是中和。他引用荀子的"以群则和，以独则足"来解释位育。①

潘光旦称："一切生命的目的在求位育，以前的人叫做适应，教育为生命的一部分，它的目的自然不能外是。我们更不妨进一步的说，教育的惟一目的是在教人得到位育，位的注解是'安其所'，育的注解是'遂其生'，安所遂生，是一切生命的大欲。"② 简言之，潘光旦的安所遂生和位育是生命的终极欲求。

潘光旦还将安所遂生用于讨论教育和民族复兴等问题。他认为安所遂生是教育的目标："中国的教育早应以农村为中心，凡所设施，在在是应该以百分之八十五以上的农民的安所遂生做目的的。"③

潘光旦在将位育，特别是其中"安其所、遂其生"的解释用于讨论民族复兴时指出："我以为民族复兴的中心问题是：在扰攘的 20 世纪的国际环境之内，在二三千年来闭关文化的惰性的拖累之下，我们的民族怎样寻得一个'位育'之道。约言之，民族复兴的中心问题是民族位育。"④ 潘光旦的民族位育的核心仍然是中和。

在潘光旦那里，安所遂生和位育是一个关乎个人生命理想、教育目标

---

① 潘光旦：《生物学观点下的孔门社会哲学》，转引自潘乃谷《潘光旦释"位育"》，载潘乃穆等编《中和位育：潘光旦一百年诞辰纪念》，中国人民大学出版社，1999，第 22 页。
② 潘光旦：《忘本的教育》，《年华》1933 年第 43 期，转引自潘乃谷、潘乃和选编《潘光旦选集》第三集，光明日报出版社，1999，第 430 页。
③ 潘光旦：《忘本的教育》，《年华》1933 年第 43 期，转引自潘乃谷、潘乃和选编《潘光旦选集》第三集，光明日报出版社，1999，第 432 页。
④ 潘光旦：《民族的根本问题》，转引自潘乃谷《潘光旦释"位育"》，载潘乃穆等编《中和位育：潘光旦一百年诞辰纪念》，中国人民大学出版社，1999，第 27 页。

和民族复兴的大理想,其指向的是一种人伦本体的生活形式或活动。这种本体差异的实在绝非当时代的社会生物学的科学说明框架所能容。即使是潘光旦自认为与位育没有分别的功能论的指涉也与其有着差异。

关于位育与功能论的关系方面的例子,可以举出费孝通对位育的解释和潘光旦为费孝通的《生育制度》作序所写的《派与汇》一文。①

先看费孝通先生如何发挥位育概念。费孝通指出:"(位育)意思是指人和自然的相互迁就以达到生活的目的。位育是手段,生活是目的,文化是位育的设备和工具。"② 此外费孝通谈到以"处境"替代"环境"。

费孝通对位育的解释是将其视为功能主义的概念。这倒是符合潘光旦《派与汇》一文中关于位育与功能论"没有分别"的看法。但实际上潘光旦的安所遂生作为述说视角指向的人伦本体与 functionalism(功能论)是有差异的。③ 费孝通在解释位育时,主张以"处境"替代"环境",则非常有意义。他说:"但是我嫌环境一词太偏重地理性的人生舞台,地理的变动固然常常引起新的位育方式,新的文化;但是在中国近百年来,地理变动的要素并不重要。中国现代的社会变迁,重要的还是被社会的和技术的要素所引起的。社会的要素是指人和人的关系,技术的要素是指人和自然关系中人的一方面。处境一词似乎可以包括这意思。"④

费孝通以处境来讨论位育,在位育与环境对应关系外(此种对应与莫斯的社会形态学相似),更多了一层技术要素的中介,这是朝前迈了一步,也更接近当代演化人类学和栖居视角的生境之意。此外,以处境一词代替环境,还具有汉语述说视角的本体论意义。当然,费孝通并没有将技术的

---

① 潘光旦:《派与汇——作为费孝通〈生育制度〉一书的序》,载潘光旦著《政学罪言》,上海观察社,1948。转引自潘乃谷、潘乃和选编《潘光旦选集》第三集,光明日报出版社,1999,第338页。
② 费孝通:《乡土重建》,载《费孝通文集》第四卷,群言出版社,1999,第301页。
③ 如功能论的因果决定论背景、功能论的实证科学说明性等。
④ 潘指出:"说(调适)这个头绪是近代的,乃是因为它的发展之功,属于近代演化论者为多,其实位育一概念的由来很远,其在中国,并且一向是人文思想的一部分,所谓'中和位育'者是,惟有经由中和的过程,才能到达位育的归宿。"潘光旦:《派与汇——作为费孝通〈生育制度〉一书的序》,载潘光旦著《政学罪言》,上海观察社,1948。转引自潘乃谷、潘乃和选编《潘光旦选集》第三集,光明日报出版社,1999,第338页。

第三章　迈向日常语言视角的政治人类学

要素引入如《乡土重建》中关于乡绅所处的农耕处境中去讨论地主的位育。①

在理解位育与 adaptation 或 social adjustment 之间虽然可以互译，但却指向述说视角差异下的生活形式之后，我们可以将位育与上述的势一样，视为社会政治理论构建的一个关键词。

潘光旦以位育为基本概念，在构建社会理论方面做了尝试。他在《派与汇》中提出了一个宏大的新人文思想构想。潘认为新人文思想有五种头绪：其一是"中和"作为与古希腊相通的古人文思想；其二是基于演化论的位育作为中和思想的近代归宿；其三是社会文化功能学派（以马林诺夫斯基为代表）是当时代的社会科学与位育的汇聚；此外潘光旦还认为19世纪末在美国出现的实用主义（称为实验论与工具论）与中国古人文思想相契合，即两者都讲求效用和工具，而不追究逻各斯意义上的真；最后一个是源于实用主义的人的科学，例如完形心理学等。在潘光旦的新人文思想中，中和位育则是"汇"聚多种头绪的概念。

从潘光旦的新人文思想所列举的五种头绪观之，它们都或多或少是当代超越主观主义和客观主义二分的实践理论，是超越文化和自然二分的人类学，特别是本体论转向人类学的思想来源。具体言之，本章以上谈到的日常语言视角实在论与实用主义哲学有关，莫斯等的社会形态学与社会文化功能学派有关，栖居视角的示能则与格式塔心理学有关。至于位育与当今演化人类学的直接关系以前已经被详细讨论过。而古人文思想（例如势和位育等概念）与日常语言视角实在论的直接关系更是不言而喻。

潘光旦的新人文思想是有前瞻性的社会理论构想。他对位育概念的"汇"聚力量之认识来自其常识眼光和对中国日常生活哲理与社会生物学之间关联的洞察。但是他的位育概念在当时代仍然不能将其提出的各种头绪相互融汇。一个重要原因是当时的实证科学（包括社会学）和人文科学

---

① 在梳理潘光旦和费孝通的论说的基础上，结合当代演化人类学背景和日常语言视角实在论，位育或可被解释为：在特定处境/生境/地势中的生活合宜或安所遂生。而就构建社会政治理论而言，位育不仅包含适应处境的技能（政治位育），而从合宜着眼，位育更具有伦理的维度，同时也是本体实在维度，例如社会差分或人伦关系。此处的合宜既有适应的意思，也有与西文 decent 相近的意思，即"正派的"、"得体的"和"适当的"等。

之间仍然被诸如事实与价值二分、因果逻辑空间与理由逻辑空间二分等预设所局限。更重要的缺憾是潘光旦对于其位育的语言述说视角与一般社会科学概念的视角之间的本体差异并无自觉。在这方面，潘光旦与金岳霖的状况相似。

第四章　本体观人：重温马克思主义人类学

本章讨论马克思主义人类学与当代人类学本体论的联系，梳理马克思和恩格斯的原创性人类学理论。就马克思主义人类学与当代人类学本体论之间的关系而言，在哲学人类学层面，马克思主义人类学与当代人类学本体论之间的联系来自马克思关于人的"类本质"的观点。这种联系已经受到当代人类学的重视。马克思主义人类学关于资本主义的辩证形式的分析对于当代人类学具有无可替代的重要意义。在实践层面，马克思主义人类学与当代人类学中的积极行动人类学和本体政治也有直接联系。

前些年有一本名为《卡尔·马克思，人类学家》的书①。书的开头第一句话是，"马克思是一位人类学家"（Marx was an anthropologist）。在书的最后一章，开头的第一句话是，"马克思的确是一位人类学家"（Marx was indeed an anthropologist）。② 笔者不是要回应该书作者帕特森的断言，也不讨论有没有马克思主义人类学，更不讨论马克思是否为人类学家这种问题。笔者以马克思主义人类学为事实前提，讨论这种人类学在当代人类学本体论视域中的意义。具体言之，本章围绕马克思和恩格斯的哲学人类学进行讨论，主要内容是马克思和恩格斯的哲学人类学本体论对于当代人类学的意义。

---

① 托马斯·C. 帕特森：《卡尔·马克思，人类学家》，何国强译，云南大学出版社，2013。
② 托马斯·C. 帕特森：《卡尔·马克思，人类学家》，何国强译，云南大学出版社，2013，第1、221页。

一 人的哲学与"类存在"

在讨论之前,我们应当想一想马克思主义人类学中常常给读者留下已经"过时"的印象的主要有哪些内容。首先我们会想到唯物主义,或者说基于人的感性活动或实践的唯物主义。这方面的问题主要是从语言转向后的哲学视野来看,它会被认为是一种符合论式的唯物主义或阿尔都塞所称的"经验主义"[①]。其次是劳动价值论和剩余价值学说。对它们的质疑主要来自当代的经济学。最后是"进化论历史"。

这些"过时"的内容相互关联,例如它们都基于马克思和恩格斯的哲学人类学本体论,即人的实践/生产/劳动。因此对马克思主义人类学当下意义的理解应当从对这一根本问题的再讨论开始。

"全部人类历史的第一个前提无疑是有生命的个人的存在。"[②] 这是《德意志意识形态》(以下简称《形态》)中的一句话。这个前提,即有生命的个人及其感性活动存在,在今天仍然很有意义。马克思和恩格斯将这个前提看作人和动物所共有的与世界的关系。而人之为人则与其"类存在"有关,即人是生产活动/实践中的人。这种生产活动/实践将人的生存/生活与动物界区分开来。在这种本体论视域下,人被看作具有二重性:一方面属于物质世界,另一方面有"类本质"的"类存在"。[③]

可以稍微扩展论述一下以上观点。

马克思主义人类学的本体论是人的感性活动,即"费尔巴哈提纲"(以下简称"提纲")中提出的"实践"[④],或相当于《形态》中所称之

[①] 阿尔都塞在《读〈资本论〉》一书中,将恩格斯的唯物主义称为"经验主义",参见路易·阿尔都塞、艾蒂安·巴里巴尔《读〈资本论〉》,李其庆、冯文光译,中央编译出版社,2008。
[②] 马克思、恩格斯:《德意志意识形态》,载《马克思恩格斯选集》(第一卷),中共中央马克思恩格斯列宁斯大林著作编译局编译,人民出版社,2012,第146页。
[③] 马克思:《异化劳动和私有财产》,载《1844年经济学哲学手稿》,中共中央马克思恩格斯列宁斯大林著作编译局编译,人民出版社,2014。
[④] 马克思:《关于费尔巴哈的提纲》,载《马克思恩格斯选集》(第一卷),中共中央马克思恩格斯列宁斯大林著作编译局编译,人民出版社,2012,第134页。

"生产"。《形态》中有言:"一当人开始生产自己的生活资料,即迈出由他们的肉体组织所决定的这一步的时候,人本身就开始把自己和动物区别开来。"①

作为"类存在",有意识的生命活动把人同动物的生命活动直接区别开来。正是由于这一点,人才是"类存在"。

马克思和恩格斯一方面以有意识的生命活动来界定"类存在",另一方面以生产活动/实践为"类存在"区别于其他动物的特征。在《形态》中关于"生产方式"有如下论述:

"人们用以生产自己的生活资料的方式,首先取决于他们已有的和需要再生产的生活资料本身的特性。这种生产方式不应当只从它是个人肉体存在的再生产这方面加以考察。更确切地说,它是这些个人的一定的活动方式,是他们表现自己生命的一定方式、他们的一定的生活方式。个人怎样表现自己的生命,他们自己就是怎样。因此,他们是什么样的,这同他们的生产是一致的——既和他们生产什么一致,又和他们怎样生产一致。因而,个人是什么样的,这取决于他们进行生产的物质条件。"②

《形态》中的"生产"和"生产方式"概念与《1844年经济学哲学手稿》(以下简称《手稿》)和更早的《神圣家族》中出现的"生产方式"可以互相指代。生产方式(生产力/生产关系)被用来讨论"类存在"的感性活动,不再使用具有"类本质"和作为"类存在"的人。这些用语被认为是来自费尔巴哈的唯物主义影响痕迹。在后来马克思的《资本论》中,生产方式(生产力/生产关系)是资本主义社会分析的关键词。

因此,马克思主义人类学的个人成了特定生产方式中的人。马克思指出:"个人怎样表现自己的生命,……这取决于他们进行生产的物质条件。"③

---

① 马克思、恩格斯:《德意志意识形态》,载《马克思恩格斯选集》(第一卷),中共中央马克思恩格斯列宁斯大林著作编译局编译,人民出版社,2012,第147页。
② 马克思、恩格斯:《德意志意识形态》,载《马克思恩格斯选集》(第一卷),中共中央马克思恩格斯列宁斯大林著作编译局编译,人民出版社,2012,第147页。
③ 马克思、恩格斯:《德意志意识形态》,载《马克思恩格斯选集》(第一卷),中共中央马克思恩格斯列宁斯大林著作编译局编译,人民出版社,2012,第147页。

由此可见，马克思主义人类学的"人"是关于生产方式下的人的学说。人是有主观能动性的，与物质世界相二分。虽然人的肉体组织决定生产，但与动物相区别，这是由实践造成的。在马克思的时代，对人的这种二重性设想是具有革命性的辩证思考。

通过以上对马克思主义哲学人类学的概述可以得出结论：任何要将马克思和恩格斯的哲学人类学的关于类本质－实践/生产/历史人统一体，或二重性的人切割开，或将这种类本质－实践/生产/历史人统一体延伸到动物界的尝试都是歪曲或误读。

实际上，如果承认马克思主义是基于当时代的自然科学和人文科学发展前提下的先进学问，那么今天基于现时代的科学和哲学的新发现来症候阅读（symptomatic reading）[①] 马克思和恩格斯的人类学就是必要的和恰当的。

在马克思和恩格斯的时代，他们关于人的二重性设想，在唯物/唯心对立的本体论前提下，解决了诸多难题。但是这种对立前提也限制了马克思主义人类学，特别是限制了其关于人类与非人类、人类与其他世界之间的连续性的思考。马克思主义人类学用人的二重性，将人从动物世界以及自然界中分割出来，从此关于人的讨论都在一个社会关系的世界中进行，在一个实践和以劳动为基础的世界中展开。今天的马克思主义人类学应当将这种被劳动/生产/实践本体论切割开的关系重新联结起来。

当代的人类学仍然是从感性活动和"类存在"[②]的角度对马克思主义哲学人类学进行"修正"，并挖掘其当代意义。例如地理学家大卫·哈维借用马克思著名的蜜蜂与建筑师的比喻，称人类是反叛的建筑师，介于蜜蜂与计划之间。他认为"类存在"有意义，但也认为这个概念有还原论问题，应当以多元的和辩证的乌托邦代替。再如本章开头提到的《卡尔·马克思，人类学家》的作者帕特森强调马克思主义哲学与一般唯物论的区别。他认为："马克思的唯物主义的核心贡献是强调当人想象他们自己，

[①] 有关症候读法，参见路易·阿尔都塞、艾蒂安·巴里巴尔《读〈资本论〉》，李其庆、冯文光译，中央编译出版社，2008。

[②] 大卫·哈维：《希望的空间》，胡大平译，南京大学出版社，2006，第242~246页。

第四章 本体观人：重温马克思主义人类学

当他们被他人叙述或想象时，不能够与血肉之人分离。"[1] 此外还有社会学家和人类学家麦克·布洛维（又译布若威）[2] 在关于劳动过程的资本控制研究中指出：劳动过程的赶工游戏与"类本质"的仪式性相契合[3]。布洛维这样说：

"我们将工人在工作以外的经验与在工作中的反应分开得越多，我们就越加不得不去假定人类不变的特征——即我们就越多地倾向于去勾画一个关于人类本性的理论。我已经说了很多关于工人是如何通过游戏的建构、控制的'天性'等等，逐渐普遍适应资本主义的工作的迫切需要的。这些是人类共通的吗？最终，没有一个马克思主义者能够回避提出一个有关人类本性的理论——一套马克思所说的类本质（species essence），也就是说人类内在潜能的理论。这样的一种理论对于理解解放了的社会之性质及其可能性，是不可或缺的。"[4]

相比之下，从当代人类学本体论视角来解释马克思的人类学本体论，则会更有意义。当代人类学本体论认为构成人的生命存在的部分，甚至其周遭的生境从来是与人的"类本质"活动融贯的。作为"类本质"的活动，包括实践活动，远不是与客体相对立的"类本质"。因此那些动物性的生命存在/生活部分也应该被视为"类本质"的活动。那种活动是人在世界中栖居，其观念或概念、规范等是在栖居周遭生境中测度（mapping）所得。

当代哲学（例如实在论语言哲学）支持当代人类学的这种本体论观点，如布兰顿（Robert Brandon）从实在论哲学角度对黑格尔的意识与现实的关系所做的概念现实主义解读。[5] 沿着这一思路，在马克思和恩格斯的

---

[1] 托马斯·C. 帕特森：《卡尔·马克思，人类学家》，何国强译，云南大学出版社，2013。
[2] 布洛维在近年关于"资本在生产过程中的控制"的讨论中称，这是与布迪厄的"习性"不同的，习性是 built in 的结构化，布洛维的在生产过程中的控制是一种"仪式控制"。参见 Michael Burawoy, "The Roots of Domination: Beyond Bourdieu and Gramsci", *Sociology*, 2012, 46 (2), pp. 187 – 206。
[3] 迈克尔·布若威：《制造同意——垄断资本主义劳动过程的变迁》，李荣荣译，商务印书馆，2008，第 146 页。
[4] 迈克尔·布若威：《制造同意——垄断资本主义劳动过程的变迁》，李荣荣译，商务印书馆，2008，第 146 页。
[5] 参见布兰顿在慕尼黑大学的公开课《精神现象学》（三讲），http://open.163.com/special/opencourse/hegel.html。

哲学人类学与当代实在论语言哲学之间也能建立起重要的联系，并使当代本体论人类学建立起与马克思主义哲学人类学之间的直接联系。①

二 人的哲学与劳动实践本体论

马克思主义哲学人类学中另一个重要的问题是有关意识、观念与外部世界的关系。在这方面，马克思和恩格斯强调物质世界通过实践的人形成意识。意识观念或概念都是客观世界在人脑中的反映，但却是主动的，而非被动的反映，是与社会实践相关的。例如樱桃需要生产樱桃的社会条件，才呈现为樱桃。换句话说，如果以樱桃为例，"物"作为"感性"的对象是与历史和社会条件相关的。《形态》中指出：

"大家知道，樱桃树和几乎所有的果树一样，只是在几个世纪以前由于商业才移植到我们这个地区。由此可见，樱桃树只是由于一定的社会在一定时期的这种活动才为费尔巴哈的'感性'所感知。"②

虽然在19世纪，马克思和恩格斯不可能跳出唯物/唯心二分的框架去思考，但在当代，语言哲学摒弃唯物/唯心这种问题之后，已经有了很好的解释，例如布兰顿对黑格尔哲学中精神与真实的关系的论述。他认为可以用非心理性或概念现实主义来解说概念与世界的关系。此外，马克思的物质与意识问题可以用戴维森的变异一元论来讨论。除此之外，上述樱桃问题类似于塞尔的"在 C 中 X 算作 Y"，即一种制度性事实。③

《形态》中的上述观点与当代人类学关于物的论说的重要差别是后者将物本身当作 agent 或行动者。当代人类学在讨论物的时候，会强调其作为

---

① 《形态》中有与"变异的一元论"（戴维森）相似的思想，但强调作为"类本质"体现的"生产"（劳动决定论）。参见唐纳德·戴维森《心理事件》，载唐纳德·戴维森著《真理、意义与方法——戴维森哲学文选》，牟博选编，商务印书馆，2008，第434~460页。
② 马克思、恩格斯：《德意志意识形态》，载《马克思恩格斯选集》（第一卷），中共中央马克思恩格斯列宁斯大林著作编译局编译，人民出版社，2012，第155~156页。
③ 约翰·R.塞尔：《社会实在的建构》，李步楼译，上海人民出版社，2008。此外，与当代哲学所称之规范性接近，当代哲学会考虑要理解樱桃这个词的意义必须借助一个整体的信念和社会约定的规范性。

能动者,在与人的相互作用下的"演成"(enactment)。① 当代哲学中关于"conceptual has no outer boundary"(概念性没有外在边界)的观点②,则支持了当代人类学本体论关于非人世界与人的连续性的看法。

关于"实践",这是马克思主义哲学人类学中非常重要的概念。马克思在"提纲"中将实践作为人类思维的真理性或此岸性的关键。站在今天的角度,这种观点非常有意义,当代人类学本体论与马克思主义实践哲学非常契合。20世纪中叶,意大利马克思主义学者葛兰西号召要忘掉唯物主义,因为"这个词是形而上学的根源"③。葛兰西认为:"实践哲学是绝对的'历史主义',是思维的绝对的世俗化和'尘世化',是绝对的历史人道主义。正是应该在这个方向来开发新的世界概念的资源。"④ 但是今天的哲学不仅已经恢复了形而上学的地位,而且如麦克道威尔和布兰顿那样,已经在重新解释古典哲学中的心灵与世界的问题。因此,像葛兰西那样将马克思主义的实践哲学修正为历史人道主义已经没有意义。我们现在更应该越过葛兰西式的历史人道主义,直接听马克思如何言说。马克思指出:"人的思维是否具有客观的真理性,这不是一个理论的问题,而是一个实践的问题。人应该在实践中证明自己思维的真理性,即自己思维的现实性和力量,自己思维的此岸性。"⑤

马克思的"实践"虽然强调思想观念与物质世界的同一性,但坚持实践之人与自然的明确区分。⑥ 这种观点在当代现象学人类学看来是有问题的。而当代的人类学则在实践理论、现象学社会学框架内对此有非常丰富

---

① 例如科学技术研究领域的主张,参见 Steve Woolgar & Javier Lezaun, "The Wrong Bin Bag: A Turn to Ontology in Science and Technology Studies?", *Social Studies of Science*, 2003, 43 (3), pp. 321 – 340; Graham Harman, "Tool-Being: Heidegger and the Metaphysics of Objects", Open Court, 2002。有关 STS 的人类学本体论意义,参见朱晓阳《中国的人类学本体论转向及本体政治指向》,《社会学研究》2021 年第 1 期。
② 麦克道威尔认为"概念性没有外在边界",或"理由逻辑和因果逻辑之间无疆界"。
③ 路易·阿尔都塞、艾蒂安·巴里巴尔:《读〈资本论〉》,李其庆、冯文光译,中央编译出版社,2008,第 114 页。
④ 路易·阿尔都塞、艾蒂安·巴里巴尔:《读〈资本论〉》,李其庆、冯文光译,中央编译出版社,2008,第 114 页。
⑤ 马克思:《关于费尔巴哈的提纲》,载《马克思恩格斯选集》(第一卷),中共中央马克思恩格斯列宁斯大林著作编译局编译,人民出版社,2012,第 134 页。
⑥ 此外,马克思坚持实践是处于具体的社会和历史中的人的实践。

的讨论。自 20 世纪 60 年代以来，布迪厄所倡导的实践理论已经做出了意义重大的推进。这种实践理论同当代的实用主义和分析哲学遥相呼应。当代的实用主义是当代人类学本体论（包括科学技术研究）的思想和理论来源已经不是秘密[1]。

三　资本主义的人类学

《资本论》是马克思主义人类学的一个典范，也是一部关于资本主义的人类学著作。

如果用现代人类学的民族志作为标准去衡量《资本论》，当然会觉得很困难。但如果对每一个社会的研究都需要进行形式分析或抽象分析，《资本论》则是对资本主义社会做抽象分析的典范。关于抽象分析的重要性，可以举出阿尔都塞的看法。他认为社会科学通过形式或概念性分析，能发现社会的"结构"[2]。这是与韦伯的"理想类型"异曲同工的路径。

马克思关于资本主义的人类学的抽象分析会使人想到波兰尼的形式经济。形式经济或市场法则经济是波兰尼的三种经济模式之一。[3] 马克思正是对市场经济形式进行讨论的先驱。

《资本论》是如何对资本主义社会做抽象分析的？简言之，它聚焦于价值，特别是劳动产品的价值形式这一资本主义的形式。如马克思所言："劳动产品的价值形式是资产阶级生产方式的最抽象的但也是最一般的形式，这就使资产阶级生产方式成为一种特殊的社会生产类型，因而同时具有历史的特征。"[4]

马克思关于资本主义社会的抽象分析的基本方法是辩证法。《资本论》

---

[1] STS 的主将拉图尔认为自己的理论受到了实用主义的影响。
[2] 路易·阿尔都塞、艾蒂安·巴里巴尔：《读〈资本论〉》，李其庆、冯文光译，中央编译出版社，2008。
[3] 卡尔·波兰尼：《经济：制度化的过程》，侯利宏译，渠敬东校，载许宝强、渠敬东选编《反市场的资本主义》，中央编译出版社，2000，第 33~63 页。
[4] 《马克思恩格斯全集》（第四十四卷），中共中央马克思恩格斯列宁斯大林著作编译局编译，人民出版社，2001 年第 2 版，第 99 页注释。

第四章　本体观人：重温马克思主义人类学

的辩证分析之精妙，仅以第一章为例做说明。其从"商品"始，即从一个社会的最基本现象开始进行抽象分析。其以商品的两因素（使用价值和价值）对立项起始，进而引入劳动二重性，再到价值形式分析，结尾是著名的"商品拜物教性质及其秘密"一节。整个推衍过程则犹如一篇情节环环相扣的小说。在《资本论》中，辩证法不仅是方法论，也是内容。例如其中最重要的观点是关于劳动二重性的。马克思就此说过："商品中包含的劳动的这种二重性，是首先由我批判地证明的。这一点是理解政治经济学的枢纽。"①

马克思关于资本主义的价值形式分析就是从对劳动做二重性分类开始的。劳动被区分为具体劳动和抽象劳动，劳动二重性的外化则是使用价值与交换价值这一对立项。由此可见，在马克思那里辩证法不仅是方法，也是内容。② 其作为内容主要是指将商品解析为"使用价值/价值（交换价值）""具体劳动/抽象劳动"等对立项，及其相互联系的分类。

马克思选择劳动产品的价值形式作为资本主义社会的抽象性，并对此形式进行分析。这无疑是一个伟大的创见。但他将价值这一形式归结为劳动（抽象劳动）的凝结则有问题。如果不拘泥于（工人的具体和活的）劳动，或不将之归结为仅有工人的劳动创造价值则更有解释力。例如，能否将"价值"看作"人工/社会规定的形式"，或将价值看作因劳动分工和交换产生的"社会规定形式"。

概括地说，首先《资本论》作为资本主义的人类学的一个代表，对价值这一资本主义社会或文化的普遍"形式"、"交往形式"或"神秘形式"做了精彩分析。其次，在马克思那里，这种形式与劳动二重性的发现（这是马克思的最重要发现）直接关联。最后，对资本主义的抽象（或价值/形式）分析，是《资本论》方法论的根本，也是"关于资本主义的人类学"的核心。总而言之，《资本论》是资本主义人类学抽象分析的典范。

---

① 《马克思恩格斯全集》（第四十四卷），中共中央马克思恩格斯列宁斯大林著作编译局编译，人民出版社，2001年第2版，第54~55页。
② 马克思的辩证逻辑在这一方面与黑格尔一样，即不仅是方法，也是内容。

四　商品拜物教——形式的魅惑？

商品拜物教是《资本论》中关于价值讨论的一部分内容。由于这个问题牵涉有关宗教的一般问题，故另辟一节讨论。

马克思在论述商品价值与拜物教的关系时说，劳动产品一旦采取商品的物形式就具有的谜一般的性质究竟是从哪里来的呢？显然是从"价值"这种形式本身来的。[1]

马克思的商品拜物教论说建立在劳动本体论－异化学说基础上。[2] 马克思认为，商品形式在人们面前把人们本身劳动的社会性质反映成劳动产品本身的物的性质，反映成这些物的天然的社会属性，从而把生产者同一般劳动的社会关系反映成存在于生产者之外的物与物之间的社会关系。[3]

换句话说，商品世界的这种拜物教性质来源于生产商品的劳动所特有的社会性质，即抽象劳动／价值，或由抽象劳动的形式——价值所产生。在这里抽象劳动的形式又以具体物来体现。因此拜物教就是以物来表现社会关系之形式。

这里的问题是，消除社会关系的虚幻性质就能够消灭拜物教吗？如在农奴制或共产主义的生产方式下情况如何？马克思的回答是肯定的："一旦我们逃到其他的生产形式中去，商品世界的全部神秘性，在商品生产的基础上笼罩着劳动产品的一切魔法妖术，就立刻消失了。"[4]

马克思虽然针对的是资本主义社会中特殊的宗教——商品拜物教，但同时也涉及一般的宗教或信仰的问题。在马克思的时代，有意义的问题可

---

[1] 《马克思恩格斯全集》（第四十四卷），中共中央马克思恩格斯列宁斯大林著作编译局编译，人民出版社，2001年第2版，第89页。
[2] 马克思主义传统的人类学家，例如陶西格用使用价值／价值二元性来讨论南美矿山的魔鬼，参见 Michael T. Taussig, *The Devil and commodity fetishism in South America*, Chapel Hill: University of North Carolina Press, 1980。
[3] 《马克思恩格斯全集》（第四十四卷），中共中央马克思恩格斯列宁斯大林著作编译局编译，人民出版社，2001年第2版，第89页。
[4] 《马克思恩格斯全集》（第四十四卷），中共中央马克思恩格斯列宁斯大林著作编译局编译，人民出版社，2001年第2版，第93页。

第四章 本体观人：重温马克思主义人类学

能是：唯物论或唯心论，孰真孰假？在今天有意义的问题则是：从认识论上说，为什么宗教性总是存在？蒯因的《经验论的两个教条》一文虽然是讨论经验论的还原论问题，但用来说明宗教性的认识论意义似乎很恰当。蒯因在文中分析还原论，即逐个对照的现象与概念不可能。他认为对任何物的描述都涉及整体信念。从蒯因的整体论视角来看，科学也是神话或具有形而上学特点①。他认为，从认识论来说，诸神是形而上的，物理对象也是形而上的。蒯因的原话如下：

"但就认识论的立足点而言，物理对象和诸神只是程度上而非种类上的不同。这两种东西只是作为文化的设定物进入我们的概念的，物理对象的神话之所以在认识论上优于大多数其他的神话，原因在于：它作为把一个易处理的结构嵌入经验之流的手段，已证明是比其他神话更有效的。"②

蒯因的上述整体论观点可以引申到对包括一般宗教在内的社会形式的讨论。就此而言，任何社会形式都具有神话性。换句话说：形式就是神话。只不过在资本主义人类学中，其社会形式的神话性主要与价值（特别是体现为货币）这一形式的魅惑有关。而在其他社会中，可能有其他宗教。这是普遍性的，不可消灭的。用与蒯因同时代的哲学家斯特劳森的话说，它是"人类思维的一个巨大核心"。

"（这些）并不是专门的最为精炼的思想。它们是常识性的不太精炼的思想，但却是最为复杂的人类概念思考所不可或缺的核心。"③

如果追随蒯因和斯特劳森的观点，我们似乎可以说：体现为"神话"或"共相"的社会形式属于"人类思维的巨大核心"。它们是常识性的和不太精炼的思想，但却是概念思考不可或缺的。推衍到宗教领域，

---

① 蒯因的观点与斯特劳森的描述的形而上学相似。参见彼得·F. 斯特劳森《个体：论描述的形而上学》，江怡译，中国人民大学出版社，2004，第 11 页。
② 威拉德·蒯因：《经验论的两个教条》，载威拉德·蒯因著《从逻辑的观点看》，江天骥、宋文淦、张家龙、陈启伟译，上海译文出版社，1987，第 19~43 页。
③ 威拉德·蒯因：《经验论的两个教条》，载威拉德·蒯因著《从逻辑的观点看》，江天骥、宋文淦、张家龙、陈启伟译，上海译文出版社，1987；彼得·F. 斯特劳森：《个体：论描述的形而上学》，江怡译，中国人民大学出版社，2004，第 11 页。

按照格尔茨的看法①，宗教是"有关存在的普遍秩序的概念并给这些概念披上实在性的外衣，它使这些情绪和动机看上去具有独特的真实性"。

基于这些观点，笔者建议将商品拜物教视作对体现为物（如货币）的形式的崇拜。

马克思认为商品拜物教的另一局限性是不了解"物魅"与技术，和物本身的能动性的关系。马克思的商品拜物教仅仅考虑由劳动价值的物化引起神秘化，以及劳动产品的魔幻性，使人迷惑于其交换力量。马克思没有注意到物（thingness/artifact）的能动性。相反，这种能动性在当代受到人类学的更多关注。②例如盖尔（Alfred Gell）讨论过"魅惑的技术和技术的魅惑"③。在他那里被称为"技术组成部分"（component of technology）的艺术品（超出商品拜物教）是一种魅惑的技术。而魅惑的技术基于技术的魅惑。盖尔认为，技术的魅惑是技术过程施于我们的法术力量，我们因此以一种魅惑的形式去看真实世界④。后来追随盖尔的人类学者都承认：被人制造的物是行动者和中介，物是影响人的一个角色。当今持有本体论立场的人类学者或多或少都会承认物的能动性。⑤

五　无产者作为阶级

虽然马克思从哲学上论证了一种基于人的感性活动的辩证唯物主义，

---

① 克利福德·格尔茨：《作为文化体系的宗教》，载克利福德·格尔茨著《文化的解释》，韩莉译，译林出版社，1999，第111页。
② 当代的人类学本体论者都会承认物的能动性。海德格尔也讨论过物和技术对人的主宰的问题。参见马丁·海德格尔《技术的追问》，载马丁·海德格尔著《演讲与论文集》，孙周兴译，生活·读书·新知三联书店，2005，第3～37页。
③ Alfred Gell, "The Technology of Enchantment and the Enchantment of Technology", in Jeremy Coote (ed.), *Anthropology, Art, and Aesthetics*, Clarendon Press, 1994, pp. 43-44.
④ Gell 将社会关系与艺术都视为技术产物，但他没有将技术（在他那里与技能 skill 可互换）与形式的魅惑相关联。实际上在 Gell 将艺术生产和社会关系看作具有同族性（homology）时，他与本章所说的形式性是一致的。差别可能在于他之"技术"讨论缺少本章采取的认识论视角。(Alfred Gell, "The Technology of Enchantment and the Enchantment of Technology", in Jeremy Coote (ed.), *Anthropology, Art, and Aesthetics*, Clarendon Press, 1994, pp. 40-63.)
⑤ 关于物的行动者角色讨论在当下有很多，参见朱晓阳《中国的人类学本体论转向及本体政治指向》，《社会学研究》2021年第1期。

第四章 本体观人：重温马克思主义人类学

但他和恩格斯的旨趣不仅在于解释世界。在"提纲"之外的《形态》和《手稿》中，他们将实践这一哲学人类学范畴链接到社会行动理论，从而为无产者地位及行动提供了一个本体论和认识论的根基。实际上，马克思主义人类学的根本问题意识首先来自关于工人阶级状况的事实报告，其次来自关于自由与异化的哲学人类学。前者是马克思主义人类学的基本动机。从《乌培河谷来信》、《英国工人阶级状况》和《资本论》所引用的工人状况材料来看，19世纪上半叶工人阶级的悲惨状况令人触目惊心。面对这些事实，任何稍有良知的人都会动出要拯救这些受苦人，以及要改变这种压迫和剥削制度的念头。马克思和恩格斯作为那个时代具有救世之心的学者很容易从其所受教育和承继的思想中寻找改变不公平世界的理论。[1] 从当代人类学的视角来看，马克思主义人类学是关于无产阶级解放的行动性和介入性的人类学。用人类学家布洛赫的话说："他（马克思）与其他人最大的不同，首先表现在他的主要目的总是政治性的。"[2] 当然在马克思主义人类学那里，关于无产阶级地位及出路的讨论是以对自由劳动及其异化的哲学讨论为前提的。

如上所述，马克思将实践范畴指涉为生产活动，即由人的肉体组织决定的感性活动。与此同时，实践也是有意识和观念的思维活动。如前所述，马克思更看重人的生产活动与动物的区分（建筑师与蜜蜂之别），或"类本质"。人的生产活动总是体现为特定的历史和社会生产方式。

马克思和恩格斯一方面对历史的生产方式本体论进行讨论，另一方面则从生产劳动本体论推论出社会行动的理论。这一理论认为，因劳动分工产生私有制和阶级，形成城乡分离。而生产的场所则经历从作坊、手工业工场到工厂的进化。在资本主义的工厂和机器生产条件下，生产劳动的主体是无产者这种被双重异化的人。工人阶级的民族性最后消失了。

马克思和恩格斯一再强调，从人的生产活动产生分工、私有制和异

---

[1] 正如一般所说的，欧洲的空想社会主义、政治经济学和德国古典哲学是马克思主义的三大思想来源。
[2] Maurice Bloch, *Marxism and Anthropology: The History of a Relationship*, Clarendon Press, 1983, p. 10.

化，再到异化的被消除是客观的历史，或物质生产方式的历史。如前所述，"类本质"的人也是特定生产方式中的人。而就资本主义的人类学而言，其特定社会形式——"价值"是被牢固地套在"社会必要劳动时间的凝结"这一生产/劳动/实践本体上的。当代的劳动社会学/人类学正是建立在实践和生产的本体论基础上。

从今天人类学的角度来看，这样一个关于生产劳动/无产者/主体的社会行动理论在当代虽然受到挑战，但是它关于异化及其消除的观点却是非常有价值的辩证思考。用结构人类学的话来说，它是非常有意义的思维结构设置。例如马克思、恩格斯相信生产力成为破坏力量，即机器生产和货币与人异化。因此要消灭异化劳动，即消灭人的双重异化。从今天来看，这具有人类学意义，即与要求承认多样性文化和生活方式的人类学价值诉求相通。

但是如就工人阶级及其主体性的社会现实而言，则有可讨论之处。例如马克思和恩格斯认为，无产者双重被剥夺：精神异化和物质贫困。他们因而成为彻底革命的动力。这是《共产党宣言》（以下简称《宣言》）的逻辑。但是如果不再借助"精神"① 及其辩证同一性，其关于无产者主体性的描述则与经验社会事实有距离。②

因此对《宣言》中关于无产者的描述及其使命的设想等，如联系到黑格尔哲学里的"精神"则较好理解。马克思和恩格斯虽然宣称德国古典哲学终结了，但就此而言，并非如此。③《宣言》中的无产者身上仍然明显可

---

① 如黑格尔所言："至于既认识到自己即一个现实的意识同时又将其自身呈现于自己之前（意识到了其自身）的那种自在而又自为地存在着的本质，就是精神。"（黑格尔：《精神现象学》（下卷），贺麟、王玖兴译，商务印书馆，1979，第2页。）
② 例如关于"到现在为止的历史是阶级斗争的历史"的判断。恩格斯后来做了修改：排除原始社会。恩格斯晚年对《宣言》中革命的基本判断做了反思。1895年恩格斯在《〈法兰西阶级斗争〉导言》中指出："历史表明我们也曾经错了，我们当时所持的观点只是一个幻想。历史做的还要更多：它不仅消除了我们当时的迷误，并且还完全改变了无产阶级进行斗争的条件。"[《马克思恩格斯全集》（第二十二卷），中共中央马克思恩格斯列宁斯大林著作编译局编译，人民出版社，2001年第2版。]
③ 如果说马克思并没有比德国古典哲学的理想走得更远，或者说没有离开德国古典哲学，那么正好是其在当下有意义之处。例如前述当代哲学家布兰顿对黑格尔《精神现象学》的解读。

见"精神"的影子。在黑格尔那里，精神是意识与实在的同一（经过辩证的历史过程和逻辑转化）；在马克思这里，"精神"则是实践活动的主体（社会关系总和的人）。马克思给精神/无产者提供了一个现实的基础。这是马克思主义唯物论的一个关键，一个精神与社会存在的结合。

这样的解读当然还有问题。其一，无产者及其生产活动并不是一种"异化的精神"。其二，从人类学民族志角度来看，无产者作为一种群体应该如何被描述？从现象学的路径可能更有解释力。这方面的成功例子是汤普森的《英国工人阶级的形成》[①]。其三，如果将马克思的无产者使命当作一种恢复劳动的"类本质"或消灭异化的过程，这样做是否合适？一般人们会质疑：为什么被双重异化，或被剥夺就意味着"能承担消除异化"的使命？除了从辩证法的逻辑来自洽外，还有其他更有力的解释吗？

概而言之，马克思和恩格斯设想分工导致的异化，在大工业条件下会形成无产阶级和资本。而最后的斗争将是无产者本身、异化劳动和私有制被消灭，自由人联合体到来。无产阶级因此承担了解放自己并解放人类的使命。但是从经验研究来看，英国式的无产阶级及其状况只是历史上的特殊情况，工人阶级并不与农民阶级相互二分。[②] 工人阶级不是资本主义社会中总是存在着的主体（精神），更不是历史中的主体的异化（由分工造成），因此不可能有这种目的论或决定论的历史出现。历史虽然不是决定论的，但是20世纪的历史现实表明马克思主义的阶级论是可以引致阶级斗争－政党的政治现实的。

六 进化论

马克思主义人类学的一个问题是其以进化论为核心的社会发展阶段理

[①] E. P. 汤普森：《英国工人阶级的形成》，钱乘旦等译，译林出版社，2013。
[②] 恩格斯在《英国工人阶级状况》的"导言"部分提到，在英国式的脱离农村的工人阶级（主要是爱尔兰移民）之外，机器生产以前的工场手工业常常散布在乡村，纺织工人亦工亦农。恩格斯在书中赞赏了这种工业工作、农业生活和家居状态的安逸。参见《马克思恩格斯选集》（第一卷），中共中央马克思恩格斯列宁斯大林著作编译局编译，人民出版社，2012年第2版，第87~89页。

论。20世纪的人类学已经在这方面超越并修正了马克思主义人类学进化论的观点。除此之外，马克思主义人类学的进化论（更确切地说是演化论）的意义起码仍然有以下三点。其一，将马克思和恩格斯时代存在的"初民社会"，当作现实社会的"他者"没有什么可以指摘的。其二，进而言之，在当今人类学中演化论仍然很有活力。其中影响最大的是关系性演化论。①当代演化人类学强调人类演化与生境的相互影响。关系性演化论认为生境是物种赖以存在的结构性、时间性和社会性情景。简言之，当代演化人类学主张用整合性的人类生境建构来讨论人类演化。其三，布洛赫在评价恩格斯的《家庭私有制和国家的起源》一书的意义时说：与其说人们是把它作为一种国家起源学说接受，不如说是把它作为一种分析国家性质和国家功能的工具来接受的。沿着这样一种马克思主义国家研究的传统，我们可以将国家研究的重点从起源转向对国家性质和作用的研究②；将国家作为一个有机体来研究，而不是将其视为对经济基础的反映，或单纯的上层建筑。就此而言，国家与所谓经济的关系不是直接的或对应的。至于对国家起源的研究，人类学中更有共识的观点是：国家从起源开始就受"政治、宗教"和其他多因素（包括环境地理）的影响。

七　结语：马克思主义人类学的当下选择

本章的以上讨论试图建立马克思主义人类学与当代人类学本体论的联

---

① 当代演化人类学强调人类与生境的相互影响。其认为生境是物种赖以存在的结构性、时间性和社会性情景。它包括有机体所经历和再结构的空间、结构、气候、滋养物和其他物质的、社会的因素。有机体在经历和再结构这些因素时，与其分享同一环境的竞争者、合作者和其他活动者也在场。人类生境建构则发生在空间和社会范围内，包括社会合作者、感知情景、人类个体和社区生态，其中也有很多与人类在同一环境中的其他生物。当代演化人类学主张用整合性的人类生境建构来讨论人类演化。这种路径试图将物质与认知和行为与形态学（morphological）统合起来。参见 Agustin Fuentes, "Integrative Anthropology and Human Niche: Toward a Contemporary Approach to Human Evolution", *American Anthropologist*, June 2015, Vol. 117, No. 2, pp. 302-315。
② 马克思和恩格斯的观点至今仍为人类学家所接受，与其说人们是把它作为一种国家起源学说接受，不如说是把它作为一种分析国家性质和国家功能的工具来接受的。参见 M. Bloch, *Marxism and Anthropology: The History of a Relationship*, Oxford: Clarendon Press, 1983。

系。为此，本章梳理了马克思和恩格斯的原创性人类学理论，指出其一方面来自他们所经历的关于工人阶级状况的事实，另一方面来自关于人和世界、精神与异化、"类本质"以及实践/生产本体论的影响。就马克思主义人类学与当代人类学本体论之间的关系而言，笔者认为，第一，在哲学人类学层面，马克思主义人类学与当代人类学本体论之间的联系来自马克思关于人的"类本质"的观点。这种联系已经受到当代人类学的重视。第二，马克思主义人类学在研究工人阶级或劳动方面，已经融合了现象学路径，例如汤普森的英国工人阶级形成研究、布洛维的劳动过程中赶工仪式性控制[1]和哈维的相关研究[2]等。这些研究不再将工人阶级当作一个"在那里"的"所予"（given）之物或主体，而是从历史、实践和生境关系中进行研究。由于受到实践理论的影响，马克思主义人类学具有一种实践/实用主义特质，并从实用主义导向的实在论语言哲学和结构主义整体论得到支持。第三，马克思主义人类学关于资本主义的辩证形式分析对于当代人类学具有无可替代的重要意义。第四，在实践层面，马克思主义人类学的行动和批判目标已经被哈维和布洛维等马克思主义学者概括为"真实的乌托邦"。这种政治主张与当代人类学中的"积极行动人类学"[3]和"本体政治"[4]也有直接联系。

---

[1] 见布洛维2012年在清华大学的演讲及其相关论文。
[2] 哈维在《希望的空间》一书中，一开始就对《共产党宣言》做了地理学解读，指出这种地理学是"均衡空间地理学"，而真实的资本主义扩张是"不平衡地理学"的。哈维在书的结尾则用"类本质"来讨论当代的地球环境和人的生存问题。如前所述，哈维认为人既是建筑师，又是蜜蜂。（大卫·哈维：《希望的空间》，胡大平译，南京大学出版社，2006。）
[3] 奥特纳认为马克思和福柯直接影响了当代人类学的抵抗研究。她将这种人类学称为"积极行动人类学"（activist anthropology）。参见 Sherry B. Ortner, "Dark Anthropology and Its Others: Theory since the Eighties", *HAU: Journal of Ethnographic Theory*, 2016, 6 (1), p. 64。
[4] 参见朱晓阳《中国的人类学本体论转向及本体政治指向》，《社会学研究》2021年第1期。

第二部分　干预和介入
　　政治人类学的公共性

第五章 再思"发展":政治人类学与中国发展研究*

本章将从政治人类学视角回顾和评述中国的发展干预及相关研究,围绕着三条脉络:首先,在最近40年,特别是1970年代末到21世纪初的30年[1]的发展主义展现过程中,国家的发展大计从一开始就是一个主要背景,可以说,在实践的很多场域中难以区分国家与非国家(或社会)的联结点;其次,国际性发展产业的介入和由此催生的自下而上的发展干预活动是发展干预研究的一条重要脉络;最后,在上述两条脉络交错下还凸显出关于发展的人类学理论探索和争论,这可以概括为:从进化式发展到多样现代化,再到后发展。在中国向"发展援助输出国"转变的时刻,重新理解中国的发展干预之路具有重要的理论和实践意义,这涉及对过去30年中国的工业化/现代化特征的重新认识。关于发展干预的人类学讨论应该从对中国的现代化/工业化的独特性深入理解开始。

导　言

从政治人类学视角回顾和评述中国的发展干预研究,我们首先想到这是一个"知识生产与实践"的问题。如果直白地说,这个问题的核心就是对发展主义及其全面展现的论证、批评和补充。

为了便于讨论问题,我们需要将中国的"发展现象"做两种区分,第

---

* 本章作者为朱晓阳、谭颖。本章曾以《对中国"发展"和"发展干预"研究的反思》为题发表于《社会学研究》2010年第4期。
[1] 本章中出现的"30年"是指从1979年到2009年的这30年。

一种现象可以称为国家发展运动——这是指以国家为背景的经济发展活动和相应的政策制定与实施。在1979年以前这种国家发展经常被冠以"运动"的帽子，在那之后则统称为"改革"。在这个意义上的主要"运动"和"改革"如农业的合作化运动、人民公社化、家庭联产承包责任制、乡村工业化等，以及"大跃进"、工业化、市场化、国有企业改制和林权改革等。第二种现象可以称为发展干预，这是指最近30年来，在与国际性援助产业（aid industry）接轨和互动的基础上，开展的一些旨在针对某些群体如贫困人士、少数民族、妇女、艾滋病患者问题的干预活动等。

在现实中以上两种现象所涉及的内容经常交织在一起，例如工业化、现代化、生态环境问题等。但是从学术分析着眼，我们可以将这两方面进行一些区分，同时将本章的主要任务放在讨论与发展干预有关的方面。

要对发展干预这个问题进行深究，我们不得不摆脱两个限制前提。首先，我们不得不跳出人类学的领域，因为这个领域中的更多研究来自人类学之外。其次，我们不得不跳出学术思考的范围，因为中国的发展研究或多或少是与最近30年国家-政府（甚至70多年来）为主导的发展大计相关联的，或者说很多研究和对话是围绕着国家-政府的发展大计而进行的。

基于以上考虑，在这一章中，我们将循着以下思路来论述。

第一，技术-现代化。在最近30年的发展主义展现过程中，国家的发展大计从一开始就是一个主要背景。关于这个背景，我们认为是一种"表征性"的或者说"仪式性"的存在。换句话说，虽然国家无处不在，但在实践的很多场域难以区分国家与非国家（或社会）的联结点。当然，在现象上发展干预大计以政府之手，或貌似政府之手推动是明显的事实。

国家-政府主导的发展大计的背景可以用技术和现代化这样两个关联的词来表示。也就是说，国家虽然强调发展是在社会主义这个前缀下的表象，但实际上是将发展视为一种非政治性、技术性的或者说与政治无涉的发展，这种发展的基本表征是现代化。

这种以现代化为核心表征的发展大计，是一个贯穿了20世纪大部分时间（特别是从1949年以后）的主要背景和延续运动。例如从1978年开始的改革基本上是以现代化理论和模式为表征的。在这种表征之下，工业化

第五章 再思"发展"：政治人类学与中国发展研究

（无论是在计划经济还是市场经济模式下）是现代化的标志，经济增长是核心（以GDP和人均收入衡量）。除此之外，社会主义市场经济体制（以开放或建立市场体系为基本的改革）是基本的经济制度，中央集权的政治体制－社会稳定是社会核心话语。

应该指出的是，这种技术－现代化表征虽然已经与中国的社会核心价值有关联，例如强调社会主义前缀，但是它与中国最近几十年践行的现代化仍然有差距，我们认为践行中的现代化与表征的现代化差距很大[①]。简言之，中国的现代化虽然具有计划的外貌，实际上却是实用主义性的或者说是实践性的。[②] 这是理解中国模式的关键之处。

从与国家－政府发展大计背景有关的发展干预来看，从早期到最近一些年牵涉的问题和涉及的模式差别很大，如早期强调产业开发、区域开发、少数民族地区的发展等；1990年代则强调以穷人为目标的扶贫到人（如小额信贷），与此同时又引入参与式发展（参与式在整村推进计划中获得正式的国家认可）和社会组织参与。此外国家发展背景下的发展干预也在最近一些年出现强调环境和生态保护的可持续性发展特点。[③]

总而言之，国家发展背景下的发展干预虽然在30年间呈现与国际发展产业相互动的特点，但是以技术－现代化为核心的基本发展表征没有变（其间可能增加可持续性发展、环保/生态观念、少数民族发展、小额信贷等），自上而下发动和推行的基本方向没有变（其间增加了参与式的提倡、社区发展基金等）。

---

① A. R. 德赛很有见地地指出，"我们如果要在现代化研究中避免出现混乱，那就亟须分清资本主义和社会主义两条道路的现代化"。当然这种区分实际上也无助于本章中提出的关于中国的现代化的理解。参见A. R. 德赛《现代化概念有重新评价的必要》，载西里尔·E. 布莱克编《比较现代化》，杨豫、陈祖洲译，上海译文出版社，1996，第151页。

② 在本章所讨论的范围内，实用主义性与实践性是两个可以互相替代使用的词。这样有助于强调实用主义的学科严肃性和正面意义。

③ 在技术－现代化表征之下，过去30年，中国的发展干预也经历了这样一些范式。（1）工业化和产业开发作为落后地区发展的主要方式基本上是在20世纪90年代以前进行的，但是最近十几年这种工业化和产业开发的范式仍然通过基础设施建设，如高速公路建设等发展计划体现出来。（2）从1980年代中期开始，扶贫开发逐渐成为发展干预的主要目标和范式，在90年代扶贫成为发展干预的基本活动。（3）国家－政府的扶贫开发大计在2000年后以整村推进为主导（在此之前小额信贷等也成为一时的首选）。（4）精准扶贫。

第二，国际性援助产业－NGO（非政府组织）的发展大计与社会理想图景的设想。过去30年，在国家发展大计的背景性影响之外，国际性援助产业的介入和由此催生的自下而上的路径（以NGO介入为主）也是发展干预研究的另一条重要脉络。这条脉络下的发展干预研究，则始终与国际性援助产业当时的走向紧密相关。基本上可以说这是紧追国际变迁、实践国际发展的趋向。

以国际性发展为背景的发展干预从1980年代进入中国开始便强调以反贫困为核心。国际性援助产业的发展干预研究的复杂性在于，所谓国际包括国际的多边和双边组织①、这些组织委托的咨询－发展公司、国际的非政府组织和后来崛起的本土非政府组织等。在最近30年，以国际性发展为背景的发展干预活动也经历了范式的变迁。

最大的变迁是在以反贫困为核心的干预下，国际援助工业经历了从基本需求满足到目标瞄准穷人和弱势群体，再到参与式发展的变迁。在这一系列模式转变过程中，对于中国国内的发展干预来说，重要的转向是从技术－现代化模式到对社会理想图景的设想与试验。与以上范式变迁相关，可以将参与式发展看作与国际援助工业有关的干预活动及其研究的主要线索。在这个脉络下，赋权一直是参与式的核心。此外，抵抗和社会运动也时隐时现。这个方向强调的是自下而上的发展，到后来还与地方化和本土化的倡导相勾连。

从现实发生的情况来看，国际援助工业及其所属系统（包括组织、项目和操作过程），最后都会或多或少与国家背景的组织和项目相互勾连，从而保证项目能够实施和运作。在这个过程中发展项目的大量资金和人力培训计划则为今天中国的一些企业和社会组织的形成提供财力和人力启动资源。②

---

① 国际的多边组织是指世界银行和亚洲开发银行等机构，双边组织则是指一些发达国家政府的对外援助和开发机构，例如澳大利亚援助与发展署。
② 这方面可以以世界银行的某一扶贫项目为例，该项目将贷款贷给中国政府用于支持乡村扶贫，在操作中除了由政府部门组织活动外，有个别分项目的贷款则与扶贫部门有关系的人建立的民营企业承贷承还，世界银行的贷款需要经过这个中介公司过一下手，后来这家公司利用贷款滞留的时间差，为自己的公司业务提供周转资金。此后这家公司也成长为一家有相当规模的民营企业。

第五章 再思"发展"：政治人类学与中国发展研究

第三，在上述两条发展干预的脉络交错下还浮现一条关于发展的人类学理论性探索和争论的线索。这条线索可以概括为：从进化式发展，到多样现代化，再到后发展。①

中国的发展干预研究基本上是在以上三条脉络之下，特别是在前两条脉络交织之下或在两者间穿梭进行的。第三条脉络虽然对于人类学来说十分重要，但在关于发展和发展干预的研究与实践中，直接与这种学术脉络相关的文献并不多②，因此，本章将围绕前两条脉络进行评述，对于关涉第三条脉络的问题，我们将之融进前两个方面进行辨析。这种融汇和交织也是符合这个领域的学术和实践现状的。以下我们将选择发展干预中几个基本的项目领域进行评论，并围绕这些领域的研究和论争提出我们的看法。

贫困：中国的技术-现代化与反现代化模式之间的虚假"对话"

扶贫/反贫困是以国家为背景的技术-现代化发展运动和发展干预的核心议题，也是国际性援助产业的传统关注议题。一方面，它是发展作为一个问题得以出现的首要原因。另一方面，发展领域对于自身理念与实践的反思和改进也多是从这一子领域开始的。所以，我们从这一子领域开始讨论。

要综述扶困/反贫困干预研究这一领域状况，首先需要搞清楚我们所谈论的贫困是什么。在此，我们先要明白日常使用的贫困一词为何物，这种贫困是如何被消除的，等等。一般情况下我们使用的贫困是指 30 年前中

---

① 后发展概念来自埃斯科瓦尔（Arturo Escobar），参见阿图罗·埃斯科瓦尔《人类学与发展》，载中国社会科学杂志社编《人类学的趋势》，社会科学文献出版社，2000，第 73~102 页；阿图罗·埃斯科瓦尔：《发展的历史，现代性的困境——以批判性的发展研究视角审视全球化》，傅荣译，《中国农业大学学报》（社会科学版）2008 年第 1 期。
② 这方面国内主要以翻译文献为主，如凯蒂·加德纳、大卫·刘易斯《人类学、发展与后现代挑战》，张有春译，中国人民大学出版社，2008；阿图罗·埃斯科瓦尔：《人类学与发展》，载中国社会科学杂志社编《人类学的趋势》，社会科学文献出版社，2000。

国大地上大约2.5亿人所处的状态。这些人基本居住于乡村，即身份是农民。而这些人之所以被定义为贫困则主要是因为其经济收入低。这是我们讨论问题的一个出发点——承认贫困在通常意义上是指经济收入低和与此有关的状况，诸如每日摄入热量不足2100大卡，缺少居住的基本条件（住房）、必要的维持健康的条件等（在此尚不包括社会排斥这一1990年代之后定义贫困的条件）。①

笔者曾在2004年发文②认为：

> 按世界银行的国别报告，过去二十年"改革引发的农村经济增长，加上得到国家财政支持的扶贫项目的实施，使中国的绝对贫困人口得以大幅度减少。据官方估计，农村的贫困人口已由1978年的近2.6亿人下降到1998年底的4200万人，或者说从占农村总人口的1/3下降到1/20。③

> 但是我们经历了20世纪80年代改革的人知道，这一使命的完成在一定程度上与"发展工业"或"援助工业"（aid industry）的介入干系不大。这一奇迹首先是由农村改革带来的整个农业经济增长造成的④。例如在改革的最初几年（1978～1984年），按世界银行的说法，中国的贫困发生率由占1/3人口，即二亿五千万人左右，降低到10%，人口数不足一亿人。作为一种产业或工业的反贫困干预实际上是在这一奇迹发生之后才开始的。其次在宣布开始反贫困战略后的最

---

① 本章这样限定贫困和扶贫是为了学术讨论的清晰而考虑的。这不意味着笔者看不到在这个基于经济的贫困和扶贫概念之下，有大量的边缘化社会状态、生计困难或身体伤害却正是由扶贫造成的。但是本章的考虑是，既然各方都在使用同一种变量及其相关数据进行讨论并支持自己的立场，那就应该将讨论限于这种变量范围内。
② 朱晓阳：《反贫困的新战略：从"不可能完成的使命"到管理穷人》，《社会学研究》2004年第2期。
③ 世界银行编著《中国战胜农村贫困：世界银行国别报告》，国务院扶贫办译，中国财政经济出版社，2001，第7页。另据国家统计局的调查，中国2000年的贫困人口为3209万人，转引自朱玲《简论中国加入世贸组织后的乡村扶贫战略》，《自立》2002年第4期，第13页。
④ 改革的实质是将集体经营的土地分配给农户，因此这是属于再分配体制的一种调整（如果用波兰尼式的语言来说），其导致的粮食增长和农产品丰富与以市场体系为背景的经济发展没有什么关系。

第五章 再思"发展":政治人类学与中国发展研究

初几年(1985~1990年),中国的贫困发生率和贫困人口数不仅没有减少,反而有所增加。[1] 但是这并不妨碍全球性的发展工业后来将这一成果与发展工业联系起来。例如将农村改革开始时(1978年)的农村贫困人口数与20年后的同类人口数相比,然后将20年期间减少的贫困人口平摊到每一年,其结果是看上去每年平均贫困发生率和贫困人口都呈下降趋势。由对此数字戏法分析的结果,我可以说这种将中国农民收入的普遍增长认定为世界性反贫困的成果只不过是世界银行这样一些援助工业的巨头对这一行业的产品的本土发行人和推销人加封的不该有的荣誉而已。[2] 这里的错误很清楚,80年代初的农村普遍经济增长是为了恢复经济,改善普遍的人民生活,而不是为了"扶贫"。而且按照世界银行《1990年世界发展报告》说法,80年代在世界范围内是穷人被遗弃的十年。当世界银行将中国的奇迹圈入世界性的"反贫困工业"的地盘时,恐怕没想到这两种陈述在时间上的倒错。

1990年代中国的农村贫困发生率和贫困人口降低应该说是与反贫困战略的实施直接相关的。按中国的统计数据,从1994年到2000年,贫困发生率从9%降低到3%,贫困人口3000万人的水平。也就是说实现了中国政府的"在20世纪末基本解决农村贫苦人口的温饱问题"

---

[1] 按照世界银行统计,1985年中国农村贫困发生率为11.9%,而到1989年上升为12.3%,1990年降到11.5%。转引自周彬彬、高鸿宾《对贫困的研究和反贫困实践的总结》,载中国扶贫基金会编《中国扶贫论文精粹》(上),中国经济出版社,2001,第507页。贫困发生率再次下降发生在1992~2000年,即由30%降至5%左右。据世界银行国别报告的数据,到1998年,贫困发生率为11.5%。转引自世界银行编著《中国战胜农村贫困:世界银行国别报告》,国务院扶贫办译,中国财政经济出版社,2001,第25页。

[2] 从时间来看,扶贫发展工业及其话语出现在1980年代中期,以1984年9月中共中央、国务院联合发出的《关于帮助贫困地区尽快改变面貌的通知》为标志。当时第一波以承包责任制为中心的农村改革已经在中国农村完成。而中国农村的经济正是在80年代最初几年出现快速增长的。据刘文璞《中国农村的贫困问题》一文,当时的反贫困战略包括:建立专门的扶贫机构,设立专项基金用于贫困地区经济开发,对贫困地区实行优惠政策等。刘文认为这是以区域和"单纯经济概念"为贫困概念。而在20世纪末,刘文认为不用花太长时间,中国将成为没有或基本没有绝对贫困人口的国家。"但是相对贫困人口会长期存在,这部分人是指社会上收入最低的那一层……在收入差别呈迅速扩大的阶段,这部分相对贫困的人口可能成为社会不稳定的因素而更需要社会的关注。"参见刘文璞《中国农村的贫困问题》,载中国扶贫基金会编《中国扶贫论文精粹》(上),中国经济出版社,2001,第251页。

的目标。①

以上这些文字现在需要做一些新的补充说明。

其一，如果坚持贫困主要是与经济上的低下地位（以经济收入计算为基本）的社会状态相关的话，中国反贫困的主要成就是在 1985 年以前，即反贫困的干预机制或工业建立/引入之前取得的。这个时期贫困人口从 2.5 亿人下降为不到 1 亿人主要是由农村的家庭联产承包责任制等一系列政策和实践措施造成的。

其二，以上文字没有提到的一个重要的降低贫困水平的活动是从 1980 年代初以来中国的迅速工业化。这个过程已经被很多人从不同方面和不同立场进行了描述。简言之，这个过程导致中国成为世界工厂，导致中国的工厂吸纳了上亿的"农民工"；这个工业化中的农民工呈现"非无产阶级化"的工人特征，呈现为"非城市化的工业化"特征，呈现为打工者在乡村－城市两头的"钟摆模式"运动特征②，等等。

总而言之，世界工厂——打工经济（由农民工外出就业和打工收入汇款）构成的经济收入循环是另一个造成贫困水平降低的重要因素。③ 而以上引文提到的 1990 年代农村贫困发生率由 9% 降低到 3% 是由反贫困战略实施直接造成的说法也不准确。事实上，这个百分比的下降与贫困地区的打工经济——劳动力输出有关。而那些离乡打工者中只有小部分是通过反贫困机构的扶贫项目"输出"的。④

其三，过去多年反贫困产业一方面在利用中国的反贫困业绩说事，这

---

① 李周：《社会扶贫中的政府行为比较研究》，中国经济出版社，2001，第 49 页。
② 周大鸣：《渴望生存：农民工流动的人类学考察》，中山大学出版社，2005。
③ 《农民工改变中国农村》一书从个案研究角度，表明打工经济是降低乡村贫困水平的重要因素，参见瑞雪·墨菲《农民工改变中国农村》，黄涛、王静译，浙江人民出版社，2009。
④ 例如 1995～1999 年利用世界银行贷款进行的"中国西南劳务输出扶贫项目"，在云南、贵州和广西的 35 个县，一共组织 27 万名贫困地区农民输出。"云南省劳动局 1993 年组织输出 48000 名民工，但估计另有 30 万人在没有任何帮助的情况下离开了家乡。贵州省劳动局 1992 年为 6 万人找到工作，大部分在广东的玩具厂、鞭炮厂、电器厂和服务业工作，另有 22 万人通过自发渠道。"参见何道峰、朱晓阳《"中国西南劳务输出扶贫项目"课题主报告》，2001。

第五章 再思"发展":政治人类学与中国发展研究

种说事基本上是有意或无意地混淆中国的贫困人口快速降低的事实与80年代中期以后反贫困干预的成就,从而造成一种印象:伟大成就是由反贫困干预取得的。另一方面,反贫困干预研究主流则一直以来对现代化模式的反贫困/发展进行不遗余力的攻击,结果造成现代化模式一无是处的公开印象。应该说,反贫困干预研究主流所批评的现代化应该是指1950~1970年代拉美、非洲等欠发达国家的现代化。这种现代化给人的一般印象是,普遍主义的技术性(或非意识形态性)现代化不能减少贫困人口[1],或这些国家出现现代化中断(breakdown of modernization)[2]导致这些国家贫穷者增多等。

其四,更应该注意的是中国的工业化/现代化与那个被攻击的现代化之间有很大差别。就反贫困与农民工收入增加,从而导致乡村脱贫这个逻辑关系来说,这种工业化与世界上其他地方(主要指非西方国家)发生的工业化和城市化差别很大。可以说在关于发展/反贫困的反现代化喧嚣声中,这两种现代化的影响被混淆了。其实此工业化非彼工业化。以下这些侧面是中国工业化/现代化与一般的现代化模式的不同之处:非无产阶级化的工人(这与农民工身份和乡村户籍与土地制度等有关);非城市化的工业化(这与乡镇企业、工人的农村户籍和乡村的集体承包制土地政策有关);非个体主义化的"现代工人"[3];乡村经济高度依赖工业或非农的现金汇入(主要依靠打工经济);乡村社区(包括穷人)通过来自非农产业的收入,使经济收入提高,从而脱贫。

以上这些(包括农业土地承包经营制度)正是中国过去30年"另类"现代化发展的特征。中国最近30年之所以选择了"另类"现代化、避免所谓现代化中断等,与中国政府和人民在发展道路上的实用主义信念和相应选择密切相关。就本章所涉及的内容来看,实用主义性随处可见。例如这个"另类"现代化的核心之一——工业化下发生的创办乡镇企业和劳动

---

[1] Katy Gardner & David Lewis, *Anthropology, Development and the Post-modern Challenge*, London: Pluto Press, 1996.
[2] A. R. 德赛:《现代化概念有重新评价的必要》,载西里尔·E. 布莱克编《比较现代化》,杨豫、陈祖洲译,上海译文出版社,1996,第145页。
[3] 何道峰、朱晓阳:《"中国西南劳务输出扶贫项目"课题主报告》,2001。

力转移并非按照某种理想社会图景设计的。此外,非城市化的工业化其实并不准确,中国上亿农村打工者进入的地方是城中村。正是城中村——他们栖居于城的地方,以及农民工基本上不能在城市投资(收入基本汇回家)的特点,才使贫困乡村能够增收。回顾过去30年的发展,一个有趣的现象是,以现代化发展大计和计划自居的国家却是无计划的或实用主义的[①];相反,标榜自由、权利、市场或民间的国际发展干预工业及其国内追随者的社会理想图景却是充满计划的。

注意到以上这些事实后,我们可以来讨论中国的反贫困干预和对这些干预的研究是在什么样的背景之下发生的。可以说,有很多是在对中国的工业化/现代化实质认识不清楚的前提下进行的批评,是在对中国的贫困消除之原因相互混淆的情况下所进行的"虚假"争论和反思。

事实上,与我们关于中国现代化-反贫困的常识判断接近的倒是一些经济学家从宏观研究中得出的结论。

> 如果要根本解决农村贫困问题,新的农村发展战略必须把重点放在减少农村劳动力上……减少农村人口和劳动力还必须使流动出来的劳动力在城市非农产业部门能够找到工作,否则,只是把农村贫困人口变为城市无业的贫困人口,整个社会的福利并不增加……在大多数发展中国家,劳动力是其相对丰富的资源,因此劳动密集型企业具有比较优势。发展这类企业不仅能够向城市人口提供就业机会,还可以吸纳大量农村的富余劳动力,使得减少农村人口成为可能……世界银行的这一个新的农村发展战略应该对经济总体的发展战略给予更多的关注……一个发展中国家要真正解决农村贫困问题,不仅应该将农村发展放在整个国民经济发展的背景下加以思考,而且还应该实行一个

---

① 这里有必要指出,在中文语境中,实用主义一向有着否定性的含义,其一般的意思好像是指:没有信念、一切以实用为目的、以获取个人或小集团最大利益为目标的行为和信仰。这种实用主义与本章关于中国的实用主义差距很远。本章所称实用主义首先是一种知识论的态度;其次这种实用主义虽然认为没有客观真理,但是强调信念(行为的习惯)与效用的一致就是真理,就是比较"务实";最后这种实用主义的知识论态度与孔儒所说的"敬鬼神而远之"的态度是一致的。

第五章 再思"发展":政治人类学与中国发展研究

正确的符合本国比较优势的国民经济总体发展战略。①

不过,以上所引经济学家对中国现代化的论述有明显的局限性。其局限性在于看不到中国的现代化(例如在农村土地承包制度框架下的劳动力转移)与经典的(包括其他欠发达国家的)现代化模式之间的巨大差异。在这里被漠视的一个明显差异是:乡村并不只是因为劳动力减少而相对增加了农业生产的人均产出,更关键的是乡村经济高度依赖工业或非农的现金汇入,乡村社区(包括穷人)通过来自非农产业的收入,使经济收入提高,从而脱贫。

也就是说,经济学家虽然看到了贫困人口减少与工业化的关系,但是没有解释清楚为什么中国的工业化/现代化没有出现所谓现代化中断,也没有说清楚导致穷人越来越多的社会-文化变量是什么。这种问题本来通过讨论应该能够搞清楚,但是由于"现代化导致贫困"的声音在人类学界和发展干预领域占主流,因此问题就没法讨论下去了。

与此相反,关于贫困和反贫困的讨论在还没有说清楚中国的现代化/工业化与贫困的关系的前提下,就追随国际大流,将现代化模式当作反贫困干预的敌人。

以下是一些针对现代化/工业化这个假设的反贫困干预活动和反思。例如,扶贫到户/人,这基于如下假设:贫困户得不到有效救助,因为穷人在乡村社区受到社会排斥,其利益与其他人的利益相矛盾。这是追随对现代化的涓滴理论(trickle-down theory)批评而产生的。因为假设的现代化理论以涓滴理论为核心,而涓滴理论是子虚乌有的,因此穷人在现代化过程中必然受到抛弃,必然变得更穷。这里的问题是,中国发生的事情与涓滴理论的假设前提相差很远,中国乡村社区物质和精神资源分配是在"差序格局"式关系下进行的。

再如社会性别视角是自1990年代以来在反贫困中受到较多强调的一种

---

① 林毅夫:《解决农村贫困问题需要有新的战略思路——评世界银行新的"惠及贫困人口的农村发展战略"》,《北京大学学报》(哲学社会科学版)2002年第5期。

干预视角并成为"主流"。① 这是针对现代化模式将人看作一种抽象的(实则为男性)"个体"的反动。但是性别意识将女性个体看作与男性完全相对的,男和女的相对独立性在家庭内也应该存在。在操作层面,性别意识倡导关于性的手册或培训要区分男女的需求,而反贫困的小额信贷等活动则强调必须将钱借给妇女个人。

还有一个例子是众所周知的参与式发展。从 1990 年代初以来,由于国际双边和多边组织、国际 NGO 的倡导,将贫困看作(个人)权利贫困逐渐成为共识,自然的解除途径便是赋权。参与式评估和参与式行动研究等就是以赋权为核心的活动。参与式也被应用到性别问题、环境问题和公共卫生项目之中。这里存在的问题与上述命题一样。首先,权力关系被用来指涉一切阶序性的关系。赋权论者认为,穷人之所以穷是因为"无权"(powerless)。这种论者不考虑穷人与其他人的关系(包括与社区内富人的关系)是嵌入具伦理性和道德性的阶序关系之中的。其次,赋权论者也与

---

① 在国内发展研究领域,"将妇女纳入发展"(women in development, WID)是主要的取向。这种取向是技术-现代化在这个领域的延伸,因此它一般对现代化和市场机制不加批判,也不谈体制问题而只讲扩大妇女能得到的机会。有学者认为"妇女与发展"(WAD)及"性别与发展"(GAD)方式中可供借鉴的东西则没有被充分发掘。在实践中,中国国内多倾向于采用福利、扶贫及效率路线,具体表现为强调妇联的主导地位和社会的"关爱"。上述思维和做法的理论前提在于,贫困是妇女发展面临的最大障碍;女性更容易陷入贫困,受贫困冲击更大,更不容易脱离贫困。实际上,这是延续了政府将社会-政治问题"技术化""行政化"的一贯做法,把社会性别这样一个具有浓厚伦理-道德意涵的议题"经济化"了。有学者通过历史分析提出反思,论证了"国家的经济政策如何与妇女解放的策略交织在一起,如何在推动妇女走向社会的同时制造并维持了社会性别差异和社会性别不平等"。中国式"家庭"是社会性别遭遇的另一个障碍。"妇女/社会性别"的概念与理论框架过于纠缠于"异"(有所谓女性特质因而要求差别对待)与"同"(男女同为人类的独立平等的个体因而要求平等权利),将"二元对立"推到了极致,而不考虑在实际的生活中男女往往并不是(至少不仅仅是)以独立"个体"而存在的,而是以"家庭"为单位共同生活的。这种建构"性别主体"的做法含有启蒙主义的自大,它无视了作为社会生活根基的家庭,这就使社会性别主体建构的活动在发展干预实践中陷入了困境。而如同在发展的其他问题上出现的情况一样,社会性别问题最后或多或少导致了一种实用主义的解决方法。例如社会性别框架下的小额信贷的钱按规定必须贷给妇女,但结果往往是妇女签字借钱,交给男人去用,或者用于全家庭。这种解决方法是符合中国基层社会的公正观的,也是"务实"的;而一般来说,项目操作者并不会去追究这些钱到底是否被妇女使用。参见高小贤《"银花赛":20 世纪 50 年代农村妇女的性别分工》,《社会学研究》2005 年第 4 期;朱晓阳:《在参与式时代谈建构"性别主体"的困境》,《开放时代》2005 年第 1 期。

第五章　再思"发展"：政治人类学与中国发展研究

"新自由主义"信奉者一样，都以个体主义和个人权利为本。赋权论表面上与现代化理论相反，但实际上异曲同工。他们漠视中国发展/反贫困实际模式与典型现代化之间的差异。如他们一般会观察到农民工的主体性，以及这种主体性是如何在工业或非农就业场域形成的。[①] 最后，则是知识论的问题。参与式发展提倡者基于相对主义的知识论，强调知识的本土性和地方性，强调只有当地人才能获得关于当地的知识。从今天人类学知识论的发展来看，这种相对主义的地方性和本土性知识是有问题的。[②]

行文至此，我们试图强调，自1990年代以来反贫困领域中追随国际性援助产业的非政府组织（包括其理念）对反贫困介入的意义并不在于其在实质层面的贡献（例如减少了多少贫困人口[③]），而在于它把贫困及其消除——这个在政府系统中被视为经济-技术问题的议题转到对中国社会理想图景的设想中去。或者说，以上谈到的混淆降低贫困水平的原因等，都是在有意或无意地为了将一种技术性的发展大计，转变为社会理想图景。

以下将试图阐明：这是一个虽包容各种具体目标，在主色调上却仍不失清晰的社会理想图景。现在让我们对其中若干目标加以具体辨析。

首先是关于贫困的定义。如上所述，在技术-现代化的背景下，贫困被不言而喻地作为经济贫困。但是在以建构社会理想图景为目标的反贫困研究视角看来，贫困是一种被边缘和被排斥的社会地位。此后，从这种视角出发，贫困又被界定为权利贫困。这样的定义将贫困问题直接视为政治性的问题。这样也就自然而然地将扶贫活动变成自下而上的赋权或社会运动。在以赋权为核心的反贫困中，参与式被寄予很高的期望。将贫困视为

[①] 余晓敏、潘毅：《消费社会与"新生代打工妹"主体性再造》，《社会学研究》2008年第3期。

[②] 关于人类学知识论在这方面的发展综述，参见朱晓阳《"表征危机"的再思考——从戴维森和麦克道威尔进路》，载王铭铭主编《中国人类学评论》第6辑，世界图书出版公司北京公司，2008，第244~251页。

[③] 就这方面而言，国际发展工业和非政府组织取得的成就很有限。这可以通过比较贫困人口的降低在1980年代中期以前和以后看出，也可以通过计算最近20年来农民经济中打工收入比重看出。白南生等对世界银行西南扶贫项目劳动力转移分项目所做的监测报告发现了同样的现象。

社会性的排斥或权力贫困，本来可以有两种相互对立的立场：一种与反现代化的依附理论差不多，即坚持马克思主义的阶级矛盾观和社会动员立场；另一种则基本上是新自由主义的个体主义理念。但是在中国的发展语境中，现实中出现的基本上是混杂着两种理念的参与式发展：既标榜动员式的群众路线，又以赋权和原教旨的参与式自居。①

其次，如何理解贫困的成因，也关系到贫困何以成为一个问题。有学者归纳出两种解释贫困的理论取向：结构性的和文化性的。② 发展干预的实践本身面对这一问题的态度，实际上暴露出其在理论上的困境。一方面，"扶贫开发"这一提法是更倾向于结构解释的，但"扶贫先扶志""治穷先治愚"等口号又明显是文化取向的。论及政府扶贫以外的反贫困，似乎又特别注重文化层面。有学者认为，必须综合考察现代中国的政治理念和行政架构，如此才能够理解作为问题的贫困及其长期存在的原因。③ 虽然这样一个结论与弗格森对拉美地区发展项目那种福柯式权力－知识解构取向的分析④极为类似，但仍需承认这样一种结论仍然具有相当程度的解释力和适用性。一方面，此类研究突出了国家本身的政治理念和行政运作是中国发展研究的重要一环，其相对于源起于第三世界的发展研究有不同事实和理论改进。另一方面，它也提醒我们，贫困本身是如何镶嵌在现代政治／行政架构之中的。与之相关，这也涉及参与式本身的一个内在困境：它的目标和价值是（个体的）平等，而其实施过程必然依赖于组织本身；即使没有强大、僵化的国家体制的存在，它也面临着平等的（政治）目标与等级化的（行政）现实间的根本悖论。

最后，我们可以进一步考察"如何应对贫困"这个问题。国家／政府层面的扶贫工作倾向于把贫困问题化约为经济－技术问题，所以，"改善

---

① 参与式发展的协作者们经常说要"从群众中来到群众中去"，参与式发展经常表现为一些动员群众参加的仪式。有关批评见朱晓阳《反贫困・人类学田野快餐・援助工业》，《自立》2002年第4、5期。而坚持参与式是赋权者，例如坊间流行的一些关于"参与式发展"的概论书籍常常自称"原教旨"参与式。
② 周怡：《贫困研究：结构解释与文化解释的对垒》，《社会学研究》2002年第3期。
③ 杨小柳：《参与式行动——来自凉山彝族地区的发展研究》，民族出版社，2008，第301页。
④ James Ferguson, *The Anti-Politics Machine*："*Development*", *Depoliticization*, *and Bureaucratic Power in Lesotho*, Cambridge: Cambridge University Press, 1990.

第五章 再思"发展":政治人类学与中国发展研究

自然环境、加强基础设施建设、扶持产业发展"等提法成为各类文件及政策建议的主要内容。在这样的导向下,劳动力这一概念也就成为对(穷)人/目标群体的主要预设。同时,这样一种经济-技术的视角与行政机构本身的官僚制特点是相互契合的。① 值得进一步考察的是,非政府组织的反贫困与国家/政府体系在这个问题上的遭遇。有学者以参与式(理念与实践)为例考察了这一过程。② 在这种遭遇中发生的一个情况是相互误读。因此重要的问题是,怎么评价这种误读?是据此批评改造现有政治/行政机制,同时把参与式不仅作为技术,而且作为一整套价值观和机制全面地引进?还是构思并立足于一套自身的政治理念和行政机制的社会理想图景,进而探索一种切合实际的发展模式?③ 实际上相当一部分学者并非"不注重'参与'本身所暗含的西方权力和民主内容",恰恰相反,他们清楚地意识到了这一点④。可以作为对比性思考的是持续若干年的"村治研究",两者的类似之处在于政治理想/制度层面的"自下而上"的论证与推进。⑤ 并不是说"自下而上"的方式一定不能成功或只是局部的经验、没有整体的理论想象力⑥,但相比较而言,市民社会的取向或许比村治研究更为缺少对经验现实的深入考察和价值追求上的正当性。

与参与式直接相关的一个词是权力。可以说将发展干预中的穷人与其他群体、社区与国家、男人和女人、少数民族与汉族等的关系用权力关系来概括是一种比较常见的现象。这种权力化约论受到福柯的影响。在这种权力-知识论的影响下,人际关系的其他面向,特别是基于伦理、价值、

---

① 这里所说的官僚制是韦伯意义上的。在韦伯的理论意图中,官僚制作为政治理性化的必然趋势有其优点,但也会成为牢笼般的桎梏,即使是克里斯玛也难以克服这一问题。但就中国现实而言,其或许既没有达到纯粹官僚制那种理性化,又相当具有牢笼色彩。从这个意义上来讲,关于中国的发展研究应当是关于中国现代官僚行政体制及其运行机制的研究。
② 杨小柳:《参与式行动——来自凉山彝族地区的发展研究》,民族出版社,2008。
③ 社会保障/工作领域的学术思考或许具有借鉴意义,参见王思斌《中国社会的求—助关系——制度与文化的视角》,《社会学研究》2001年第4期。
④ 朱健刚:《当代中国公民社会的成长和创新》,《探索与争鸣》2007年第6期。
⑤ 吴毅、李德瑞:《二十年农村政治研究的演进与转向——兼论一段公共学术运动的兴起与终结》,《开放时代》2007年第2期。
⑥ 比如,梁漱溟的乡村建设思想实际上是一套整全的对于中国现代社会的构想。参见吴飞《梁漱溟的"新礼俗"——读梁漱溟的〈乡村建设理论〉》,《社会学研究》2005年第5期。

知识等的阶序性差别都被化约为权力不平等。

此外，参与式的理念和实践的一个主要支撑点与对象是所谓本土社区和地方性知识。正如有研究已经指出的那样，这在某种程度上是带有东方学意味的想象。① 这就要求我们不能够把当地居民/目标群体的思想和行为本质化。而且就知识论而言，今天应该考虑的是如何使本土知识或地方性知识与外在的知识相互印证。当前这样的路径以人类学中的实用主义转向为代表。②

总而言之，上述研究使我们认识到：①在面对以国家为背景的"另类"现代化/工业化对于消除贫困的实质性作用时，很少人将贫困/反贫困问题纳入对"另类"现代化模式本身的思考中去。这种思考应该会明晰这种实用主义导向的"另类"现代化与其他社会的现代化和贫困问题关系的根本不同。②非政府层面由于对现代化甚至对国家表征持着一种根深蒂固的国家/社会二元对立观念，几乎没有去深究此国家非彼国家的现实，因而基本无视中国的"另类"现代化（在国家表征之下）能够大举减少贫困这一不争事实。他们所采取的方式是不仅仅就反贫困谈反贫困，还将反贫困变成一项建构新社会理想图景的乌托邦试验。可想而知，他们的答案不能令人完全满意。这里有太浓厚的拿来主义色彩，太少对历史传统的观照③；太多筑造，太少栖居或实用主义的视角④。③以上来自两种立场的对

---

① 杨小柳：《参与式行动——来自凉山彝族地区的发展研究》，民族出版社，2008，第309页；张晓琼：《变迁与发展——云南布朗山布朗族社会研究》，民族出版社，2005，第303~304页。
② 这方面的代表研究，参见柯尔斯顿·哈斯特普《迈向实用主义启蒙的社会人类学？》，谭颖、朱晓阳译，《中国农业大学学报》（社会科学版）2007年第4期。
③ 对这种拿来主义应该进行政治经济学分析。实际上追随国际发展产业话语本身是这一工业的资源争取和资源分配（distribution）的一部分。我们有理由相信在这个领域中，许多追随国际发展产业巨头的组织和机构，在很大程度上是为了自己的机构的发展和更多资源获取而在项目建议书中谈论"参与式""性别意识"等。
④ 关于"筑造"和"栖居"，参见马丁·海德格尔《筑·居·思》，载马丁·海德格尔著《演讲与论文集》，孙周兴译，生活·读书·新知三联书店，2005，第152~171页。相关的国内学者的研究，参见陈小文《建筑中的神性》，《世界哲学》2009年第4期；张廷国：《建筑就是"让安居"——海德格尔论建筑的本质》，《世界哲学》2009年第4期。从人类学的角度谈论栖居视角，参见 Tim Ingold, *The Perception of the Environment*: *Essays on Livelihood*, *Dwelling and Skill*, New York: Routledge, 2003。

第五章 再思"发展":政治人类学与中国发展研究

中国现代化与贫困的误读,使发展研究直到今天在面向世界总结所谓中国模式的时候仍然语焉不详。至今除了泛泛谈论现代化-工业化的作用外,就是谈论参与式的作用。这些关于"中国模式"的齐唱,一方面在误导其他想要学习"中国秘诀"的发展中国家,另一方面也遮蔽了对中国经验的总结。①

生态保护与环境

生态保护与环境问题是当代发展干预实践的一个核心领域,与扶贫/反贫困领域相比,它在国家意识形态和社会组织的宣传、大众媒体的报道以及学术研究各个层面得到了更为系统的理论表达。另外,这一领域更为明显地反映出经济/文化(意识形态)/政治之间的紧密关联——生态/环境似乎是一种当人们满足了温饱需求之后才有可能去追求的目标。更为重要的是,这些问题的背景是全球性不平等的政治经济格局(最明显的如温室气体排放问题)。②

---

① 某些从地方社会的历史视角出发的研究虽然凤毛麟角,但有更多可取之处,例如沈红对贵州石门的研究,参见沈红《结构与主体:激荡的文化社区石门坎》,社会科学文献出版社,2007。此外,汪晖将目前包括当下发展干预模式(如以"民间""社会"等旗帜出现)等现象归入"新自由主义"一类进行批评,参见汪晖《中国"新自由主义"的历史根源——再论当代中国大陆的思想状况与现代性问题》,载汪晖著《去政治化的政治:短20世纪的终结与90年代》,生活·读书·新知三联书店,2008,第98~155页。这类论述类似于萨林斯对于后现代与新自由主义结盟的批评,参见萨林斯《后现代主义、新自由主义、文化和人性》,罗杨译,载王铭铭主编《中国人类学评论》第9辑,世界图书出版公司北京公司,2009,第140~150页。
② 国内有学者已就此做出分析,参见强世功《"碳政治":新型国际政治与中国的战略抉择》,http://www.sociologyol.org/yanjiubankuai/tuijianyuedu/tuijianyueduliebiao/2009-10-24/8996.html,2009年12月12日。同时,需要提请读者注意的是,西方人类学学者对于环保/生态问题已经有了相当深入的研究,就笔者所见,有 Kay Milton, *Environmentalism and Cultural Theory: Exploring the Role of Anthropology in Environmental Discourse*, London: Routledge, 1996; Kay Milton, *Loving Nature: Towards an Ecology of Emotion*, London: Routledge, 2002。在后一本著作中,米尔顿通过对"科学"与"宗教"、"情感"与"理性"、"自然"等观念的思想史和社会史的考察,向读者揭示了西方社会保护自然运动的复杂内涵。在笔者看来,后两个研究的重要意义在于,提醒我们不仅仅从国际政治经济格局的复杂性角度去看待所谓"气候政治"问题,还要更深入地理解环境问题是如何从欧美现代社会及其思想传统中生发出来的。

生态/自然一直处于人类学家思考的核心或作为背景。列维－斯特劳斯结构主义学说的一个重要线索就是"自然－文化（社会）"的二元对立。斯特劳斯与此紧密相关的另一著名提法——"高贵的野蛮人"，与当今的生态话语有着实质性的关联。在美国，延续新进化论，明确地处理生态问题的是"文化生态学"学派及其后的文化唯物主义。就中国而言，一方面需要提到20世纪五六十年代的"经济文化类型"理论，该理论源于苏联民族学，也有着美国"文化区"理论的影子，强调从生物多样性和文化多样性整合的角度去理解各种生计方式的复杂性。另一方面，该理论与马克思主义社会形态论在特殊的历史语境中实际上形成了互补，即以后者为基本原则，以前者为具体操作方法。自1990年代以来，国内的生态人类学研究已经具有相当规模。

回顾一下近十几年来国内社会生活中的一些关键词或提法：太湖蓝藻，沙尘暴，金沙江水电站，藏羚羊，退耕还林，生物多样性－文化多样性，环评风暴，环境友好和资源节约型社会，"只有一个地球"，天人合一，敬畏自然与无须敬畏自然，传统生态智慧，本土知识，与大自然和谐相处的少数民族（农民），缺乏环保意识的少数民族（农民），生态博物馆，等等。这些关键词或提法表明生态问题既有在各个特殊地域的具体表现，又关联着全球性的宏观趋势。但是国内知识界对于此类问题的讨论常有的状况是未能强调学者的职业伦理及其与普通民众一般性意见的不同，以至于有流于意识形态化和空泛争论之嫌。

对于非政府组织或个人来讲，我们大致可以认为其所秉持的理念、所要达成的目标以及所凭借的操作手段主要来自国际主流价值观，即全球视野下的生物多样性－文化多样性、本土知识和参与式导向（包括社区层面的和个人层面的）。① 这绝不是说"国际主流价值"一定有问题。关键在于，至少与扶贫/反贫困领域相比，生态保护与环境的实践和话语最为突

---

① 比如，这可以从它们活动资金的来源得到部分证明。以国内著名环保组织"自然之友"为例，其运行经费的近60%由国际机构捐助，近30%由企业和国内机构捐助，见《自然之友2007年度报告》，http://www.fon.org.cn/download.php?aid=54，第35页。而从其历史来讲，"自然之友"恰恰又是一个地道的中国"民间"组织。

第五章 再思"发展":政治人类学与中国发展研究

出地呈现了全球性视角与地方性知识的结合,更准确地讲,是前者主动甚至强加给后者的结合。[①] 在这点上,相对于政府和非政府组织在扶贫/反贫困领域的"完美契合",非政府组织更多地扮演了反对派的角色。与之相对应,政府不仅需要努力建构自身的理论/意识形态体系,更要面对(地方)行政行为/经济发展层面的几近失控的扩张。

本章将列举几个个案,并尝试勾勒出当代中国社会中作为一种话语和实践的生态保护与环境问题。这些主题虽然看似零散,但包含了一些具有典型意义的地域或问题,有:内蒙古牧区的草原沙化,云南的刀耕火种及橡胶林种植,金沙江虎跳峡的大坝建设。本章一方面试图引入晚近的文化理论,另一方面希望能够对于现实的生态问题及其人为干预有所助益。

云南境内至今仍有相当比例的刀耕火种生计方式存在。它表面的神秘性和"落后性"早已引起人类学家的关注,学界对其已经有相当深入的研究。[②] 概括言之,这方面的人类学者试图传达的观念是,刀耕火种作为一种生计方式和文化类型具有其自身独特的逻辑与价值。我们从中不仅能够看到活生生的本土知识,也能够看到它事实上满足了主流社会对于所谓"生物-文化多样性"的迷恋。根据相关研究,刀耕火种的逐渐衰败主要有两个原因:① 20 世纪的林业制度变迁使得相当一部分森林被国家划为国有林或保护区,致使轮作所需要的大面积森林减少,而当地居民迫于人口压力不得不缩短轮作间歇,被动地违反了自然规律,最终陷入恶性循环。②橡胶林的引入及大面积种植,首先源于国家的经济战略,后又因当地居民及民间资本卷入市场经济而一发不可收拾。大面积的人工橡胶林种植带来了巨大利润,对于当地的生态却是毁灭性的。由此,我们可以看出,当地居民并不是"本土知识"天然的和强有力的护卫者,他们既可能被动地,也可能主动地放弃所谓"本土知识"。当然,我们不应该忘记,他们的行为一定要联系他们所陷入的政治经济体系,只有这样才能够得到

---

① 与之形成反差的是,国内另一致力于环境教育、乡村教育和公民教育的非政府组织"北京天下溪教育咨询中心"宣称其指导思想来源于《老子》。见其中心简介,http://www.brooks.ngo.cn/other/about.php。

② 尹绍亭:《远去的山火——人类学视野中的刀耕火种》,云南人民出版社,2008。

一个完整的解释。由此，我们可以明白，基于一种全球视野的对于生物－文化多样性的追求并不一定是"本土知识"的题中之义，当地居民也不一定能够理解、认同那样一种追求并为之努力。

这里提出的问题是，人类学此时能够提供什么样的助益？同样是面对业已陷入恶性循环的刀耕火种和外界的生态诉求，有学者以事实说明一种整体性的、兼顾生态要求与本土人民生计的成功干预的可能。[1]

第二个案例可以称为"草原－沙尘暴－牧民"。由于沙尘暴在华北地区的肆虐，内蒙古地区的草场沙化问题早已引起人们的关注。人们已经认识到过度放牧是导致这一问题的直接原因。但现行的禁牧、生态移民政策似乎过于简单地将过度放牧归结为人口压力所致。[2] 这就提醒我们，必须把牧区现时的生态困境纳入一个长时段的、整体性的分析框架。有学者专门探讨了牧区的半农半牧机制[3]，强调对于这样一种机制的完整理解，必须将其放到牧区长时段的汉族移民史中才有可能。[4]

此外，我们关心的是如何理解当地牧民在生态恶化中应承担的责任、在生态改善中可能发挥的作用。从前述观点可以看出，必须联系外在的强大政治经济体系才能够对牧民的行为做出一个合理的解释，这已经得到相关研究的呼应。[5] 至于当地牧民的"本土知识"，一方面，有学者提出，应该注意牧民对于草场、放牧是有着自己独特的理解的。[6] 换句话说，当地牧民对于当前的牧区生态危机是"最有发言权的"。[7] 另一方面，也应看到，牧民面对强大的政治经济体系基本上是无能为力的，他们并不是天然

---

[1] 庄孔韶：《重建族群生态系统：技术支持与文化自救——广西、云南的两个应用人类学个案》，《甘肃理论学刊》2007年第4期。
[2] 王晓毅：《家庭经营的牧民——锡林浩特希塔嘎查调查》，《中国农业大学学报》（社会科学版）2007年第4期。
[3] 阿拉腾：《半农半牧地区自然资源的利用——内蒙古察右后旗阿达日嘎嘎查的人类学田野考察》，《西北民族研究》2004年第4期。
[4] 阿拉腾：《文化的变迁——一个嘎查的故事》，民族出版社，2006。
[5] 章邵增：《阿拉善的骆驼和人的故事：总体社会事实的民族志》，载郑也夫、沈原、潘绥铭编《北大清华人大社会学硕士论文选编2007》，山东人民出版社，2007，第214~267页。
[6] 阿拉腾：《文化的变迁——一个嘎查的故事》，民族出版社，2006，第128~144页。
[7] 章邵增：《阿拉善的骆驼和人的故事：总体社会事实的民族志》，载郑也夫、沈原、潘绥铭编《北大清华人大社会学硕士论文选编2007》，山东人民出版社，2007，第251~253页。

第五章　再思"发展"：政治人类学与中国发展研究

的和强有力的生态保护者。"游牧行为基本上与有意识的环境保护无关，其时实在只是由于人口稀、家畜少而使环境客观上得到了保护……不能一概认为是传统牧民就一定会存在环境保护的意识。"[1] 具体来讲，就是牧民的生态智慧只可能在其经济上的弱势地位得到提高时才有机会呈现。

最后一个例子是水电开发及与之相关的移民搬迁。这无疑是生态问题的一个重要方面，对于至今仍把水电作为能源战略关键一环的中国来讲，更是如此。2004~2005 年的关于金沙江虎跳峡水电站（大坝）兴建与否的争论由于其激烈和公开程度而引起人们极大关注。此次事件的一个标志性文本是反对方的集体宣言《留住虎跳峡、留住长江第一湾》[2]。我们首先需要注意的是，此次争论中反对方的一个核心人物是一位出生于当地的人类学者——萧亮中[3]。我们从这场争论中可以得到的第一个启示是，学者对于政府行为的直接干预如何成为可能，并将之建立在自己扎实的学术研究之上，从而有别于一般的社会活动家。[4] 第二个启示是，当地居民的"文化自觉"和"理性算计"能够充分地表现出来。他们能够在地方精英的组织下团结起来，同时利用一切可能的机会向外界发出自己的声音。在此过程中，他们还能够"综合地"运用种种理由为自己争理（虽然这些理由源于不同立场）。[5] 需要注意的是，这是一场针锋相对的论战。双方都自认为具有道德和理性上的合法性[6]，反对大坝建设者被斥为"伪环保"者。这场争论的关键之处，可能不仅在于支持（建坝）方试图用科学给出一个整体性的辩护方案，或许更在于他们声称他们更了解"当地人"的"真实想法"。

在这样一幅复杂的图景之后，我们应该看到，国家能源战略（优先发展水电）和垄断性产业（如水电）的紧密相关是这类事件中最不可忽视的

---

[1] 阿拉腾：《文化的变迁——一个嘎查的故事》，民族出版社，2006。
[2] 汪永晨、薛野、汪晖：《留住虎跳峡、留住长江第一湾》，《天涯》2004 年第 5 期。
[3] 他在争论爆发之前就已经对当地的生态环境、语言状况、家族 - 婚姻制度、宗教制度、地域崇拜、民族关系史、移民史、与外部政治经济体系的互动等方面做出了精彩的民族志书写。参见萧亮中《车轴——一个遥远村落的新民族志》，广西人民出版社，2004。
[4] 汪晖：《金沙江之子——追忆萧亮中》，《天涯》2005 年第 5 期。
[5] 萧亮中、向郢：《金沙江农民的理性诉求》，《中国社会导刊》2005 年第 15 期。
[6] 史立山等：《"中国水电开发与环境保护高层论坛"观点摘要》，《中国三峡建设》2005 年第 6 期；方舟子：《"保护文化多样性"的名义》，《当代人》2006 年第 12 期。

背景因素。

如前所述,生态保护与环境问题相比于扶贫/反贫困的议题更为突出地表明了政治/经济/文化等因素的不可分割。进一步讲,任何关于生态保护与环境问题的立场,不同程度上就是一个关于人类生活图景的可能构想,或者某种意识形态辩护。

从生态保护与环境问题中凸显出来的一个人类学问题是,几十年来人类学当作法宝的"地方性知识"和有意无意坚持的"原始生态智慧"神话(这与"高贵的野蛮人"如出一辙)正使他们处于前所未有的尴尬境地。在面对类似问题时,西方的同行,例如欧洲一些人类学家的一个走向是主动超越相对主义旗帜下的"地方性知识",转向"实用主义启蒙",以"彻底解释"来重新表明人类学对生态保护的义务和责任。[①] 中国人类学界才刚开始意识到这一点,并开始寻找另一条生态保护社会力量的途径。[②]

结　语

本章试图通过对与发展干预有关的人类学(内外)的论述进行述评,从而对以下这些问题获得较清晰的认识。

第一,在中国向"发展援助输出国"转变的时刻,重新理解中国的发展干预之路具有重要的理论和实践意义。这就涉及对过去 30 年中国的工业化/现代化特征的重新认识。我们认为,关于发展干预的人类学(内外)讨论应该从对中国的现代化的"另类性"深入理解开始。这是我们在一开始就对中国的现代化与贫困问题间关系进行辨析的原因。在对贫困/反贫困、生态保护与环境等问题的研究进行述评之后,我们深感许多研究中包含的一个"混乱"建立在对中国的现代化理解问题上。例如在国际性援助产业话语下,贫困往往被视为现代化的伴随结果,但中国的情况是绝大多

[①] 参见柯尔斯顿·哈斯特普《迈向实用主义启蒙的社会人类学?》,谭颖、朱晓阳译,《中国农业大学学报》(社会科学版) 2007 年第 4 期,第 44~57 页。

[②] 朱晓阳:《黑地·病地·失地——滇池小村的地志与斯科特进路的问题》,《中国农业大学学报》(社会科学版) 2008 年第 2 期。

第五章 再思"发展":政治人类学与中国发展研究

数贫困人口减少是中国式现代化过程的结果。再如,在生态保护方面,当下的思维往往会习惯于寻找原始生态智慧,实际上这种智慧基本上是现代性之中的"他者"幻觉。而在现实中,寻找和利用这些原始生态智慧的"社区"(他者)已经成了"上穷碧落下黄泉"的活动。

第二,与上一个问题有关的是地方性和本土性。过去20年对这些东西的倡导,往往是基于一种后现代的观念,作为反对技术-现代化这个表征的武器。这里的问题是,本土性和地方性被一些"后现代"的"东方学"所绑架,被不可共度性、不可翻译性等预设所劫持。而这是需要颠覆的虚伪假设。这些观念认为,地方知识只有本地人才能拥有。这些知识是与本地人的语言和世界看法等共构的(相对主义)。这种人类学相对主义被发展干预倡导者用来表明只有当地人才能理解什么是他们需要的发展。这种文化相对主义又同权力化约论结合在一起,经常将当地知识与外来知识之间的差别等同于权力关系,从而排除了地方知识通过与普遍性经验(常常为外来者所持有)对话获得普适性的可能。

今天对于这种问题的克服是将地方知识放到彻底解释的非相对主义框架中去理解。[①] 在这种框架下,不再将地方性、本土性和多元性看作与现代化不相共度或不相容(incompatible)的东西。彻底解释的引入,也使人类学重新强调"田野调查"和"民族志"作为知识基础的重要性。在彻底解释的时代,地方性、本土性知识的理论化和普适化是通过民族志作者和当地人对话获得的。对于民族志作者来说,在一个地方通过参与观察和对话、写成民族志正是彻底解释的基础。这种彻底解释与猜想性的、无休止的解释学论争之间的最大区别就是,它基于民族志作者和当地人面对的共同世界,它基于共同的观察。

第三,这使我们反过来思考诸如权力这样一些被滥用的词语。总而言之,在过去二三十年间,权力关系被用来描述一切具有阶序性或不平等性特征的现象,关于贫困(指权力贫困)就是指一种不平等的权力关系存在

[①] Donald Davidson, *Radical Interpretation*, in *Inquires into Truth and Interpretation*, Oxford: Clarendon Press, 1985, pp. 125-139;戴维森:《行动、理性和真理》,朱志方译,载欧阳康主编《当代英美著名哲学家学术自述》,人民出版社,2005,第87~88页。

于穷人与其他人之间,而且被视为最主要的关系。如上所述,权力关系被用来替代包括地方知识或本土知识与外来知识之间的关系。权力关系的一个根本缺陷是将多样的关系特征化约为支配/抵抗关系,从而将复杂的发展干预问题化约为抵抗运动,同时,将地方性认识与外来认识相结合、生产普遍性知识的可能性遮蔽了。当知识不再被看成仅仅与权力相联系的时候,知识和事实与价值/伦理的联系正在被承认。① 这种实用主义的知识论正是今天所需要的,这种认识论态度也是同中国过去30年的实用主义导向的发展现实相符的。

通过对以上问题的反思,我们将过去20年来由于倡导相对主义的本土知识和为了避免进入权力关系而遮遮掩掩的发展干预者的伦理和责任重新提出。② 在这一点上,需要充满勇气、站出来大声倡导。简言之,关于中国的发展干预研究和实践应当进入更自觉的对话和干预的时代。所谓对话是指地方性知识不再只是本地人拥有的,只能由他们自己来表述,只能通过钻入其体内才能获得的东西。这是一种可以通过彻底解释来获得的具有普遍性意义的知识。这种知识的获取与解释者(干预者)的伦理(价值)态度和知识之间是可以相容的。这里会有权力问题,但是不应该认为仅仅包含权力。更重要的在于,当我们通过阐述过去30年中国的发展和现代化之路的实用主义取向时,我们必须同时在认识论层面与这种务实或实践性的态度相契合。也就是说我们必须在认识论层面做出相应的转向,只有这样才能使我们对于中国的发展干预实践有更切近真理的认识。

---

① 希拉里·普特南:《事实与价值二分法的崩溃》,应奇译,东方出版社,2006。
② 这种遮遮掩掩在一定程度上是由于认识论框架的局限性而被视而不见的,例如本章在关于生态保护与环境部分指出的:"生态保护与环境的实践和话语最为突出地呈现了全球性视角与地方性知识的结合,更准确地讲,是前者主动甚至强加给后者的结合。"也就是说,当下的生态保护系统实际上是"施惠原则"或"我族中心主义"的,但其不自知,或者装作不知。

第六章 介入或不介入：人类学的选择

本章讨论人类学者在介入时不得不直面的核心问题：研究者介入的行动和倡导的价值主张是否具有客观性？研究者的介入基于个人的经验、经历、情感以及实质的或象征的利益，在此情况下其活动及其后果如何具有普遍性和公正性？本章为此从科学研究应坚持价值中立立场开始。这一立场是科学研究与价值介入相区别的关键。本章指出，在坚持事实与价值二分的前提下，上述问题是无解的。直到最近一些年出现本体论转向才使上述问题的解决有了新的思路。从当下人类学本体论视角出发，事实与价值纠缠不再被视为认识相对主义，而是具有本体性意义。本章建议介入的人类学者，首先要按照传统人类学的方式进行深入调查和观察——这是对物理对象研究的要求，通过深入调查从而获得对包括当地社区、人和周遭世界的理解和同理心。其次，研究者需要与当地说话者对话，要与当地人民一起工作。双方需在面对共同世界基础上进行彻底解释。最后，在调查研究和一起工作基础上，试图确认和解决问题。

一

人类学者是否应该介入其研究的人们的事务？这历来是一个学科内有争议的问题。在半个世纪前，对问题的回答区分了基础与应用两种人类学者。做基础研究的人回答说不介入，而做应用研究的人则不得不介入。那时候芝加哥大学的索尔·塔斯将其团队对福克斯印第安社区的介入活动称为行动人类学。但是塔斯区分了科学研究和介入行动，称学者在作为介入者行动时，不再是搞科学研究。在今天，承认人类学研究有价值立场，以及介入不可避免已经是一种共识。但是区分仍然存在，一部分学者将自己的介入称为介入/担当人类学（engaged anthropology），并表示其与应用人类学（applied anthropology）有根本区别。例如介入/担当人类学的倡导者和践行者赫兹菲尔德认为应用人类学是将干预（intervention）作为直接和基本的目的，而介入/担当人类学意味着参与（involvement）来自学术追求，这一追求导致学者进入特定地点或接触特定群体，并给陷入困局的信息报道人提供洞见。①

应用人类学者确实只能承认自己是机构派来的人，是拿了机构的钱来进行摸底调查的。虽然他们可以说作为调查结果的政策建议来自"独立"思考，但作为机构资助或实施的项目的一个环节，其调查的倾向性背景是无法抹去的。因此对于所谓立场或价值中立问题，应用人类学者从来不能辩护。但是介入/担当人类学就如赫兹菲尔德所说的那么清白吗？实际上在实践中应用人类学与介入/担当人类学之间的区别没有赫氏所说的那么清楚。难道介入/担当人类学家在进入田野的过程中没有获得任何资助吗？作为大学或研究机构的一名成员，介入/担当人类学家没有接受过任何研究机构的薪酬或课题资助吗？

这样抬杠无助于讨论。作为一个在应用、基础和介入三领域都有过经历的人，笔者认为关键的问题是，如何保证介入前提下的研究发现具有真实性。另一个相关问题是，我们如何使自己的直接介入变得"正当"。

先谈后一个问题。当下的行动人类学往往会以福柯的说法为依据。例如福柯认为，知识分子在当代不再具有超越阶层、党派或利益群体的中立地位。知识分子即使不介入，其知识也仅是某一小团体的话语。因此知识分子应当投身于激流，"将与他人在特定的、地方的、寻常的斗争中一起

---

① Michael Herzfeld, "Engagement, Gentrification, and the Neoliberal Hijacking of History", *Current Anthropology*, 2010, Vol. 51, No. S2, p. S265. 赫氏在中国某高校演讲时，以下述话语对应用人类学和介入/担当人类学做了区分："应用人类学是一些机构（如政府、银行或者博物馆）要求人类学家按照他们的目标去解决问题，政府需要提高当地的教育水平，银行增加投资贷款，博物馆需要保护文化遗产等。而'有担当的人类学'强调人类学家有担当地参与当地社区，深入田野，发现真正的学术问题和现实问题，在当地的文化环境、权力结构中去发现有利于当地人的资源，把学术和现实结合起来。"参见《奇异恩典——赫兹菲尔德教授的人类学之旅》，htstp://blog.sina.com.cn/s/blog_6593f6530102v12h.html。

工作"①。这样的工作是"地方斗争"（local struggles），即诉求来自当地，不需要以传统的党派为中介，行动是直接的。在今天我们可以将这种地方斗争称为"直接行动"②。

福柯影响下的人类学介入的底线是"向权力说不"，更高层次则是积极行动人类学（activist anthropology）③。这与福柯关于知识分子及其学术后果的非超越性有关。但这不能使严肃的学者释然。因为不具有超越性地位的知识分子的学术后果往往不是地方的，相反它们经常会有普遍化和客观化的后果。这就使知识分子的直接参与不再像福柯所说的那么洒脱。

这里可以以笔者的实践为例。笔者在昆明的滇池东岸介入当地的城市化活动长达多年。这项活动的核心起初是支持笔者长期研究的滇池宏仁村（学术名：小村）村民抵制欲将该村拆平的城中村改造项目。笔者与该村的接触始于20世纪70年代在当地两年多的知青经历；90年代中期笔者在当地做过几个月实地调查，并写成博士学位论文；21世纪后笔者和诗人于坚合作在该村拍摄纪录片，并研究该村的水利、土地和建房，直到2009年，即城中村改造开始前一年。笔者虽然与当地人熟悉，但此前未介入过村庄的事务。拆迁开始后，村民中有人与笔者联系，希望给他们提供帮助。笔者于是为他们联系了记者进村采访，并报道了拆迁的情况。不久之后，笔者开始写文章，通过博客和国内的媒体评论该地的拆迁事件，通过电话和短信等为村里抵制拆迁的村民出谋划策。在最初三年，笔者每年有四五次到村里参加村民抗拆活动，并组织学生和同事到村里调查，

---

① 关于"地方斗争"福柯如是说："知识分子的角色已不再是（为了表达集体性的被压制的真理）把自己放在众人之先和站在一边；理论是'这样一种活动，它的开展是与为权力斗争相并行，而非它们的指路明灯'。因此，'具体的知识分子'将与他人在特定的、地方的、寻常的斗争中一起工作。"［Michel Foucault, "Intellectuals and Power", in Donald F. Bouchard（ed.）, *Language, Counter Memory and Practice: Selected Essays and Interviews*, Ithaca, NY: Cornell University Press, 1977, pp. 206-208.］

② David Graeber 的 *Direct Action: An Ethnography* 是"直接行动"的案例。该书描述了作者参与总部设在纽约市的直接行动网络（Direct Action Network）组织运动的过程，主要内容是对该组织发起的一场针对 2001 年在魁北克市美洲首脑会议（Summit of the Americas）的直接行动。参见 David Graeber, *Direct Action: An Ethnography*, Edinburgh Oakland: AK Press, 2009。

③ Sherry B. Ortner, "Dark Anthropology and Its Others: Theory since the Eighties", *HAU: Journal of Ethnographic Theory*, 2016, 6（1）, p. 64.

还组织斡旋政府、开发商和村民等。总之，笔者扮演了积极行动者的角色。

宏仁村个案已经超出地方范围，有了示范和普遍意义。但笔者参与村民抵制行动的最初动机是因自身也受到拆迁影响。具体言之，笔者父母在昆明的家也被纳入昆明市内潘家湾城中村改造范围。笔者是从参与那里的抵制行动开始的。后来这个地方的拆迁因村民的抵制而不得不中止。滇池东岸宏仁村的拆迁开始后，笔者将自己在城里的经验用在那里。

可以用"非超越性"来辩护笔者的介入行动。但是介入的后果是超越性的，有着客观化特征。因此个人性的介入从一开始就存在是否具有客观基础的问题。在笔者经历的以上案例中，笔者会不时被问或自问：凭什么你认为自己对城中村改造的见解是正确的？凭什么基于你个人体验的发现会有客观和普遍意义？

笔者认为上述这些问题是介入人类学者必须直面的核心问题。换成学术性的话再问则是：研究者介入的行动和倡导的价值主张是否具有客观性？研究者的介入基于个人的经验、经历、情感以及实质的或象征的利益，在此情况下其活动及其后果如何具有普遍性和公正性？

这就涉及本章的第一个问题：如何保证介入前提下的研究发现具有真实性？

二

为回答上一节的问题，笔者将从讨论科学研究应坚持价值中立立场开始。这一立场是科学研究与价值介入相区别的关键。

现代人类学的主要认识论之一以实证科学关于客观与主观、实然与应然、事实与价值等二分为预设。坚持这种认识论的人类学包括功能论和结构功能论。这两种路径都与涂尔干的社会学有关。事实与价值二分预设与20世纪50年代以来的事实与价值不能二分的实用主义或后经验主义立场相对立。

现代人类学认识论的一个重要来源是韦伯的理解社会学。韦伯也是事

第六章 介入或不介入：人类学的选择

实与价值二分传统的追随者。韦伯认为实然关系不能推出应然关系。

如果用当代哲学家 John MacDowell 的话语来描述韦伯的社会科学认识论，则如下：韦伯受到康德哲学传统影响，相信人是自由的，其信仰和价值来自理由逻辑空间。信仰的有效性是通过实践理性来证明的。但外部物理世界是由因果逻辑空间主宰的。两种空间之间是有疆界的。因此有两种科学研究。

第一种是自然科学研究或类同科学的社会科学，其研究的对象是物理世界，即受到因果律支配的世界。韦伯认为，做这种研究的人应当清楚哪些部分基于客观的观察和因果分析，哪些是有信仰的人的主张。

如何解决客观性和价值立场的矛盾？韦伯主张将客观观察和分析与立场宣示分开。这在事实与价值二分的前提下是合适的说法，即可以将客观论证与感情性意见区分开来。例如韦伯说，从事科学研究和寻求真理，以使这种"整理经验实在方面的真理"对中国人也具有有效性，需要重视两个重要责任。

> 第一个责任是使读者和他们自己在每时每刻都分明地意识到他们是依赖什么尺度来衡量现实并导出其价值判断，而不是如通常的情形那样，通过各种不同价值彼此之间不精确的挪移而在理想的冲突方面来回欺骗自己，同时想"给每个人都提供一些东西"。倘若严格地尽到了这个责任，那么实践中所取的评价态度不仅于纯粹的科学利益是无害的，而且是直接有用的，并且确实是必要的。[①]
>
> 要科学无偏见的第二个基本要求便是，在这样的情况下，要使读者（并且——再说一遍——首先是我们自己本身）随时都明了：在什么地方科学研究者开始沉默而有意欲的人开始说话，在什么地方论证求助于理解，而在什么地方则求助于感情。科学评论与评价性的推断之间的不断混淆仍然是我们专业研究中散布最广而且危害最大的特点之一。前面的论述直接反对这种混淆，而决不反对申明自己的理想。

[①] 马克斯·韦伯：《社会科学认识和社会政策认识中的"客观性"》，载马克斯·韦伯著《社会科学方法论》，韩水法、莫茜译，中央编译出版社，2005，第10页。

无信念和科学的"客观性"之间毫无内在的近似性。①

概言之,韦伯认为,科学研究不能推出世界观,后者属于信仰层面。有两点应切记:其一,在进行科学研究时应当让读者清楚其价值判断;其二,这种价值判断不涉及经验研究的逻辑和推理及相应结论。这些科学成果对于不知道"听从我们的绝对命令"的中国人也应该是有效的。

韦伯的科学认识与人类学的实证主义前提下的功能论和结构功能论是一致的。

例如传统人类学的田野调查方法所强调的参与观察。在如何解决有价值和情感的人与科学工作者之间的矛盾时,马林诺夫斯基建议将人类学民族志研究与民族志作者的感情表达区分。具体方法可以是写两本日记,一本是对研究工作现象的记录,另一本则是私人日记。马林诺夫斯基本人就是这样做的。

再例如行动人类学主张研究时是科学家,但在以行动改变印第安福克斯部落命运时就不再是科学家。行动人类学的目标是:"他想帮助一群人解决一个问题和他想在此过程中学一些东西。"行动人类学坚持两种基本价值:社区自决(包括个人自由)和科学真理。但二者是分离的,前者基于价值观念,后者基于客观真理。

韦伯的社会科学认识论还有第二种取向,也与康德哲学有关,即关于人、文化的研究必须以理由逻辑空间为界。在这里通过主观性概念建构或选择出理想类型。这是理解社会学的知识论和方法论的核心。在这个世界,价值观念成为理想类型建构的基础。如何保证基于价值观念的理想类型是真理?韦伯提出让天才来解决这个问题。他认为,"科学天才用以关联研究对象的种种价值将能够规定整整一个时代的'见解'"②。这差不多

---

① 马克斯·韦伯:《社会科学认识和社会政策认识中的"客观性"》,载马克斯·韦伯著《社会科学方法论》,韩水法、莫茜译,中央编译出版社,2005,第11页。
② 马克斯·韦伯:《社会科学认识和社会政策认识中的"客观性"》,载马克斯·韦伯著《社会科学方法论》,韩水法、莫茜译,中央编译出版社,2005,第32页。

第六章　介入或不介入：人类学的选择

是一种克里斯玛式的人物，使人想到诗性或"民族志诗性"① 在当代人类学中的地位。

在韦伯看来，第二种方法论与第一种不能相互共度。在社会科学中，如果以韦伯所谈的国民经济学为例，则两种方法论都会涉及。总而言之，最根本的是这两种逻辑空间之间有边界，事实与价值之间存在二分。这一点对于韦伯来说是一个不能逾越的前提。② 因此要么是客观说明受自然因果律制约的实在，要么是基于（往往是无意识的）价值观念，从文化实在中抽取所涉及的部分并理解其意义。在对立的两种认识方法之间没有中间路线。

韦伯的理解社会学通过格尔茨在20世纪后半期的人类学中影响深远。但是科学天才式的学者是否能"关联研究对象的种种价值"则在80年代以后受到质疑。例如以《写文化：民族志的诗学与政治学》为代表的人类学指出格尔茨对于巴厘岛的斗鸡解释是其西方悲剧观的体现，并非巴厘人的世界想象。③

《写文化：民族志的诗学与政治学》代表了极端文化相对论或强整体论的态度。《写文化：民族志的诗学与政治学》高呼的口号是表征危机。这种人类学借库恩的"范式间不可共度"来解构此前的人类学民族志科学性、客观性和土著文化可翻译性等现代主义人类学信念。当此之际，拿什么来拯救人类学？人类学中出现的"反思人类学"是自我救赎的路径之一。反思人类学试图以鼓励民族志作者对其价值观、立场和背景权力关系

---

① 刘珩：《民族志诗性：论"自我"维度的人类学理论实践》，《民族研究》2012年第4期。
② 韦伯说："实在与赋予它以意义的价值观念的关联，以及对由于与价值观念的关联而带有色彩的现实成分从其文化意义的角度进行的选择和整理，与根据规律对实在的分析和用一般概念对实在的整理，是两种完全不同的相互对立的考察方式。这两种对现实进行思想整理的模式彼此绝无必然的逻辑关系。"（马克斯·韦伯：《社会科学认识和社会政策认识中的"客观性"》，载马克斯·韦伯著《社会科学方法论》，韩水法、莫茜译，中央编译出版社，2005，第27页。）
③ 如克拉潘扎诺对格尔茨的批评，他以格尔茨的《巴厘男人的深层游戏——斗鸡个案》一文为例，指出格尔茨的阐释问题包括：其一，以西方式的理性（体现为西方悲剧观）来阐释巴厘男人的斗鸡；其二，将个别巴厘人的行为和感受阐释为整个民族的主体性。(Vincent Crapanzano, "Hermes' dilemma: The Masking of Subversion in Ethnographic Description", in James Cliford and George E. Marcus (eds.), *Writing Culture: The Poetics and Politics of Ethnography*, Berkeley: University of California Press, 1986, pp. 72-74.)

的反省，以此间离出我们与他者之间的界别，从而对自己和他者文化进行比较。在应用人类学领域，与反思人类学相呼应，则出现倾听当地人声音、让当地人来研究自己的问题和寻找解决之道的参与行动研究。人类学者的介入被定位为"协助"当地人分析和解决问题。此外，受到马克思和福柯的直接影响，人类学者如本章开头所述，直接投入抵抗或社会运动，进行"地方斗争"，成为 Ortner 所称的积极行动人类学。Ortner 这样描述积极行动人类学：

> 人类学者本身不是只做研究，而是直接去参与运动。过去研究社会运动的人类学者在一定程度上也会卷入进相关活动，但在当下的很多案例中，人类学者是一个完全参与者，同时也是一个观察者。[1]

在以上这些反思人类学、行动研究和积极行动人类学中仍然有着过去没有说清楚的老问题，即科学研究与价值性介入之间相互不容。

在这些老问题没有讲清楚的情况下，反思人类学、参与行动研究和积极行动人类学等会暴露出一些无法道明的新问题，例如强调极端文化相对论，否认不同文化范式之间有共度性。那么该如何介入当代的一些议题，如人权问题和暴力问题？再例如强调倾听当地人声音，则地方声音与外来学者声音之间如何和谐？两者如有分歧，该如何处理？这些路径对以上问题似乎无解。

此外，在发展研究领域，发展的人类学（anthropology of development）走入了批判和解构发展主义的死胡同。它对于现实既不能提出有力的解决问题的策略，也不能落实在具体行动中。这种批判受到福柯权力－知识论影响，时时处处强调权力关系。[2] 在发展研究的应用领域，发展人类学

---

[1] Sherry B. Ortner, "Dark Anthropology and Its Others: Theory since the Eighties", *HAU: Journal of Ethnographic Theory*, 2016, 6 (1), p.64.
[2] 例如 Gledhill 不满意所谓"复调"写作，认为："跟内在于'社会的多样性'观念之中的危险是一样的，这是一种对'结构加以结构作用忽视以及对于在此世界中'整体性话语存在的忽视。"（约翰·格莱德希尔：《权力及其伪装：关于政治的人类学视角》，赵旭东译，商务印书馆，2011，第 324 页。）

（development anthropology）追随本地人诉求的承诺往往不能实现，最后只能不自觉地滑入新自由主义的车辙，例如都会以赋权告终。更坏的结果是将生活世界中的政治关系都视为无本体的政治，如一定要诉诸本体，则只有权力二字。

即使是开明的福柯追随者，如人类学家 Gledhill 的主张也很模糊和无力。他在《权力及其伪装：关于政治的人类学视角》一书的结尾处说：

> 投身到政治议题中来，最终意味着在要有勇气停止藏身于一种家长制的自由主义相对论以及学术独立的立场之后。人类学家应该更欣然于去公开地为更包容的人类未来对各种预设的不断质询所鼓舞，这些预设是由对正在创造我们当代历史的差异分殊的行动者的观念的关注所培育出来的，而那些观念是多样性的并且经常是自相矛盾的。①

这段话的意思是说我们应当包容各种互相矛盾的观念。在当代社会实践中，我们难道找不到一块共同立脚的石头吗？

绕了一圈又回到本章的开头。问题仍然是如何保证介入前提下的研究发现具有真理性。另一个相关问题是，我们如何使自己的直接介入变得"正当"。在仍然坚持事实与价值二分的前提下，上述问题是无解的。

三

实际上20世纪50年代以后事实与价值二分法已经崩溃。② 由于人类学中《写文化：民族志的诗学与政治学》一书提出的表征危机等说法流行，以及人们声称不再有宏大叙事或元话语等，学科内主张重返本体论问

---

① 约翰·格莱德希尔：《权力及其伪装：关于政治的人类学视角》，赵旭东译，商务印书馆，2011，第328页。
② 参见希拉里·普特南《事实与价值二分法的崩溃》，应奇译，东方出版社，2006；威拉德·蒯因：《经验论的两个教条》，载威拉德·蒯因著《从逻辑的观点看》，江天骥、宋文淦、张家龙、陈启伟译，上海译文出版社，1987。

题的见解不被重视。例如基于事实与价值不可分前提的科学技术研究、主张消除客观主义（objectivism）和主观主义（subjectivism）对立的实践理论或其他强调本体的人类学已经出现。但除了实践理论外，其他的似乎都没有形成气候。[1] 值得提出的是，从20世纪70年代以来实践理论及其主

---

[1] 从分析哲学路径转向本体论的人类学讨论有：Gérard Lenclud 在1996年2月号的 Anthropology Today 上有一篇 The Factual and the Normative in Ethnography: Do Cultural Differences Drive from Description 的文章。该文是从 Hilary Putnam 的哲学出发，讨论事实与价值不可二分的。该文引用了戴维森的核心概念 principle of charity（施惠原则）来说明阐释也受到规范性制约。在社会学和人类学中还有一些追随戴维森哲学进路的论述。它们对表征危机问题进行批评，并试图解决这一问题。这方面可以追溯到1990年代初期。似乎对人类学表征危机的质疑和批评最初是来自哲学界。1992年 James Bohman（波曼）在 New Philosophy of Social Science（《社会科学的新哲学》）一书中，针对 James Cliford（克利福德）和 Vincent Crapanzano（克拉潘扎诺）等人对格尔茨的批评，从戴维森哲学视角，对他们的观点给予批判。1997年 John R. Bowlin（波林）和 Peter G. Stromberg（斯特拉姆伯格）发表在 American Anthropologist 上的一篇文章则是哲学家和人类学家合作运用戴维森哲学观点对表征危机论的批评。在这篇文章中，作者对拉宾诺的怀疑论进行了反驳。文章以戴维森哲学观点为框架，指出表征危机论在知识上是没有必要的或虚假的（也许隐含了其必要性是政治的和道德性的的意思）。进入21世纪以来，戴维森哲学对人类学知识论研究的影响开始显著。以戴维森哲学来推进人类学知识论者如 Elizabeth A. Povinelli 的 Radical Worlds: The Anthropology of Incommensurability and Inconceivability（发表在2001年的 Annual Review of Anthropology 上）。这篇文章接过彻底解释和施惠原则这两个戴维森的核心概念，探讨在"radical worlds"中的跨文化不可共度性问题。作者称："在自由派流散的阴影中'激进世界'涌现出来。"（The emergence of radical worlds in the shadow of the liberal dias-pora.）"激进世界"一词是直接从戴维森的"radical interpretation"一词派生出来的。João de Pina-Cabral 在2003年美国人类学学会（AAA）年会上的一篇文章，根据戴维森的施惠原则，拒绝语言相对主义和不可共度性，坚持翻译和沟通的可能性。另外还应该提到 Richard A. Wilson（威尔逊）的 "The Trouble with Truth"（发表于2004年10月号的 Anthropology Today）。威尔逊的文章认为人类学的表征危机的祸首是维特根斯坦后期的哲学，并认为戴维森的哲学能够帮助人类学解决这些问题。威尔逊的观点后来受到 Knut Christian My-hre 的批评（发表于2006年12月号的 Anthropology Today）。Myhre 的文章题为 "The Truth of Anthropology"。这篇文章批评 Wilson 没有正确运用 Davidson 的观点，并且错误理解维特根斯坦。作者认为 Wilson 将引起表征危机问题的帽子扣在维特根斯坦后期哲学头上是不对的。此外 Kirsten Hastrup 近年在 Social Anthropology 上发表的一篇文章 "Social Anthropology: Towards a Pragmatic Enlightenment?" 中提出，戴维森和 Hilary Putnam（普特南）等人的哲学使人类学进入了"实用主义启蒙"和"地志学转向"（topographic turn）（将当代人类学重视物质性和地志视为地志学转向的内涵）。以上内容摘自朱晓阳《"表征危机"的再思考——从戴维森和麦克道威尔进路》，载王铭铭主编《中国人类学评论》（第6辑），世界图书出版公司北京公司，2008。

张者已经在正面迎击以上的虚假对立。① 而且实践理论成为人类学中坚持将外部世界作为研究目标的有力支柱和最近一轮人类学本体论转向的理论来源之一。

应该强调直到最近一些年出现本体论转向②才使科学与诗相互契合的问题走上前台。从当代人类学本体论视角来看，事实与价值纠缠不再被视为认识相对主义，而具有本体性意义。

在新的条件下，现在的问题是关于价值观念－意义理解的文化科学与客观因果说明之间如何相互介入。对于本章开头提出的问题来说，有两点是关键：其一，受价值观念支配的文化意义理解如何与客观因果说明相契合？其二，有明显动机和有意识的介入行动如何与实证性观察和分析相契合？

四

回应上一节提出的两个问题，笔者认为当下的介入/担当人类学应将介入视为知识获得和求真的内在组成部分。相比之下，目前一些介入/担当人类学者更强调要与当地人分享知识，要克服知识获取的权力和不平衡关系，要与人民一起工作和进行社区赋权等。

> "将知识生产视为'与合作者一起对话中生产'，将'伙伴关系、协作关系和互往性作为其作业的核心。"在这些场合，合作生产的知

---

① 例如布迪厄在1989年的一篇讲话中说："一般说来，无论是人类学、社会学或历史学，社会科学都在两个明显不能相容的观点、两种显然无法妥协的看法之间摆荡，那就是客观主义（objectivism）和主观主义（subjectivism），或者如你喜欢，可以称为物理主义（physicalism）与心理主义（psychologism）（可以带有不同的色彩，如现象学与符号学等）。"此外布迪厄还引述 Reinhrd Bendix 与 Bennett Berger 的话说："这个对立是社会科学里最具杀伤力的成对概念之一。"参见皮埃尔·布迪厄《社会空间与象征权力》，载包亚明主编《后现代性与地理学的政治》，上海教育出版社，2001，第293~294页。
② 参见朱晓阳《地势、民族志和"本体论转向"的人类学》，《思想战线》2015年第5期。虽然介入与求真之间的内在关系是一种建构式关系，但更应当强调介入是有实在或本体性基础的行动。介入行动与实在之间的关系是相互"演成"（enactment）的。因此介入人类学与当下人类学本体论所称的"本体政治"（ontological politics）是一致的。

识好处必须被平等分享,允许互相理解、社区赋权和合作生产结果等。①

"介入"(engaged)包括对我们的报道人的基本承诺、与我们一起工作的社区分享并对其支持、教学和公共教育、在学界和公共论坛上进行社会批评等,直到合作、倡导和积极行动等通常形式。②

笔者赞同"与人民一起工作"是介入/担当人类学的核心,但强调"求真"是整个学科存在的基础。介入/担当人类学也不能例外。因此如何在介入中获得客观和普遍知识仍然是头等重要之事。事实上介入实践正是一条有效的求真路径。这样的说法与实用主义式的认识和行动进路相一致。③

这一进路仍然要从韦伯关于科学实在与价值的二分开始。虽然韦伯关于事实与价值二分的说法已经被否定,但是如果在实践中想将客观事实研究与价值倡导相结合,就会面临韦伯所称之客观调查和分析与价值性主张之间的差别。④

在此困境下,如何使客观调查与价值性主张能够协同?以下是几点建议。第一,按照传统人类学的方式进行深入调查和观察——这是对物理对象研究的要求。通过深入调查从而获得对包括当地社区、人和周遭世界的

---

① Sam Beck & Carl A. Maida, "Toward Engaged Anthropology", *Collaborative Anthropologies*, 2015, 7 (2), pp. 220-226.
② S. Low & S. Merry, "Engaged Anthropology: Diversity and Dilemmas", *Current Anthropology*, 2010, 51 (2), p. S210.
③ 按照皮尔士之说,实用主义信念即"为了确定一个理智观念的意义,人们应该考虑,从该观念为真必然会导致什么样的可设想的实际后果,并且这些后果的总和将构成这个观念的全部意义"。(参见 C. S. 皮尔士《实用主义和实效主义》,冯艳译,陈波校,载苏珊·哈克主编《意义、真理与行动——实用主义经典文选》,东方出版社,2007。)蒯因认为:"但就认识论的立足点而言,物理对象和诸神只是程度上,而非种类上的不同。这两种东西只是作为文化的设定物进入我们的概念的,物理对象的神话之所以在认识论上优于大多数其他的神话,原因在于:它作为把一个易处理的结构嵌入经验之流的手段已证明是比其他神话更有效的。"(威拉德·蒯因:《经验论的两个教条》,载威拉德·蒯因著《从逻辑的观点看》,江天骥、宋文淦、张家龙、陈启伟译,上海译文出版社,1987。)
④ 这种差别与 Davidson 所称之没有心理 - 物理统一法则或"变异一元论"有关。当代如何理解人文主义和科学性之间的关系可以以戴维森的非还原的物理主义或变异一元论为例。

第六章 介入或不介入：人类学的选择

理解和同理心。第二，研究者需要与当地说话者对话，要与当地人民一起工作。双方在面对共同世界基础上进行彻底解释。① 第三，在调查研究和一起工作基础上，试图确认和解决问题。

再次以笔者在滇池东岸宏仁村的介入为例。笔者于20世纪70年代中期在那里作为村民生活和工作了两年。从90年代中期开始，最初是笔者自己，后来（2007年以后）是以团队方式在那里进行参与观察式调查研究。我们对当地的土地、水利、建房、政治关系、习惯法、信仰生活、物质文化和非物质文化遗产、家庭关系、生计生活等做过实地调查，并对其中一些主题持续追踪。在深入调查的基础上，形成了两部民族志、一部纪录影片，以及一些学生论文和专题调查报告。当地一部分人与我们长期交往，建立了友谊，彼此之间未中断接触和交流。通过以上这些参与观察/体验和系统性社会调查，最起码笔者获得了不少关于当地社会文化及周边环境的知识，并与当地人在许多看法方面有共识。因此在2010年当地遭遇拆迁事件时，我们能够依据过去的调查发现提出一些建议和见解。这些建议和见解由于有过去的调查发现作为支撑，一般都能够得到当地人的认可。我们在与地方政府和开发企业进行对话时也显得有理有据。这是我们在那里介入城中村改造能够取得预期成果的重要前提。

拆迁开始以后，我们一面参与当地人的行动，一面研究新暴露出来的问题，并经常与当地人一起讨论和交流各自的观点。在该村的调查既有我们自己实施的，也有由当地人自己进行的。例如老年人与拆迁是我们与当地人之间有共识的一个重要发现。简言之，老年人是受拆迁影响最严重的一个群体。但是在拆迁中老年人属于被漠视的群体，他们的声音基本上听不到。地方媒体偶尔会曝光出一些匪夷所思的新闻。例如昆明地区的媒体曾报道一处城中村改造中，一些老年人因为拆迁没有地方居住，不得不住猪圈。媒体往往将这种情况归罪于拆迁方，而拆迁方往往认为应该是由当事家庭中的矛盾所致，认为已经支付过包括老年人在内的搬迁过渡费。这种现象的背后原因是什么则无人知晓。通过我们与当地人一起研究后知道

---

① 关于彻底解释，可参阅朱晓阳、林叶《地势、生境与村民自治——基于滇池周边村落的研究实践》，《广西民族大学学报》（哲学社会科学版）2018年第1期。

背后的原因为乡村社会的家庭变化，包括作为空间的家户变化。简言之，过去那种老人与儿辈继承者同在一个家户的现象已经不再是常态，村中老年人与儿辈分开吃住已经很普遍。但是两辈家庭的户口仍然在一起也是普遍现象，并且老年人尚在世就将所住房产通过契约或口头处置给了儿子。在拆迁中，拆迁方利用儿辈是房屋所有者的情况，或诱惑或威逼其签订拆迁协议。失去房屋的老年人本来就不习惯与儿辈吃住在一起，更不愿意随儿子家搬到村外的小区房去"过渡"。而且对于有心接纳老年人的儿辈家庭，老年人如若年龄太大（超过70岁），则连房子都租不到。老年人因此往往成为拆迁中政府与子代家庭之间交易的牺牲品。在宏仁村由于拆迁遭遇抵抗，而抵抗的出头组织者基本上是老年人，这才使老年人群体的声音被外来人听到。而且老年人问题就是由村民积极分子的报告先提出来的，我们随后鼓励村民进行详尽调查，并组织学生进行参与观察和影像记录。[①]关于老年人问题的调查、分析和报告成为具有坚实基础的一项发现，我们的介入行动也将支持老年人在村落政治中发出声音作为重点。

　　我们与当地人并非处处一致，对待某些事情的看法开头存在分歧，后来达成共识，但也有些分歧始终没有达成一致看法。例如在看待他们的新村和老村上曾经或现在有分歧。在十年前他们利用征地补偿款修建有502幢房子的新村时，我们对这个水泥的森林是持有批评态度的。但在随着调查深入后，我们的态度发生了转变。当2010年政府启动拆迁项目时，我们站在村民一边为保新村而努力。我们与当地人中的大多数在看待老村问题上也有分歧。宏仁村除居住在老村的老年人外，大多数人不认为老村有保留价值。大多数人或者已经签了拆老村房子的协议，或者在等待拆迁办满足自己的补偿期望后签协议。我们则认为老村（寺庙、照壁、民居、水井系统和村庄机理）是一处有价值的文化遗产承载场所，因此尽力鼓励当地有同理心的人，并通过向各级文保部门报告和建议，将老村保留下来。我们的观点是基于世界上其他发达国家走过的路和中国东部地区的经验与教训而提出的。我们认为老村作为文化财富，不仅仅属于当地人，也属于更

[①] 见本章附录《直接行动民族志——以〈滇池东岸〉为例》。

第六章 介入或不介入：人类学的选择

大范围的公众。这些见解与大多数村民的见解是相矛盾的，甚至与一些主张追随当地人意见的发展社会学/人类学者的看法不同。我们没有隐瞒自己与当地人之间见解的不同。在经过多年的合作和交往后，我们彼此也能够找到一些求同存异的共识，然后先实现一些有共识的目标，将分歧目标留待将来实现。但我们仍希望通过与当地人不断对话和交流，不断利用当下的有利条件，使老村能够保留下来。

在此应指出，与当地人一起工作和确认问题等，并不等于要完全追随当地人的见解，相反应当相信当地人和我们共处的世界中会有超出各自文化范式的普遍性问题以及相应的真理。外来学者与当地人之间对这些问题不一定会有共同见解。而且针对这些普遍性问题的见解可能是当地人提出的，也可能是人类学者提出的。[1]

在进行介入工作时，还有下述两点应铭记。其一，要寻找韦伯所称之信念和科学的"客观性"之间的内在近似性[2]。按照戴维森的观点，这个问题正是康德所说的"自由与自然的必然性这两者不仅能够十分协调地共存，而且必须被认为是必然地统一于同一个主题"[3]。戴维森将此问题化作关于人的"心理事件"和"物理事件"关系问题。他主张这是对同一过程的两种描述，但却是两种互相不能还原的规范性描述。前者基于因果关系，后者基于"合理性"（rationality）。戴维森认为心理事件也是物理事件，但严格的物理 - 心理规律不可能存在。[4] 这是他所称的"变异一元论"，或罗蒂替戴维森命名的"非还原物理主义"。在此前提下寻求"内在近似性"或者采用如拉图尔所说的"对称的人类学"仍然是很

---

[1] 最近 Ingold 在谈到人类学的 engaged 时有与此类似的见解，参见 Tim Ingold, "Anthropology Contra Ethnography", *Hau: Journal of Ethnographic Theory*, 2017, 7 (1), p.24。
[2] 马克斯·韦伯：《社会科学认识和社会政策认识中的"客观性"》，载马克斯·韦伯著《社会科学方法论》，韩水法、莫茜译，中央编译出版社，2005，第11页。
[3] 转引自唐纳德·戴维森《心理事件》，载唐纳德·戴维森著《真理、意义与方法——戴维森哲学文选》，牟博选编，商务印书馆，2008，第459页。
[4] 戴维森认为"变异一元论"是追随康德的观点。参见唐纳德·戴维森《心理事件》，载唐纳德·戴维森著《真理、意义与方法——戴维森哲学文选》，牟博选编，商务印书馆，2008，第459页；理查·罗蒂：《非还原物理主义》，载理查·罗蒂著《哲学和自然之镜》，李幼蒸译，生活·读书·新知三联书店，1987，第427页。

好的路径。① 如上文所说，人类学传统的实证研究和文化阐释仍然是介入行动的认识论基础。就具体方法论而言，近来有介入/担当人类学者建议采用政治和法律人类学领域的"延伸个案方法"（extended case analysis）②。就笔者的经验而言，基于"感受图景"（sensory vision）的影视人类学是与介入/担当人类学天然契合的进路。③

其二，要谨慎看待权力，不应该将权力的意义简单化。在介入行动的场合，既要看到（包括人类学者）的外部权力往往是比当地人更强势的一方，也要看到权力形成的交往性和沟通性面向。因此，要坚持"和人民一起工作"的原则和"对话"方式，使"交往性权力"得以形成。

介入/担当人类学应该生成两种力量。第一，作为介入的"研究"要有"连根拔出"的解释力量。就此而言，最重要的是要坚持按科学研究和文化解释双重方法进行深入调查；要"和人民一起工作"；要有诗的想象。除此之外，如果再有天才的语言使用和概念抽象力，也许能提出"能够规定整整一个时代的'见解'"④并在实践中取得预期效果。第二，作为行动的介入要寻找和形成撬动系统之力。有效的介入应当能够撬动社会系统。这里的社会系统可以用卢曼的自我生成系统来理解。例如社区营造的介入就是要通过交往沟通和对话集合足够的社区力量，使社会系统（例如一个具体村落）运动起来。

如何撬动社会系统？如果以当下经常被谈论的社区营造为例，解决社区营造的核心问题和难题即社区力量从何而来。从以上提出的生成两种力量而言，有如下三点建议。

---

① 韦伯称信念和科学的"客观性"之间有内在近似性（无信念和科学的"客观性"之间毫无内在的近似性）。当代法国人类学家拉图尔（受实用主义影响）提出的"对称的人类学"也表达了类似的思想，但主张用人文主义与自然科学的互相"转换"（translation）来创造出"自然与文化混种物"。（布鲁诺·拉图尔：《我们从未现代过》，余晓岚等译，王文基等校订，台北：群学出版有限公司，2012，第75、218、235、301页。）

② 关于延伸个案方法参见 Ida Susser, "The Anthropologist as Social Critic Working toward a More Engaged Anthropology", *Current Anthropology Volume 51*, Supplement 2, 2010, pp. S227 - S233。

③ 有关这种影视人类学进路，见本章附录。

④ 马克斯·韦伯：《社会科学认识和社会政策认识中的"客观性"》，载马克斯·韦伯著《社会科学方法论》，韩水法、莫茜译，中央编译出版社，2005，第32页。

第一，开展以测度（mapping）为进路的民族志研究，理解社区的场所/地势/生境。测度包括交往和对话等。第二，从当地人眼中地势最重要和最被关注的场所营造开始（不以抽象的或意识形态化的目标为起点），由此可寻得"社区力量"，并撬动其他系统。第三，坚持长时段持续介入，使社区力量不断聚集、兴替和可持续。

附录：

直接行动民族志

——以《滇池东岸》为例

介入人类学与当下视觉人类学的"感受图景"（sensory vision）趋势有内在的和紧密的联系。[①] 在我看来这二者简直是一体两面。

首先，两者的亲和很大程度上归功于21世纪初以来数字影像的迅速发展。随着"全民拍摄"和"全民即时分享"的壮观景象出现，日常生活化的影像采集器材也成为介入人类学者随手可得的工具。数字影像一方面因其采集成本低、传播容易和能被任何人看懂而成为介入人类学者的方便工具和直接表达媒介。另一方面，海量生产的数字影像不仅强化了传统影像的"眼观图景"（optical vision）效果，而且海量数字影像中大多数是即时获取的"感受性图景"（sensory vision）。由于数字影像采集方便、进入门槛几乎不存在，而且成本极低，过去胶片和磁带录像时代必须借助专业设备，精挑细选适合"眼观"的图景拍摄不再需要，随时开着机器成为常态。今天摄像设备变得越来越像"长在"民族志学者身上的器官。感觉器官化的程度之深入，即使退回到十年前也难以预见。因此21世纪初的关于

[①] 关于视觉人类学的"感受图景"，参见 Sarah Pink, *The Future of Visual Anthropology: Engaging the Senses*, Routledge Press, 2006；张晖：《视觉人类学的"感官转向"与当代艺术的民族志路径》，《西北民族大学学报》（人文社科版）2016年第8期；徐菡：《电影、媒介、感觉：试论当代西方影视人类学的转向与发展》，《思想战线》2013年第2期。

影视人类学未来的著述也无法预见视觉人类学与介入人类学今天所具有的亲和程度。① 随时不停记录下的材料中当然大多数都属于不符合观察电影的"坏镜头",但如纳入本章所称之直接行动民族志框架内,"坏镜头"可能是充盈作者感受经历的图景。

其次,介入行动与感受性图景记录有着天然契合。这种契合表现在介入行动过程不仅通过眼睛观察,而且更依赖人的周身活动去体验的感受经验。更重要的是,感受经验的最好记录是通过感受图景来呈现。这正是当代视觉人类学所强调,并能从技术上提供保障的。过去介入人类学与应用人类学一样,在通过传统民族志文本或观察式电影表达时会显得笨拙或"词不达意",感受性经验往往因影片制作成本和技术限制不可能得到体现。但是在 21 世纪,感受性图景借助"植入"在介入行动中的"器官"——微型数字摄像机或智能手机——使介入人类学者的感受经历与民族志表达相互契合和共生共存。我们可以将这种与影像共生共存的介入人类学称为直接行动民族志。我们在滇池东岸的介入活动及其成果《滇池东岸》② 就是一个案例。

这部片子以上文提到的滇池小村村民抗拆迁过程为内容。由于事件之前的调查基础、进入现场的路径和预设价值立场等,民族志作者几乎是和村民亲密无间的积极活动战友。在事件过程中,拍摄者及其摄像机有些像为村民抗议所用的一种武器。从村民的角度,他们是将摄像机和摄影者当作事件的见证和使拆迁人畏惧的利器。与此同时村民自身也因摄像机在场而更卖力"展演"生活。这部片子有以下几点经验值得提出。

第一,如同介入人类学一样,直接行动民族志(电影)过程要以深入的田野工作为前导。田野调查包括参与观察、实证社会学式调查、统计分析、空间测量和数据爬梳等。通过这些科学研究,直接行动民族志过程建立在客观性基础上。

第二,直接行动民族志过程要对所介入的事件、场域及其文化进行阐

---

① 例如 Sarah Pink, The Future of Visual Anthropology: Engaging the Senses, Routledge Press, 2006。
② 朱晓阳、李伟华拍摄的《滇池东岸》(纪录片),2013 年。

释,并将个案延伸/拓展成一种理想类型。在此过程中民族志作者要以情感、直觉等或所谓非理性价值介入事件或活动,并进行诗性表达。

如果没有以上两点作为前提,并使之成为与直接行动民族志影像之间的张力,直接行动民族志电影只会是些看上去很业余的"坏镜头"或言之无物的"美图"。

直接行动民族志要以作者这个行动参与者的身(包括视野)进入事件场域,对事件进行感受性记录和描绘。这种电影会最大限度地保持作者的"身受经历"或"感受经验"(sensory experience)[①]。相比于此,观察式民族志电影和摆拍式民族志电影更多是眼睛乐见的"目观图景"(optical vision)。直接行动民族志在有深入的田野调查支持下,在有从生活世界现象中连根拔出的理想类型统摄下,再加上作者的诗性想象,嵌入其中的"坏镜头"也将闪耀出灵光。

---

① 当代视觉人类学中的"sensory approach"与本章的直接行动民族志相似。参见徐菡《电影、媒介、感觉:试论当代西方影视人类学的转向与发展》,《思想战线》2013年第2期;张晖:《视觉人类学的"感官转向"与当代艺术的民族志路径》,《西北民族大学学报》(人文社科版)2016年第8期。

第三部分 民族志

人类学的理论、进路和方法最终要以民族志为表达。以下两章是日常语言视角的政治人类学民族志。两个案例均根据笔者的"小村"系列研究材料写成。

第七章 从乡绅到中农

最近半个多世纪以来，一般论者认为，乡土社会即使有过乡绅，随着近代国家的建构和当代国家对乡村的长驱直入，他们也消失殆尽。但是一些对乡村精英的研究的缺陷是被去领土化视角下的政治观念史所左右。在此前提下，一些政治观念的长期影响遮蔽了具体时空下的实况。本章与上述研究的路径不同，以地势民族志方式研究乡村领导和社会秩序。基于最近60余年的地方历史，本章试图勾勒出从乡绅到中农，甚至到21世纪自然村社会中隐然延续的结构。本章将探索在60余年间，在国家通过政治/组织路线，对以血缘/地缘为纽带的村落社会进行重新编织的基础上，自然村/村民小组及其领导人对于基层政治生活和社区维系的重要性。

一 问题起源：对老旧问题的重新检视

本章将讨论一个老问题：在现代国家（从清末以来）建设并深入乡村的20世纪和21世纪，农村领导（political leadership）如何延续/变迁，以及农村社区如何整合和凝聚？

在讨论以上问题时，过往和当下的研究使用的词语基本上有以下几种：乡绅、地方精英、代理人、中介、庇护（patron client relationship）、权力文化网络等。此外，近年流行的说法是"地方势力"等。

简单区分一下，到20世纪中叶为止，士绅或乡绅被当作研究乡村社会领导者的一个基本概念。士绅研究是费孝通先生及其领导的魁阁团队的一项重要社会学人类学遗产。但从20世纪60年代以后直到当下的研究中，一般论者都不再将士绅作为描述对象的用语。论者即使将之作参照，也会认为，虽然有过士绅，但随着近代国家的建构和当代国家对乡村的长驱直入，他们已经消失殆尽。大半个世纪以来，国家建立起有效的县、乡和村的基层政权系统，将自治的乡村逐渐纳入国家的控制之中，乡下的村干部越来越变成国家科层制中的准官员，士绅传统基本上在乡村的正式政治中失传。在士绅一词被弃用的同时，"地方精英"① 开始被频繁使用。

在以往研究中，一些是从国家－社会或结构－能动性等维度，讨论乡村干部作为地方"代理人"或国家中介，或将包括士绅在内的"地方精英"视为"经纪人"。与此"（赢利）经纪人"视角有关，当下的一些主流研究会主张乡村社会治理存在"内卷化"，基层社会为国家无力控制的"地方势力"所把持。

以往的研究中，一些会对国家建构的意识形态、政治观念或观念性的制度等进行解读。但这类研究的首先一个问题是有"去领地化"（detrritorialization）取向②。另有一些研究虽然重视地点/场所和具体时间，但缺乏历时性的参与观察。

除了以上这些缺憾，以往研究基本上缺乏对于地方人事－政治与生计技术和地方环境的融贯理解。以往的研究常将生计技术和场所/地势或生境视为社会或文化问题的"自然背景"，而不是将其视为社会或文化的内在因素。

本章与以上路径不一样，将政治视为栖居于特定场所或生境的公共活

---

① 在使用精英一词描述乡村领导时，往往有理性选择这样一种来自方法论个体主义和形式经济学的预设。这是本章所反对的。与此不同，本章基于地方性日常用语描述和讨论乡村领导。这些用语在民国或更早以前是士绅、乡绅或老绅士，在 20 世纪中期以后，则是中农、富农、地主或干部。本章认为，用语不仅是表征，还是具身性的视角。本章主张日常语言视角实在论或非认识论的相对主义，即在否定认识论相对主义的时候，开出了一条本体论相对主义的道路。这种相对主义认为，我们在共同的世界中各自寻求的传统知识，不会曲翻译而被归并到同样的地位。参见朱晓阳《地势、民族志和"本体论转向"的人类学》，《思想战线》2015 年第 5 期；朱晓阳：《乡绅、"废墟"和自治》，《开放时代》2016 年第 4 期。

② 去领地化是人类学从 20 世纪 80 年代中期以来的一个趋向，即不再仅盯住一个村子或固定场所。在人类学领域这是适应研究对象的流动、尺度变大和多地点而出现的研究进路，如追踪"人群流动""商品链"等的多点民族志，或当下国内出现的线索民族志。

动。① 本章不假设有自足的政治主体②，而将政治视为与生计、生境/地势等相互融贯的活动和相应技能。技能在此主要是指生计生产意义上的能力，这些技能在特定的生计环境中会具有政治意涵。③ 本章将生境理解为生活环境，其中包括人（社区）及其周遭的物、基础设施/环境和生计/生产的技能等。例如土、水、道路、家宅、庙宇和社区组织等是一个农业生境的重要部分。本章将这些因素视为与当地的政治和秩序直接联系的，或者视之为政治本身。④ 就此而言，这是一种存在性或本体性政治。⑤ 当然在讨论政治生活时，仅有这种现象学式的描述是不够的，因此本章还关注政治势力，例如国家及其政治组织路线和具体实践对村落的直接影响。⑥ 还应当指出，以下研究的一个特点是以历时性视角审视乡村社会的精英及乡村社会的变迁。⑦

在此值得指出，潘光旦先生的位育概念以及费孝通先生对位育的发

---

① 笔者在《地势、民族志和"本体论转向"的人类学》和《乡绅、"废墟"和自治》等文中，对这一路径有论述。这一路径受到 Tim Ingold 的启发。雅各布·伊弗斯在 Ingold 栖居路径的影响下，有关于四川夹江手工纸业的研究。参见朱晓阳《地势、民族志和"本体论转向"的人类学》，《思想战线》2015 年第 5 期；朱晓阳：《乡绅、"废墟"和自治》，《开放时代》2016 年第 4 期；Tim Ingold, *The Perception of the Environment: Essays on Livelihood, Dwelling and Skill*, New York: Routledge, 2003, pp. 157–171；雅各布·伊弗斯：《人类学视野下的中国手工业的技术定位》，胡冬雯、张洁译，《民族学刊》2012 年第 2 期。
② 这里的自足政治主体是指传统政治社会学意义上的行动者，也是与客体相区别的主体。
③ 例如下文将讨论的农事活动的技能与成为自然村/生产队领导或管理者的关系。
④ 例如农业，特别是稻田社会与"国家空间"（斯科特语）的关系。斯科特在《逃避统治的艺术：东南亚高地的无政府主义历史》中，指出山上和谷底平原社会的一个区别是山下的水稻农业与国家有选择性的亲和力。参见詹姆斯·C. 斯科特《逃避统治的艺术：东南亚高地的无政府主义历史》，王晓毅译，生活·读书·新知三联书店，2016，第 52 页。种植农业（包括稻田和旱作）以家庭为生产和生活单位，是农业的基本秩序或内生秩序。应当说，稻作农业的内生秩序就是国家的秩序。本章后面将讨论的"次绅士"就是稻作农业内生秩序的代表或技能掌握者。次绅士也是更高层政治（国家）和基层联系的中介。
⑤ 之所以将这些人与物相互浸入的关系视为政治，是因为在这种栖居中有政治产生。例如在技术运用和推广中伴随着支配和被支配，在生计活动中（如耕作）出现领导性或示范性的行为或人物，与此同时同一生活环境中的人会追随、参与或抵制这些示范活动或人。这些具有公共性的活动或人经常是在日常生计活动中出现的，没有一般政治表征。这种政治除了具有存在性之外，也是直接性的。
⑥ 有关势力作为社会政治理论的概念，见本书第三章。
⑦ 本章的"历时性"研究路径发端于法律人类学的"延伸个案方法（扩展个案方法）"。参见朱晓阳《小村故事：罪过与惩罚（1931—1997）》（修订版），法律出版社，2011。

挥，及其所用的处境概念与本章所讨论的政治非常相关。①

潘先生指出："西文 social adjustment 为'社会位育'在《中庸》中'致中和，天地位焉，万物育焉'之义，位者安其所也，育者遂其生也。安所遂生，适与生物学家研究生态学后所得之综合观念相吻合无间。"② 实际上，从本书的日常语言视角人类学来看，位育与 adaptation 之间有语言视角差异。③

如从《中庸》和潘光旦先生的解释来看，位育则是一种有伦理价值取向（如"中和"）或人伦本体论的表达，也是汉语说话者的视角。

费孝通在解说位育时，主张以处境替代环境，这非常有意义。他说："但是我嫌环境一词太偏重地理性的人生舞台，地理的变动固然常常引起新的位育方式，新的文化；但是在中国近百年来，地理变动的要素并不重要。中国现代的社会变迁，重要的还是被社会的和技术的要素所引起的。社会的要素是指人和人的关系，技术的要素是指人和自然关系中人的一方面。处境一词似乎可以包括这意思。"④

费孝通以处境来讨论位育，除位育与环境对应关系外（此种对应与孟德斯鸠和莫斯的社会形态学相似），更多了一层技术要素的中介，这是朝前迈了一步，也更贴近当代演化人类学。此外，以处境一词代替环境，还具有汉语述说视角的本体论意义。当然，费与潘一样，没有将技术的要素贯彻到如乡绅所生活的农耕处境中去讨论。

在梳理潘光旦和费孝通的论说的基础上，结合演化人类学和栖居视角的背景，位育或可解为：在特定处境/生境/地势中的生活合宜。就政治而言，技能是位育（包括政治位育）的重要方面，但从合宜着眼，位育更具有伦理的维度。此处的合宜既有适应的意思，也有与西文 decent 相近的意

---

① 潘光旦先生的位育概念是可以被重新讨论，并达到新的境界的一个重要概念。费孝通先生在《乡土重建》中，对潘的位育概念做了更多发挥，将之与处境相联系。位育概念与本章的技能、生境和地势等概念有内在关联，也与过去使用过的 affordance 相关。这些概念都与演化人类学有着共同的思想理论来源。（费孝通：《乡土重建》，载《费孝通文集》第四卷，群言出版社，1999，第 301 页。）
② 潘光旦：《生物学观点下的孔门社会哲学》，转引自潘乃谷《潘光旦释"位育"》，《西北民族研究》2000 年第 1 期。
③ 见本书第三章。
④ 费孝通：《乡土重建》，载《费孝通文集》第四卷，群言出版社，1999，第 301 页。

思，即"正派的"、"得体的"和"适当的"等。

概言之，本章以现象人类学的栖居视角为基本进路，从生计/技能和具体生境中测度政治活动。本章将一定时期党和国家的阶级/组织路线及其具体实践预设为村落精英沉浮和分化的重要决定因素，在此前提下讨论不同层级领导人的区别和关系。本章还将以政治经济学传统的辩证结构分析为进路，讨论乡村社会两级组织和干部之间的互动和结构性区别。

二 田野地点

本章的实地调查地点在昆明滇池东岸的小村。1974～1977年笔者是该村的知识青年。1997年笔者在小村从事过人类学田野调查，此后长期对该村进行追踪研究。自2010年以来，笔者还参与了该村村民抵制城中村改造的活动，并从2013年到2020年，参与了该村的治理活动。

直到20世纪末小村还是一个以农业为主业的村庄，其所在地区是有昆明市"菜篮子"之称的滇池东岸。小村在集体化时代就是一个稻麦与蔬菜混作，以主粮种植为主的农耕社区，1980年代以后以种植蔬菜为主，稻作于1990年代后期完全停止。整个村庄有耕地1700余亩，人口2300余人。小村与相邻的两个小自然村同属一个行政村（目前称为居民委员会）。2003年以后随着昆明城市扩张，小村的耕地被陆续征用完毕，村民的生计来源也从农业转为租房和其他非农活动。在2005年，随着大量耕地被征用，小村也利用国家搞"新农村建设"的时机，在老村庄的边上辟出260余亩耕地，建起有502幢房子的新村。小村人目前的租房收入基本来源于新村。租住在小村的外地租客有2万余人。

小村在2010年被列入昆明市的城中村改造名录。2010年5月昆明市为了建设一个超大型商贸城——中豪螺蛳湾商贸城的二期项目，启动了对包括小村在内的7个自然村的拆迁工作。一年以后，小村周边的村庄都被拆平，只有小村幸存留下。小村人举全村之力抵制拆新村，政府后来不得不下文承诺保留新村。小村的老村在拆迁中被拆了一部分，但由于村民抵制，老村的大部分没有被拆，到2020年底仍有部分村民和租户住在村内。

三 国家与"传统复兴"

透过小村最近60余年的历史,其村庄社会组织层面浮现两种与传统有关的现象。其一是从20世纪50年代以来,在大队/行政村层面,党的组织成员中来自少数几个家庭及"我家人"的比例较大。与此相关,党支部的历任主要领导是从这几个家庭中产生的。追究根源,会发现这些具有家庭网络的党员都或多或少属于土改时期入党积极分子的"我家人"。其二是从20世纪60年代开始,在生产队/村小组层面,土改以前的乡绅或土改成分为中农背景的人及其后人有较多机会成为领导。与前一类人相比,这些人往往是"非党员"。

这一节讨论第一种现象,即土改时期贫下中农-积极分子组成的党组织通过发展"我家人"入党,形成对大队/行政村党支部的长期掌控。有研究者在别的地区注意到了这种现象①,并称之为基层党政组织"家族化"。与此相关,通过党支部/大队/行政村还能够将村内外的好位置或稀缺资源分配给"我家人",这些位置如村学校的教师、赤脚医生、农业科技员,或参军机会等。但是此前的研究者一般都不会从党的政治/组织路线本身的实践来讨论这种路线与家族化的逻辑关系。

本章想强调的是某一家庭及"我家人"掌控党支部现象的出现与党在农村的地位和党员发展特点,或者说与党的政治/组织路线有关。党支部作为农村唯一的合法领导组织,一方面有最高的正式地位,另一方面出于"先锋队"或精英主义要求,长期以来仅吸纳很少数量的村民(开始是土改中的贫下中农)加入②。党的阶级-精英主义与乡土社会的"特殊性关

---

① 杨善华也注意到公社时期大队一级的领导与家族的关系,认为上级(如公社)为了地方稳定,故意在大队的领导配备上考虑各家族平衡。这种平衡并非只有家族一个变量,实际上应包括地缘性平衡。如小村的大队领导从1960年代初开始就是由构成大队的3个自然村各出一人(支书、大队长和文书)组成。这种安排说明自然村-生产队确实是一个重要的经济和政治单位。
② 张乐天的《告别理想:人民公社制度研究》一书提到,浙江一个村庄(L大队)在20世纪60年代中期有党员25名,其中贫农出身17人,中农出身7人,富裕中农1人。但是党支部委员5人中,有2人是贫农,3人是中农出身。(张乐天:《告别理想:人民公社制度研究》,上海人民出版社,2005,第98~99页。)

系"或"差序格局"本是南辕北辙的两种特殊主义，在当代的中国乡村却相互重叠在一起。党要求精选少数先进分子（贫下中农）入党，成为党员的村民则优先选择自己的"我家人"进入党内。党员优先选择自己的"我家人"入党并不违背阶级路线。因为这些"我家人"一般也是符合党的组织路线要求的。例如在集体化时期，一般能入党的村民的成分是贫下中农。

党组织的再一个特点是一经加入便是终身的。这使党组织和党员身份具有稳定性。这比村委会和村小组领导要稳定得多。在集体化和1990年代以前，由于生产大队/行政村的行政领导如大队长和文书是由公社/乡政府任命，因此能获得这两个位置的人都是党员。自1990年代中期以来，村委会和村小组领导一般需要经村民投票选举产生。最近20年的村委会换届选举中，村委会主任或村小组长职位被一个家庭长期控制的局面相比于党组织较少。这与两个位置必须经过数千人投票有关。而且能竞争这两个位置的人相比于党员要多得多。小村1990年代中期到2003年有两任村委会主任，两人都在成为村领导后被吸纳进入党内。但是2003年上任的村委会主任老皮因为个人与支书之间有矛盾，多次写入党申请书却始终未得党支部通过①。老皮2010年辅佐其子小皮参加村委会选举，小皮取代其父成为村

---

① 老皮在小村不属于土改精英及"我家人"网络。他的当选是因为2013年10月征地修路中，村民对当时的主任黄大育和书记张生民不满。黄愤而辞职后，老皮被选为村委会主任。2007年的换届选举中，乡政府试图推举张生民作为村委会主任候选人，但老皮再次利用村民对征地补偿款不能及时分配到各家的担忧，成功连任。老皮当选后，帮助追随自己的刘明成为村小组长。2010年老皮的儿子小皮当选村委会主任，刘明再次当选小组长。老皮与张生民和党支部的关系较紧张，老皮试图入党，党支部会上多次未通过。老皮一家在大队/村委会历史上是一个特例。老皮的背景更像下文将讨论的另一类"乡绅－中农"或"非党员"精英。从政策/制度层面来看，老皮能当上行政村领导与20世纪90年代后的十年间，村委会换届实施海选制度有关。如上所说，在1990年代中期马建（包括当时小组长黄大育）曾以非党员身份被选为行政村领导（1996~2000年），但很快就被动员入党。马建是土改党员马忠和马竹英兄妹的"我家人"之一。黄大育（1996年被选为小村自然村村主任，1998年辞职；2000年被选为村委会主任，2003年辞职）则是新中国成立之前的乡绅黄崇道的孙子。老皮难以入党与其不属于党支部－红家族网络有关，同时也与他和张生民的个人关系紧张有关。在小村历史上其他时期的大队长/村委会主任与党支部没有严重不和，一般行政领导也都是党员。黄大育和老皮父子能进入行政村领导岗位说明那个时期由于改革开放的影响（不再有阶级成分限制），特别是实施村民自治以来，非大队/党支部－我家人（甚至乡绅－中农）家庭背景的村民也有机会突破局限走上更高级的领导位置。在小村老皮因为2005年主导建新村，被村民认为有功于本村。老皮在辅佐儿子小皮竞争村委会主任职位时，也强调"要是没有我家，不可能有新村"。

委会主任。小皮在第二届任期内（2015年）成为预备党员。地方政府意识到自从村民委员会实行海选换届以来，村委会主任一职经常会落入"非党员"之手，特别是会选出些"上面不认可"的人。① 例如小村的黄大育、老皮和小皮父子在一段时期内都被认为是这一类人。这种现象不仅发生在小村。因此1990年后地方政府在进行换届选举时，"提倡党政一肩挑"，即力推党支部书记成为村委会主任。小村的党总支书记张生民在2016年被选为村委会/居委会主任，成为一肩挑干部。总而言之，村委会与行政村党支部之间的差别越来越小。

与"精英－稳定"相并行，国家通过党/行政村（大队）组织分配资源。行政村层面的党政核心成员有更多机会获得稀缺的物质或象征性资源，例如公社时期招收农民参军和当工人，挑选人应从事村内的服务性工作（如小学教师和赤脚医生）等。这些机会往往由大队（行政村）/党支部委员的亲属得到。这些村内的职位往往是由国家系统推行和分配的，是嵌入在农耕社会内的"好位置"，例如村学校的教员、卫生室的医务人员或农业科技组（化肥、农药和农机具推广使用）成员等。因此虽然是依靠党组织，按照政治路线分配资源，但这些资源同时也强化了行政村（大队）/党支部成员的家庭在农耕社会内生秩序中的地位。这些通过党－大队"我家人"网络分配的位置往往是与"新农业"和"社会主义农村"有关的，例如新式农机技术员、农药和化肥技术员、小学教师、医务人员等，而不是传统农事活动中的关键位置（如驾牛犁田）。有些资源分配的短期和直接后果是帮助这些家庭的成员脱离农村社区，例如参军。但实际上大多数参军的人后来都会复员回乡，因此从长远来看参军仍然使这些家庭在农村中的地位得到强化。关键的一点是相比在村里，服役是入党的好机会。服役期间成为党员的人将来会有更多机会进入村庄的政治核心。小村从1980年代初以来的3任行政村党总支书记以及现任村小组党支书就属于这种情况。他们都是村党组织核心成员的"我家人"，因此得到了参军

---

① 经常被媒体曝光的村民换届选举负面消息中时有贿选现象。2016年小村所在地区政府采取海选选出的候选人必须经过街道/乡审查其资格，被认为合格者才能成为正式候选人的方式。

的机会,在服役期间入党,复员回乡后成为党组织领导。

以上提出了一个相关问题:谁是"我家人"?

在滇池东岸"我家人"或"我家的(人)"是当地的说法,指本户的成员和有父系亲属关系的家庭的人,即小村人说的"本家"。"我家人"多以父系关系的男人为核心,也包括嫁入本村的本户的女性及其核心家庭成员。在本章讨论的范围,"我家人"的重要意义是以本村为界限。原因在于"我家人"边界经常是村庄政治中初级联盟和一般联盟划分的界限。①

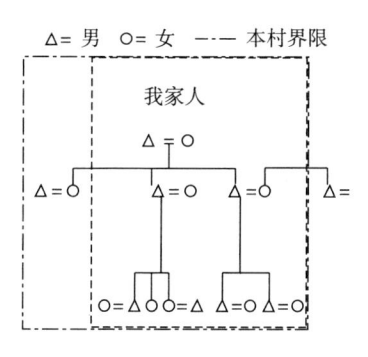

图 7-1 "我家人"

滇池小村的另一种与"党组织-我家人"直接相关的现象是,在行政村由多个自然村组成的情况下,党组织领导更多从自己所属的自然村中发展党员。小村的大队/行政村/社区行政辖区从1960年代初以来由3个自然村组成,其中小村自然村/生产队/小组最大,当前户籍人口2300余人,其余两个自然村分别有300余人。1960年代以来的另一项制度性安排是大队/行政村/社区领导人分别由3个自然村的人担任。这些位置包括支书、大队长/主任和文书。现在行政村/社区党总支有100余名党员,来自小村的有60余人。也就是说小村党员在其自然村总人口中的比例为3%,而其余两个村的党员则占其总人口的将近7%。党员比例在3个村中的失衡与村党总支书记有关。从20世纪90年代中期开始,党支部被其中一个小自然村的张

---

① "我家人"是村委会和村小组换届选举中的"铁票"。在2013年和2016年两届选举中,行政村(社区)村委们因拆迁而结成高度凝聚的党派。为了避免选举中互相竞争,7名村委(包括主任)以入股方式参加,并动员每一村委的"我家人"都投这7个人的票。村民在计算这些人的"铁票"票数时也是基于这7人的"我家人"人数。

生民掌握。张仅在 2010～2013 年期间不任党总支书记。张的父亲在公社时期当过生产大队干部，张是在参军期间入的党。张生民时期发展的党员大多数来自他家的村庄。2007 年小村的前村委会主任老皮抱怨说，"他一个 300 人的小村庄发展 7 个党员，我这个 2000 多人的村子一个也不吸收"①。

党支部很容易出现来自某几个家庭的党员比例过大的情况。而党支部书记和核心成员的位置往往被这几个家庭的成员获得。某一家庭的成员成为支部书记以后，又通过发展自己的"我家人"入党，从而形成对党支部的影响力。

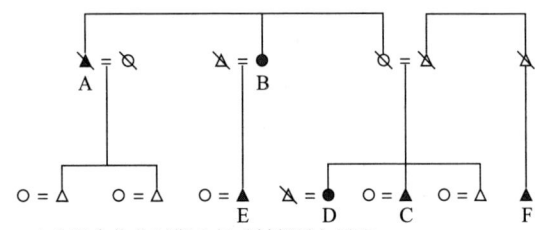

A：土改及合作化时期乡长（村领导）马忠；
B：马忠的妹妹，土改干部、公社党委委员、大队妇女委员；
C：蒋胜利，20世纪70年代末到90年代初大队（乡）支部书记；
D：蒋胜利之妹，党员，70年代小队妇女委员；
E：马竹英儿子，党员，村学校教师，后任社区小学校长；
F：蒋胜利的堂弟，社区（村委会）委员。

图 7-2　土改及合作化时期干部马忠兄妹的部分"我家人"

注：其中涂灰色的为党员身份。

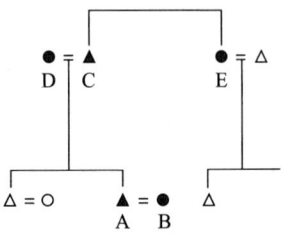

A：郑梁，2010~2013年任村党支部书记，后为村民监督委员会主任；
B：郑梁妻；
C：郑梁父，公社时期大队党支部委员；
D：郑梁母，公社时期大队赤脚医生；
E：郑梁姑妈。

图 7-3　前行政村党支部书记郑梁的部分"我家人"

注：其中涂灰色的为党员身份。

---

① 引自于坚、朱晓阳的《故乡》（纪录片），2009 年。

小村的党支部具有家族控制特点。但这种家族控制党支部，或家族控制村庄内正式领导组织的情况不能简单归结为"封建社会"传统的继续。更应该强调党在农村的特性（如政治/组织路线，强调阶级成分）提供家庭控制正式领导组织的机会这个面向。

以上这种"传统复兴"现象使我们反思人类学关于宗族与国家的一些说法。① 实际上所谓家庭影响，以及家族控制农村正式领导组织是在国家穿透农民社会时，通过一系列复杂的互动而出现的"红家族传承"现象。如果党不是一个领导性－精英主义组织，并能通过正式系统分得稀缺资源，很可能这些主导性家庭及其成员就没有加入的积极性。

在此可以提出的一个重要假设是，如果国家势力进入与"传统文化"相互加强是一种有深刻逻辑关联的现象，那么这里的讨论便提供了理解当代中国乡村社会政治延续性和稳定性的一个面向。我们因此能理解国家在当下乡村社会的正当性基础如何。总之，它绝不如那些秉持"现代－传统""国家－社会"等对立框架的论者所想象的那样脆弱。

四 中农的崛起

现在讨论第二种"传统复兴"现象，即自然村－生产队/小组领导与乡绅－中农的关系。

"党支部/大队/行政村－我家人"并不是小村的全部政治面向。这个因土改而出现并延续至今的社会网络经常占据村庄的上层——行政村（大

---

① 传统人类学往往会将家庭和亲属关系视为非国家的社会的基础，或者将现代国家视为与传统家庭和亲属关系等以血缘为基础的社会之间的断裂。法国人类学家郭德烈（Maurice Godelier）对这种人类学的"真理"给予否定。他认为"国家不仅出现在以秩序、阶级或种姓进行划分的社会，还出现在由各种部落和族群构成的帝国"。莫里斯·弗里德曼对中国东南的宗族组织的经典研究也认为宗族与国家之间的关系不是直接的。历史人类学研究领域现在较多人认为中国的"宗族社会"（如以家庙兴建为标识）是 16 世纪开始的一场"地方社会与王朝共谋，把宗族作为建立社会秩序的基础"。这种基于东南中国的历史研究将"宗族社会"视为最近几百年的新创造，认为"宗族社会对于王朝国家，对于地方社会，都是个方便的建构"。参见莫里斯·郭德烈《人类社会的根基：人类学的重构》，董芃芃等译，中国社会科学出版社，2011，第 153 页；莫里斯·弗里德曼：《中国东南的宗族组织》，刘晓春译，王铭铭校，上海人民出版社，2000，第 174～175 页；科大卫：《皇帝和祖宗：华南的国家与宗族》，卜永坚译，江苏人民出版社，2010，第 13 页。

队/社区)。在与生产和生计直接相关的层面,如自然村－生产队/小组则滋养其他曾经的传统精英。这种现象在1960年代初以后较明显。

农耕社会传统精英经历了从"乡绅"到"中农"的过程。

按照胡庆钧等的研究,20世纪上半叶滇池地区的绅士的一般条件如下:首先要受过相当的教育,其次要有田产和房屋。① 胡根据调查认为有两类乡村绅士:第一类是"领头绅士",即有功名或仕途背景的地主;第二类是次绅士,这是一批受过相当教育未获得功名或未曾出仕的小地主。与胡的分类相似,费孝通指出:"绅士可能是退休官员或者官员的亲属,或者是受过简单教育的地主。"

这些小地主虽然家中土地比一般农民多一些,但平均到个人并不太多,因此都是自己及家人从事耕作,农忙时雇人帮工,其生活状态与自耕农差不多。② 这些小地主或次绅士就是本地的殷实人家。小村20世纪30年代的几个当地人所称的"老绅士"都属于次绅士。这些人的土改成分大多数为上中农。土改时期被定为富农成分者往往因家中缺劳力,不得不雇工种地;而上中农才是真正人丁兴旺,田地多,有耕牛,体现"耕读传家"理想的富裕农民。③

---

① 胡庆钧和周荣德在1940年代昆明滇池地区的研究是关于绅士阶层的实证研究。即便如此,其研究也只是将乡村士绅的土地和农业家庭作为背景,并没有对士绅家庭与农业生计及其生境的相互嵌入进行深入研究。当下讨论传统文化存废者更是多从主观或观念角度论述。这些论述会将"村社共同体"视为儒家主张的"王道"的基础,但少有人注意"村社共同体"的空间实在性。论者一般注意到政治的改朝换代和国家搜刮,但经常将村社层次的状况略过。此外,张仲礼的士绅研究则主要关注士绅与科举制度的关系,强调功名、学品、学衔和官职等背景。参见周荣德《中国社会的阶层与流动:一个社区中士绅身份的研究》,学林出版社,2000;张仲礼:《中国绅士——关于其在19世纪中国社会中作用的研究》,李荣昌译,上海社会科学院出版社,1991。
② 费、胡和其他学者都认为绅士的一个特点是不劳动,寄生于土地地租或其他知识性工作。但从民族志材料来看,次绅士并未脱离耕读传家之"耕"。胡的民族志材料中对此有记录(第90～92页)。另,本章的小村中,几个被称为"老绅士"者都是耕读传家的。
③ 韩丁的《翻身》一书记录了山西张庄土改中,村内被划为富农的唯一家庭是一名寡妇。这一家有田地、驴、大车和农具。这个寡妇的男人早死,寡妇和儿子都不干活,靠雇长工种地。胡英泽、郭心钢关于20世纪30～50年代山西乡村役畜与区域和阶级的分配的研究称,上中农户均拥有的牛和马的数量是1.323头和1.25头,比地主(1.125头和1.0头)和富农(1.114头和1.0头)拥有的牛和马还多。该文也认为"养牲畜的往往是中上人家"。参见韩丁《翻身——中国一个村庄的革命纪实》,韩倞等译,北京出版社,1980,第350～352页;胡英泽、郭心钢:《区域、阶级与乡村役畜分配——以20世纪30—50年代山西省为例》,《开放时代》2017年第4期。

其实滇池东岸农村的贫农与中农和富农间无阶级性质上的差别①。中农、上中农和富农的主要生计来源是靠自己种地，这些人正是农耕社会的楷模。② 生活水平不及中农的贫农以中农、上中农和富农为生活的理想和目标。③ 但是由于土改时的阶级成分划分，农耕社会被按照国家意识形态和当时政治路线分成"贫下中农"、"中农"、"上中农"和"富农/地主"这样一些阶级。国家从此按照这种阶级分类确定政治上的敌友，依靠"贫下中农"及"我家人"建立基层网络，将经济、政治和文化资源分配给其依靠对象，对"阶级敌人"进行剥夺，对中间和敌对阶级实行长达数十年的歧视。从那以后贫下中农与上中农才有了在乡村政治中的明显界限。

（一）人民公社时期乡绅–中农的崛起：生存危机下的选择

小村从1950年代中期到1960年代初经历了与其他许多地方相似的历史，即激进的集体化运动。1954年小村村内成立5个初级社④，1956年整个村庄被并入跨村庄的一个高级社，社长是小村的土改党员马诚。1958年小村和18个村庄被并入国营某农场，成为农场下属的一个队。从1958年开始，整个村庄的生产权统一到国营农场，农产品调配和分配也由农场指挥，全村人进食堂吃饭。1961年小村与两个相邻自然村组成同一个生产大队，村内分成7个生产小队。1969年7个生产小队合并成自然村统一的小村生产队。这个自然村/生产队/小组作为"集体"直到今天仍然是其区域内的土地的所有者。

在生计和日常生活层面，小村从1960年代初开始，生产队（自然村）

---

① 在小村所属的官渡区，土改时期富农占有的土地数量当时在官渡的平坝地区是总耕地的15%，富农人口占10%，富农家庭人均才2亩地。在官渡地区1/3强的土地属于中农，人均1.1亩；13%属于贫农，人均0.5亩。另外，寺庙公学族田占了该地区土地的15%。参见段森《官渡区农业志大事记（1949—1957年）》，载昆明市官渡区地方志办公室编印《官渡史志资料》第二辑，1989，第55页。

② 小村在土改时没有本村人被定为"地主"（除有一家破落地主）。本村有两家客籍地主，一家是昆明的"江西会馆"，另一家是昆明的一个官僚。这些组织或官僚在村里买了地，雇人耕种。

③ 在此可以回应斯科特关于"稻田国家"的论述：次绅士（中农、富裕中农和富农）是国家的"良民"。

④ 这5个社的社员基于居住相邻划分，与小村解放前的5个会所的会员有重合。有关这些会所的情况，参见朱晓阳《小村故事：罪过与惩罚（1931—1997）》（修订版），法律出版社，2011，第89~91页。

的实际领导位置上有乡绅-中农进入。这种状况是在严重的饥荒和生存危机下，因既要保持公社制度的底线——生产队，又要让村民能够生存的双重急需而出现。作为公社基础的生产队的生产和经营要依靠乡绅-中农的勤劳、技能、知识①，甚至道德示范。这些人通过生产小队/自然村使个人/家庭得以保全，其承继的传统得以延续。但是如果说有一种乡绅-中农延续的文化存在，它仅是农耕生境/地势中的一种没有表征的政治和文化，或者说没有官方肯定性表征的文化。②例如它在集体化时代国家意识形态中的公开表征仅仅是"小农意识"或"富农路线"等负面标签。

（二）谁领导生产队？

1961年以后的公社虽然在政治和观念上是社会主义集体所有制，并实行计划经济，但其基础的生产队受传统农事活动及相应技能和技术支配，自然村是农事活动和农业生计的生境。农耕村社内的农事活动技能和技术基本上与百年以前差不多。例如主要种植稻、麦、豆和油菜，实行粮菜倒茬；主要依靠体力投入和身体感知；相应的工具是手工工具（锄、犁、扁担、箩筐）和畜力；肥料以农家肥和城市的人粪尿为主等。③这样一种技能/技术和相应生境的延续提供了村社共同体内生秩序延续的前提。

---

① 从 Ingold 的角度，技能（skill）和技术（technology）有重大区别，技能与西文中的 technique 一致。技能与技术的差别是在做东西（things）的时候，前者为感知的和行为的人力所充盈，而后者则脱离人力。基于这个前提，Ingold 将技能定义为特定人类主体的可行能力，而技术则是具有实际应用能力的、普遍的和客观的知识体。（Tim Ingold, *The Perception of the Environment: Essays on Livelihood, Dwelling and Skill*. New York: Routledge, 2003, p. 330.）该书作者认为，技能和技术并非对立的，特定的感知和行为充盈的人的能力会与普遍的客观知识相匹配。就如建筑木匠的技能与房屋形式、物质材料、工具等属于普遍使用，并有一定规制的技术物相配合。随着这些技术（物）的改变，木匠的技能也被改变（或被消灭）。例如在土木建筑被砖混或钢混结构建筑取代以后，木匠的技能和技术被新的技能和技术所替代。

② 如前所述，潘光旦先生的位育概念是可以用来描述这种乡绅-中农与环境/生境关系的。但是除了在集体化时期这些人的文化缺乏表征外，位育本身也是一个直接将20世纪初的社会生物学和演化人类学之环境与儒家思想的中和位育嫁接的概念。两者之间缺乏中介性的概念。只有在20世纪后半期社会生物学，特别是最近演化人类学的新发展下，例如关系性演化论、生境和技能等概念提供中介链接的基础上，才能被较为合适地使用。

③ 在1970年代大田生产已经普遍使用化肥，但集体的蔬菜地（占大田1/4）村民的自留地仍然使用农家肥。

第七章 从乡绅到中农

　　20世纪50年代以后与农耕技术和生计环境有关的变化主要是水利、电力、一定程度的机械化（拖拉机和电动打谷机部分替代）、化肥农药使用，以及农业高产品种引入等。这些新的技术引入或基础设施完善通过公社系统自上而下实施，其技术推广和相应资源分配有助于建立新的生计环境。一些新农业基础设施的建成影响了地方社会和政治。例如滇池东岸因兴修水利，终结了从自然河沟分水的传统。国家组织农村集体兴修大规模的农田水利网络，从滇池引水和提水，用提水站按计划分配水到网络内的各村。这个水利系统形成以提水站为节点的灌区水利共同体。① 由于农田水利建设和用水的分配以生产队/自然村为单位，生产队/自然村作为农耕社区的框架也因而被凸显和强化。②

　　对土地、水利、肥料、种子、种植技术（密植、轮作等）、植物保护、工具使用和田间管理等农事要素在当地环境下的把握和调配是农业生计技能的核心，也与毛泽东总结的农业八字宪法相关。农业八字宪法中的核心要素既包括传统农事，也有"新农业"或"社会主义农业"的成分（例如水利、化肥、农药和机械化等）。在20世纪集体化时期的自然村/生产队，从事传统农事活动的能力仍然被看重。如果关注当时农业劳动过程的核心要素与人的关系，会发现在农事及其技术方面有能力（包括智慧、知识、经验和体力）的人，加上其勤劳和正派，会被公认为是获得农业丰收的保障。③ 除此以外，"靠老天帮忙"也是重要的信念。村民一般会说："种地这行没有师傅。"这种说法并非否认农业技能、技术和经验的可传授

---

① 灌区范围与1960年代以后的公社行政辖区基本重合。可能的原因是1960年代初包括小村在内的村庄脱离国营农场，划入公社时，公社范围随灌区而定。当时的公社办公室正是在提水站所在地。参见朱晓阳《小村故事：地志与家园（2003—2009）》，北京大学出版社，2011。

② 这种因水利建设而强化生产队/自然村作为社区边界的做法，会让人想到沃尔夫关于国家的进入增强了共财农民社区的观点。

③ 集体化时期的一项重要农事活动是在春耕插秧时节的犁田（驶田）。被挑选出来犁田的往往会被认为是村内能干和能吃苦的男人，因此犁田组（20多人）成员中有一部分是生产队下的生产小组组长。犁田组的组长更是公认的村内体力强，并最肯出力的生产小组长。这个人是全村的表率。在70年代中期，担任犁田组组长的人是一个"成分高"的生产小组长。在1958年"大跃进"时，由于村内很多男人被抽调去修水库，有个别女性党员参加犁田；但随着"大跃进"失败，男人回到村里，妇女就不再有机会从事犁田这一具有"仪式"重要性的农事活动。

性，而主要是指农业生产过程有不确定性因素，例如气候变化等。

在村庄的日常农事活动中，这些精英及其价值都会被村人所识别并肯定。例如村里谁肯出力干活，谁是种地能手，且在为人处世方面成熟，特别是"私心不重"，这个人就有可能成为生产小队领导人。① 在1970年代，小村的两个生产队副队长就属于这种人。再有一种人善于谋划农业生产管理，眼界开阔，有一些今天所谓之"企业家精神"，这种人也会被推举成为农业生产的管理人。小村1970年代中期的生产队长金诚属于这种人。② 村落社会中还有一些能够帮助村民解决精神生活问题的人物。此外，村中小庙住着一个僧尼，庙的公开用途是生产队粮食仓库。僧人在公社时期不敢公开做法事，其公开的生计是为村里人看孩子。她虽然从不参加生产队集体劳动，但每年与其他村民一样，能分配到基本口粮。这个僧人私下里做法事和收徒，村里有一些妇女是她的追随者。僧人在1980年代初离开村中寺庙，到昆明一所著名寺院当住持。她后来将其徒弟派来修缮村寺庙，并成为村寺庙的住持。她的本村徒弟则成为今天村中另一所寺庙"财神殿"的组织者。③

---

① 在集体化时期，这些生产队领导也会利用自己的职权，将亲属或"我家人"安排到村里的好位置上。例如当时的生产队长金诚安排自己的儿子作为生产队唯一的一辆运货卡车的驾驶员。一个资深的副队长的儿子有开耕地拖拉机的，有当小学教师的。但因这两人有丰富农业经验，且管理有方，仍然得到村民拥戴。

② 金诚因为在农事活动安排和从事非农活动方面有能力而获得村民拥戴。他因此在1960年代初期成为小村内一个生产小队队长（全村共7个队）。该队是蔬菜专业队，后来成为全村年底分红值最高的一个队。他最为人称道的功绩是在1967年昆明发生两派武斗，城市管理陷于瘫痪，国家的农业生产计划无人监管时，将生产队的蔬菜拉到自由市场出卖。结果那一年该队的分值达到每10个工分2.7元，一个集体化时期空前绝后的最高纪录。在1969年小村7个生产队合并成一个队时，金诚被推选为副队长，1972年他取代德高望重但年龄较大的队长，成为生产队长。

③ 小村虽然被官方认定为汉族村落，但从其村与相邻的子君彝族村的类似母子村关系，从村中的崇拜物（石虎）等来看，这是一个汉化的彝族社区。村中的财神殿中也有混杂了佛教、道教和彝族的石虎崇拜物。这个村庄的精神世界是一个物、人和灵混融的地方。村中的庙宇是当然的神灵栖居处，或本身就是神灵（如石虎）；村中的水井（特别是"双眼井"）也是有灵的，不能惹。村中传说某几家倒霉是因为"惹（逗看）了双眼井"，或惹了石虎，或某人在1958年建食堂（用村中大庙）时，拿绳子拉倒了佛爷等。很多人家里都设有佛龛，新村的每一家底层都有水井，这些井基本上无人用。村中的精神生活提供者包括寺庙僧人、居家的职业宗教组织者，此外还有基督教组织者和几十名基督徒。除基督徒外，办丧事一般都要请人来念经办灵。该村的精神世界特色还体现（转下页注）

第七章 从乡绅到中农

　　对以上提到的这些人做生活史研究，会发现精于农事活动者一般有中农－乡绅背景，是父系制家庭的男性家长或成年男丁。他们或因其农业生计方面的优势而获得尊重，或因其所受教育程度较高、有特殊技能而被调入自然村－生产队的技术岗位、管理位置或政府的农业部门工作。过去在关于农村集体经济时期社会或历史的研究中，不少人会注意到公社时期（特别是 1961 年以后）生产队领导多是非党员。例如黄宗智的长江三角洲研究和陈佩华、赵文辞及安戈的广东农村研究均有此方面的发现。① 这些研究指出生产队领导一般是具有农业生产和管理能力的人。但是这些研究都没有问及为什么大多数生产队领导不是党员②，更没有追溯这些生产队领导人的土改成分以及他们在民国时期的家庭背景。笔者在早前的民族志中倒是注意到 1960 年代初以降滇池东岸小村的生产队领导身边出谋策划者不少是"传统精英"。这些人的复现在 1963 年开始的"四清运动"中被大队／

（接上页注③）在村人谈及他们与物、灵和动物的具身性视角。例如在日常言谈中，他们将物灵和神灵等混杂在一起谈论。这种言谈的视角不是将人与物灵、神灵及其相互关系视为超人界的，更非"神圣"的，而是将其置于"人"的和世俗的，如同与家中成员或邻人一样的关系的视角。这种状况也包括他们对待家中宠物，如狗和鸟（鹦鹉、八哥等），也会有一种人的具身视角。这种宇宙观让人联想到南美印第安人的"视角论"（perspectivism）。参见 Eduardo V. de Castro, "Perspectival Anthropology and the Method of Controlled Equivocation", *Tipití*: *Journal of the Society for the Anthropology of Lowland South America*, 2004, 2 (1), pp. 3 - 22. 张乐天在《告别理想：人民公社制度研究》一书中提到浙江一个村庄（L 大队）在 20 世纪 60 年代中期相比于大队干部，成为生产队干部的政治要求比较低，例如一个小队蚕业技术员过去是国民党党员，一个小队会计的妻子是地主出身。但是这些小队干部本人不是"四类分子"（地富反坏）。参见张乐天《告别理想：人民公社制度研究》，上海人民出版社，2005，第 99 页。

① 贺雪峰在《新乡土中国》中注意到 21 世纪初的农村村小组组长经常是相当于村落宗族族长或红白喜事组织者的人，参见贺雪峰《新乡土中国》，广西师范大学出版社，2003，第 142～144 页。
② 只有傅高义根据广州的地方报纸资料指出，在 1960 年代初，"生产队的领导在某种程度上回复到自然的农村领导，回复到富农中的'老农'手中"。参见傅高义《共产主义下的广州：一个省会的规划与政治（1949—1968）》，高申鹏译，广东人民出版社，2008，第 266 页。"成分高"或"家庭历史有问题"是这类人入不了党的正当理由。小村 1970 年代中期的生产队队长金诚曾经多次申请入党，但都被当时的大队党支部书记谭正明等支委否定。金诚是外村人，在 60 年代初受小村所属国营农场团委派遣来村里帮助搞文艺，此后便定居在村里。金诚因其背景较复杂，被传为"家庭历史有问题"。其兄当过土匪，本人在解放初当过警察。

党支部一方指为"阶级敌人反攻倒算"。但是笔者也没有深究这些传统精英的复现与农耕社区生计/生活之间的关系。

总而言之,在村庄里,集体(生产队/自然村)的生存必须依靠这类人。集体化时代的正统观念和意识形态是"依靠贫下中农",其结果是贫农和下中农往往聚集在"论出身讲政治"的党支部/大队,但事关一村人生存问题的生产小队往往靠中农、富裕中农甚至富农或乡绅子弟支撑。自然村-生产队不得不选择这类人组织生产,这类人及其家庭因此在村里享有经济和社会的较高地位。这类人虽然因"家庭成分高"不能担任正式的领导,但他们是村庄政治的重要参与者。例如他们以其谋划生产和经营的能力或技能,成为生产队领导或农事活动的参谋,从而处在村庄事务的核心圈。再例如民间信仰组织者以其掌握传统宗教或信仰事务的身份继续为村民提供精神生活方面的服务(包括做棺材和做法事等)。这也使他们在村内保有受人尊重的社会地位。也就是说,包括中农-乡绅背景的生产经营能手和民间信仰组织者或其他有"历史问题"的能人都有机会参与自然村/小队的政治活动和村落秩序整合。①

从政治观念史角度来看,1950年代以后的集体化是国家进入乡村的巅峰,此后在1960年代初随着"三自一包"政策等实施,统一由公社核算的集体经济变为以三级所有生产队为基础。自然村-生产队被承认为"基础",并由于增强集体经济和改善基础设施,其社区框架得到强化。但是在承认这一现实时,从观念出发的研究却看不到这个"基础"是以延续百年甚至千年的农业生计和相应耕作方式为本的②,是以家庭为生活单位和自留地的生产单位,是以自然村(生产队)为大田生产单位。而直到当下仍然成为关注焦点的"土地所有权"一般属于自然村/生产队所有。这种农业生计虽然在水利、化肥和种子方面有很多改善,但仍然要依靠天气等偶然条件,有很多不确定性。这种生计-农耕的技术和地方环境维护了乡绅-

---

① 罗康隆在对黔东南苗族社区的研究中也发现了类似现象,参见罗康隆《社区营造视野下的乡村文化自觉——以一个苗族社区为例》,《中南民族大学学报》(人文社会科学版) 2015年第5期。
② 直到20世纪70年代,农村的耕作方式与汉代农业仍然很相似。关于汉代农业的状况,可参见许倬云《汉代农业:早期中国农业经济的形成》,江苏人民出版社,1998。

中农和民间信仰组织者的精英地位。这个本体性或存在性现实也是中国研究学者没有看到的。

但是本章并不将生产队/自然村领导与大队/行政村-党支部视为相互对立的两端。相反，两级组织中的干部相互间也经常有共享同一个"我家人"网络的现象，并会出现从一方向另一方流动的情况。例如从1990年代中期至21世纪初实行村民自治和海选换届以来，集体化时期因阶级路线下"成分高"而不能进入正式村级组织的乡绅-中农子弟也被选进村委会，并加入党组织。而在1970年代中期，则出现过大队党支部书记用自己信任的党支部委员取代不听话的生产队长。值得指出的是，无论个人家庭背景如何，一旦身处行政村两委的位置，其对上级政府会倾向于比村小组干部更多配合和顺从。这显示出两级组织领导者在与国家关系方面的一个重要区别。

五 村民自治："有实无名"之自然村/小组

本章之前提出应将基层社区生计所依靠的地势或生境不仅看作政治或文化问题的"自然背景"，而且应该视为政治或文化本身。小村个案表明，20世纪中叶发生的集体化运动并没有根本改变那个地方的生计方式和生境。这种地势因素使乡绅-中农成为村落社区的重要势力。现在要进一步讨论这种地势的延续或新营造对地方领导和政治的持续影响。简言之，在国家推动的基层治理"村治"[①]深入和国家推进的城市化高歌猛进的21世纪初，我们会看到这些乡绅-中农仍然能栖居于特殊地势，例如"新农村"之中。而最近的城中村改造又以另一种地势，如废墟或无人区使这些人得以涌现。

虽然这些现象出现在小村这样的地方有其深刻逻辑，但小村本身也是特殊的个案。因此在继续讨论小村个案之前有必要对国家推动的基层治理对村落社区的一般性影响做一些讨论。简言之，21世纪以来的自然村/小

[①] 这里是指由国家推进的旨在增强村委会和村党支部的核心力量的村治。这是最近20年来与村民自治（也是以行政村村委会为基本层面）相耦合的一种双轨运动。

组的政治史是这个社区实体"被虚体化"的历史。这种状况已经成为一些从事村民自治研究者眼中的弊病之一。与此有关的另一个问题是被视为村民自治基本单位的行政村或社区日益行政化。不少研究者批评这一级组织缺乏社区性和与村民自治的要求不符合等,也有一些研究者提出自然村或小组在实现村民自治中有重要意义,还有一些地方政府开始试验以自然村或小组为单元的自治,试图以实施自然村或村民小组自治来重建基层的善治。在中央层面还出台文件指示要"以村民小组或自然村为基本单元开展村民自治试点"①。但是目前总的状况是自然村/小组被认为是"空"的组织。

大多数乡村研究都将行政村的干部和村小组的干部混在一起看待。在实践中,地方政府为了便于控制基层,竭力使村小组虚体化,则将其容易控制的村两委做实做强。行政村层面正是当下基层治理的重点。② 治理的方式如行政村合并、将村两委领导变成"准公务员"、鼓励村领导人"党政一肩挑",以及在换届选举时增加由街道办对村委会和村小组候选人进行"审核"的环节等。例如目前村两委领导基本上都由地方财政发工资,干支书时间超过多少年的有退休金等。在很多地方将几个行政村合并成一个,将国家的哺农资源分配都给到行政村这一级。行政村实际上变得越来越像基层政府,但外表还是村民自治单位。事实上全国绝大多数地方作为农村社区最实在的东西——土地所有权属单位是小组/自然村。

在今天如果不是从与本章相类似的角度调查一个小村式的地方,一般

---

① 从2014年到2018年中央一号文件每年关于这个问题的提法如下:探索不同情况下村民自治的有效实现形式,农村社区建设试点单位和集体土地所有权在村民小组的地方,可开展以社区、村民小组为基本单元的村民自治试点(2014年);创新和完善乡村治理机制,在有实际需要的地方,扩大以村民小组为基本单元的村民自治试点(2015年);在有实际需要的地方开展以村民小组或自然村为基本单元的村民自治试点(2016年);开展以村民小组、自然村为基本单元的村民自治试点工作(2017年);继续开展以村民小组或自然村为基本单元的村民自治试点工作(2018年)。2019年以后的中央一号文件不再提村民小组或自然村的村民自治试点工作。

② 为了解决这个问题,一些研究者提出要要发现自然村或村小组在实现村民自治中的重要意义。少数一些地方政府开始试验以自然村或村小组为单元的自治,试图以实施自然村或村民小组自治来重建基层的善治。在政策层面则有2016年11月中共中央办公厅要求开展"以村民小组或自然村为基本单元开展村民自治试点"发文。此外,2016年的中央一号文件指出,在有实际需要的地方开展以村民小组或自然村为基本单元的村民自治试点。

观察者会说自然村/小组是一个空的、没有实权的村民单位。这样说当然未看到事物的本质，因为这一现象背后的一个重要内容，即集体土地的所有者是自然村或村小组没有被看到。此外这种看法也遮蔽了自然村或村小组仍然是农耕生境的基本单位，是精神和物相融贯的场所等真相。这些"本体"性因素在特定的历史时间和政治经济条件下，仍然会如同在20世纪60年代的集体化时期一样，成为乡绅-中农复现的地势。滇池小村在最近十几年的历史就是如此。

六 21世纪：作为栖息地的"新农村"和老村"废墟"

行文至此需要讨论两个问题。其一是21世纪初的新农村建设何以成为乡绅-中农的栖居场所，其二是拆迁造成的"废墟"的意义。

小村最近7年（到2020年）的变迁与该村自2005年开始，历时5年建成的一座"新农村"有直接和重要的关系。建新村是由当时的村委会主任老皮和支书张生民牵头进行，但背后的推动力是村民对国家低价征地提出的替代补偿要求。

自21世纪初以来，昆明城市扩张非常迅速，小村所在的滇池东岸农业区也开始遭到城市化大规模蚕食。20世纪末这个地方刚开始出现自生自发集镇化现象，但刚进入21世纪，这一趋势就被国家主导的大拆大建和大征地的城市化打断。2004年地方政府要以很低的补偿价格（每亩12.5万元）征收村中大片农地（近700亩），建一个打着公益旗号的房地产开发项目"新亚洲体育城"。行政村两委为了获得村民对征地的合作，向乡政府提出划地盖新农村的建议。乡政府则回应："如果你们保证老百姓不上访，（在）能够保持稳定的基础上，你们就自己去办！"结果是2005年以建设新农村为由，小村从集体土地中一次性划出260余亩，在上面盖起一座有502幢房子的新村。

新村的诞生虽然是村两委牵头下的自然村/小组与政府在土地方面的一次交易，但当时的村两委领导（主要是支书）想按照流行的别墅小区进行规划，并按照城市小区模式进行管理。支书设想在统一建成新村之后，通过招商引资，将村中的底楼商铺承包给某一家企业建成统一的市场，并由其对新村进行统一管理。而在村民的反对下，这几项按照"现代化城市"和"批发市场"标准提出的建议都没有成功。

按照村党支部书记的规划，新村的楼层最高3层，且应当由集体承包人统一建盖。现实情况是村民不同意集体建盖。各家自己盖房开始后，层数都突破3层限制，一般达到5层半，最高者达到9层半。村民的打算是用新房子作为失去耕地后的主要生计来源替代，因此需要较多楼层，且大部分楼层将用于出租。由于村民都不同意将新村交给外来投资者建成一个统一的市场，结果是每家每户自己经营出租房子，楼底商铺也是各家自己出租给个体商家。2007年我们在村里访谈党支部书记时，他将新村建设视为一次失败的行动，声称楼高低不齐，每日能晒到的阳光很少，"住都住不成"。

新村在2010年开始的昆明市城中村改造中成为拆除目标。在拆迁中，区和街道政府以此前近60年建立的"村两委－我家人"网络作为动员机制，最后有78家人签了拆迁协议。这些人家中大多数就是村委会和党支部核心成员的家庭及部分"我家人"①、追随他们的村小组组长、村小组党支部书记，以及一些在本区工作的公职人员（其中一部分也是村两委的"我家人"）。由于绝大多数村民抵制，除了少数几幢村干部的房子被部分拆毁外，新村整体得到保留。新村的存在也是城中村改造在小村"烂尾"的重要原因之一。②

从村民视角，新村是他们的"理想家园"③。今天来看，建新村既是自然村基础上的地势新"营造"，也是小村人在其自然村中农耕生计生活的顺势延展。说得形象一些，村民过去在村里各自种庄稼，现在则各自"种房子"。

---

① 2003~2013年期间小村的村小组组长（前后两人）一个是党员，另一个则是村委会主任老皮的忠实追随者。
② 笔者曾另文讨论过新村作为一种"本体性"或存在性的"物"在城市化和抵抗拆迁中的"中介"意义。参见朱晓阳《物的城市化与神的战争》，载苏力主编《法律和社会科学》第12辑，法律出版社，2013。
③ 参见《给我小村新村农民一个生存的空间》，2010年5月22日，小村档案（内部）。

首先，新村建设仍然沿袭村民在村集体批得的宅基地上各自盖房子的惯例进行，包括地面面积都与过去的宅基地一样大，即不超过100平方米。新村虽然外貌是城市小区房，但其实每一家都独立成栋，整个村仍然以滇池沿岸村庄的"块状聚落"形式构成，仍然按村庄式高密度空间和较窄街巷格局建成。甚至每一幢貌似城市小区房的建筑的空间格局仍然有传统"一颗印"四合院的形制，每幢楼楼顶的半层空余部分大多被建成院子，楼顶大多有佛龛，楼底都有水井。整个楼是一个有天有地的小世界。这座新农村成为此后7年来村民的主要生活和生计来源。

其次，由于村民反对将新村的底层商铺统一承包给外来企业长期作为市场，并统一管理，新村的商铺和住房都由各家自己出租。新村最终形成一个本村人与租房者混合居住，市场与住宅相结合的场所。新村的下水、道路、绿化和卫生等基础设施按城市小区的方式建设，但管理由村小组负责。2016年，曾经主持规划新村的村支书张生民（当年换届后兼任社区/村委会主任）以及村两委再次提出要将新村的"物业"（包括门禁、道闸和市场管理等）整体打包，让企业来承包管理。按照这个方案，以后村民小组的干部将由承包新村的企业发工资。此事在村里再次掀起反对浪潮。在三次村民代表大会和一次村民大会将整体打包方案否定后，村两委不再提此事。村民和村民代表在议论整体打包方案时，主要的反对意见认为，一旦打包出去，生活成本将提高，而且村民将不再掌控新村的命运。2015~2016年村小组内部也曾讨论过如何对待新村管理问题。后来较统一的意见是，新村是一个"市"或"集镇"，即一个集生计/生意和居住于一体的地方，因此不能按照城市小区那样的单一功能（例如只能居住）地方的情况进行管理。更重要的是，村小组坚持新村不能整体打包给企业管理，必须由村民小组和各家各户自己管理。

村小组坚持自己管理新村基于经济和政治双重原因。就经济而言，新村已经成为村小组集体的主要收入来源。村小组每年收取新村商铺和摊贩的卫生费和管理费最少的年头有40余万元，这一数额约占村小组年收入的大部分。按村小组组长的说法，如果没有新村的收入，村小组连门也开不了。从政治角度言，新村不仅使村小组收入源源不断，而且保障其独立地位。因为有了新村，村小组/自然村作为社区的框架再次得到强化。这种强化是在经历了 40 多年改革开放带来的分散化之后发生的。

新村的房租对于每一户村民而言更是一份有保障的主要收入。由于新村建设在分配地块方面是按照抓阄和平均原则进行的，全村当时每家都得到了一块面积相同的宅基地。各家的位置用抓阄方式决定，因此地势位置优劣与否是随机的。建盖之时，村民基本上是用征地补偿款（约每人 11 万元）投资其建筑主体，建成后的新村各家外形和结构差别不大，内部装修程度则取决于各家的经济实力。建成后的租房经营收入最少的人家一般年份是年入 8 万余元，收入高者能达十六七万元。收入高的一个原因是其地势靠近村北部农贸市场，楼底商铺的租金较高。但在如此以平均分配为起点的新村，几年以后村民的分化仍然存在。有 11 家将新村宅基地卖给本村人或外来人盖房，还有几家因家庭纷争（如离婚）、做生意亏损或赌博输钱等不得不将新村的房子出让，另有个别人家为人处世方面粗鄙，与租户不会打交道，因此在房屋出租方面有困难。这些人家有一些成为新的穷人，个别人甚至成了居住在新村公厕或老村公房里的"无房户"。按照村庄传统，村集体应容许无家可归的穷人占住。① 除此之外，绝大多数是收入较稳定和平均的人家。这些人家可以视为在城市化时代，因"种房子"而步入"小康生活"的中农。② 就此而言，新村是一个"自耕农"的世界。这些人家如果 2010 年不是村两委成员、村小组组长或在本区（县）工作的公职人员家庭，基本上都未签拆新村房屋协议，因此都是小村的抵抗拆迁派——"桥头上"的公开或沉默的支持者。值得再次提醒，签拆新

---

① 在小村 20 世纪后半期及 21 世纪初的历史中，每个时期都会有个别村民因无家可归而占了村集体的房子。村集体对这些因个人或家庭原因而陷入贫困的"边缘人"有提供居处的责任。如果小村的新村是一个城市小区，这些穷人不可能赖居在新村的厕所里。
② 2016 年 6 月在新村对个别居民收入支出情况的调查发现，年租房收入最少的为每户 8 万余元。除租房外，如果家里有两人在外有工作，则家庭年收入为 20 余万元。例如一户村民（村委会报账员），本人年工资收入 1.8 万元，其夫开公交车年收入 12 万元。这一家的年收入为 23 万元，支出为 16 万余元。（由金杰提供数据。）有此类收入情况的人家不少。另有一户租金年收入为 10 万元，夫妻两人在附近螺蛳湾商贸城打工，年工资收入 10 万余元。2016 年是经济不景气的年份，新村内的房子不时会有空置，房租也比往年有所下降。

村协议的人家最终只有 78 户，占新村总户数近 16%。

以上提到的第二个问题是"废墟"的意义。2010 年开始的拆迁使小村的老村中一部分建筑被拆除或部分拆除。签了拆迁新村协议的 78 户人家及其"我家人"基本签了拆老村房屋协议。加上其他村民，有 380 余户（按建筑数量计算）签了拆迁协议。① 由于剩余的一多半村民抵制，再加上几年来房地产市场不景气，小村的城中村改造从 2012 年以来陷入"停滞"。从事后分析，小村村民中几乎全数（包括签协议的村两委成员）都不愿意拆新村。但在对待老村问题上村民的意愿则明显分化。老村居住者中有 100 户左右的老人，他们仍然居住在老村，且不愿意从那里搬出。② 其余 500 余个未签协议的户主中，一部分是在拆迁开始的最初两三年相信"要保住新村必须有老村作为'顶梁柱'"的人，另有一部分则属于觉得补偿太低者。今天已经很难计算后两部分人各占多少。但是有一点很清楚，在保新村和老村的斗争中，核心组织者是一批年龄在五六十岁以上的中老年人。他们中的主要领导人是 5 个年龄在 60~80 岁的男人，被称为"五个人"或"五代表"。"五个人"周围有一个由 10 多人组成的"小组"，其

---

① 小村"五个人"中的马大爹 2011 年 6 月写的一份报告中，统计了当时老村"共有住房 890 处，已签字同意拆迁 388 处，未签字不同意拆迁 502 处。还住有村民 130 户"。
② 虽然将老村称为"废墟"，但实际上从老村的老年居住者的角度，老村仍然是一个宜居之处。最近几年村中有土的地方都被村民种上蔬菜，完好的空置房子都被出租住进了人。村里的三座寺庙仍然有人活动，大庙还进驻了职业花灯剧社，每天都有演出。大庙是召开村民大会的地方，大庙门边的老茶室是村中老年妇女每日集聚的地点。此外，老村边有小村人举行宴会的客堂。这座客堂可以同时摆放 160 桌。小村从每年 10 月到来年 5 月以前是请客季，几乎每天都有在此请客的。小村客堂因为地方大，且有大停车场，附近村庄的人也到这里租场地请客。在村里客堂一般正客两天（4 顿），加上开始和结束，一般延续 4 天。按村民的说法，这才叫作请客，哪里像城里那样，在饭店吃上一顿，互相都说不上话。因此，小村的客堂是村民充分交流的场所。此外，客堂请客的成本较低，除了支付厨师（1 至 2 人）的费用其他杂工都是村民互相帮忙。估算下来，每一桌一顿的成本为 250 元。客堂内有老年协会活动室/茶室，是村中男性老人的每日聚集地。办灵中一个环节是在家中请人念经，出殡时将象征性的棺材（竹子和纸糊），连同其他陪葬的祭品（纸钱等）沿老村边绕行，进入新村的大街，再回到老村边，然后在那里将祭品焚烧。另据 2016 年 6 月在小村做的居民生计调查，受访的 4 户老村居民的年收入在 2 万元至 5 万余元，这几户包括有固定工资的退休老人和村小组组长、依赖出租房的和种菜的。4 家的支出和收入比例除村小组组长家为 88%（支出 4.78 万元）外，其余为 26%、47% 和 57%。这 4 家每年都有结余存款。（金杰提供数据）

中有男有女，年龄也基本在五六十岁以上。① 在最初一年，抵抗的目标集中于"保新村"时，参与小组活动的还包括一些在新村买房或开店的外地人。在这个小组之外，则主要是由中年或中年以上的村民构成的"桥头上"。从2010年7月开始到2013年换届选举结束，位于老村和新村之间的大沟上的一座连接桥头变成抵抗拆迁的村民每周三聚会的地点。②"桥头上"聚会在人数最多时候能有六七百人。这些人，特别是"五个人"和"小组"都不属于过去60年形成的"村两委－我家人"网络中的人。这些人，特别是"五个人"有3个的家庭属于土改时划定的中农或富裕中农。

如前所述，在拆迁中，国家是以"村两委－我家人"为动员网络，小村的情况是因抵抗和其他原因，拆迁陷入停滞。由于拆迁运动以强大力度将"村两委－我家人"网络整个儿囊括进去，并在他们签过协议后将其房子拆除，这个网络在一段时间内（2010年7月至2012年初）被真实地连根拔起。在那段时间，村干部不再居住在村里，村内秩序由"五个人"组织"小组"管理着。2012年以后虽然村两委和村小组领导重新恢复对小村的管理，但是村内已经形成两股对立势力。"桥头上"成了2013年以后换届选举中"五个人"一方的"基本盘"。2013年5月的换届选举结果是村两委继续掌握在原村两委成员手里③，村小组领导权则被"五个人"中的

---

① 老人成为小村的长期抵抗组织者和核心参与者的原因有几种：其一，如前文提到，老人多居住在老村，且绝大多数习惯生活于此，不愿意搬出村；其二，老人大多不工作，日常时间主要消磨在村里，有可能成为全职抵抗者；其三，在拆迁中，特别是参与突发性冲突事件（如2010年7月1日冲突等）的年轻人有较高被拘留的风险，因此大多数堵截挖掘机的时候，家中老人一般会自己挺身出面抵挡，让年轻人躲在家中。
② "桥头上"因其在空间上的节点地势，成为小村人定期聚集的地点，"桥头上"甚至成为村中人称呼抵抗拆迁者的外号以及抵抗者认同的自称。张天新分析过这座将新村与老村废墟连接起来的"桥头上"的社会空间意义。参见 Tianxin Zhang, Self-Support and Self-Protection Urban Village Space: Case Study of Hongren Village, Yunnan Province, Paper for "10th Conference of the Pacific Rim Community Design Network: Agency and Resilience", 15 – 17 December, 2016。
③ 村两委成员能当选的原因，除了7个村委的"我家人"网络外，最主要的选票来自与小村同属一个行政村在拆迁中被拆毁的两个村庄。两村的总票数为570余张。由于拆迁，这两个村庄在利益上与小村的村两委一致。在2013年和2016年的换届选举中，两村基本上都将票投给村两委成员。

第七章　从乡绅到中农

刘述戎获得。2012 年以后由于"五个人"内部意见分歧等原因，只剩下 3 个人继续领导村民抵抗拆迁。2013 年换届选举后，这 3 个人成为村（自然村 - 生产队 - 小组）核心领导或顾问。2016 年的换届选举在村小组层面基本上重现三年前的结果，刘述戎再次当选小组长。①

抵制拆迁并成为村核心领导的小村 3 个人中的两个的家庭土改时的成分是上中农。其中村小组长刘述戎的父亲以做棺材为业，土改成分是上中农。刘述戎年轻时候也是个做棺材和家具的木匠。最年长（1934 年出生）的马大爹是小村 20 世纪 30 年代的老绅士马会的曾孙，土改时的家庭成分也是上中农。马大爹从 1950 年代中期就离村在昆明工作，在外入了党，1990 年代中期退休回到村里生活。第三个人叫刘杰，其家庭出身是贫农。但刘杰的祖父家在 20 世纪 30 年代是殷实人家，刘杰的祖母去世后，祖父染上鸦片瘾，家道开始中落。祖父后来抛下村中两个儿子，到昆明开了一间古玩店，并娶了一个"太阳落的老妈妈"（其孙语，意为再婚）。村中儿子因此陷入贫困，土改时刘杰之父被划为贫农。

由上可见，城市化进程中，过去半个多世纪嵌入在自然村/小组这个农耕社会生境内的乡绅 - 中农背景的精英也能够依托拆迁"废墟"——一个具有时间延续的地势/场所涌现出来。

关键在于无论是村民自建、自住和自营的"新村"，还是被抛弃的老村"废墟"，它们都是一个空间上的社区。这样的社区曾经以农耕为本，即使集体化时代也没有将其农耕社会的内生秩序消灭。在 21 世纪的城市化运动中，虽然农业生产及其环境消失，但在村落基础上演化而成的"集镇"空间中，社区秩序仍然得以延续。简言之，有这样的空间存在，其内

---

① 2016 年居委会/行政村两委的选举中总支书记张生民再次当选。张在村委会主任选举中击败原主任小皮，成为"一肩挑"书记 - 主任。张能够当选主任是因为得到以自然村刘述戎为首的 3 个人 - 小组 - 桥头上支持。3 个人在选举之前预测自己一方的候选人不能胜出后，决定"分化"村两委，改为支持 2010～2013 年拆迁期间不在村里任职的张生民。支持张的另一个原因是他来自另一个自然村，对于小村的事务应该干预较少一些。在得到 3 个人支持下，张生民得到小村自然村数百票支持，加上其本村金牌等村的支持，最后以比小皮多 50 余票的微弱多数胜出。小皮的支持者仍然是以原村委会的所有村委及其"我家人"为主。

· 159 ·

就有了乡绅－中农说话和定规的机会。① 小村前些年靠着这些人出头领导反拆迁，后来又在 2013 年基层换届选举时，将他们选进村小组和村民代表大会。

七　不确定的未来

虽然最近几年小村舞台上演了乡绅－中农依托自然村/小组的政治戏剧，但必须承认小村在这个时期演出的这出戏是特殊案例，其"废墟"条件也与因拆迁搁浅这一事件造成的政治真空有密切关联。相反如上提到，同一时期其他地方的普遍状况是基层社区（自然村/小组）经历着"被虚体化"的治理过程。即使小村本身，在特殊历史时期过去之后，其村庄政治过程也从所谓"反结构"过渡（重回）到"结构"的状态。目前的状况是自然村/小组虽然"身子骨"在，外貌却快没了。"身子骨"是指作为"地势/生境"的实体，"外貌"则是指其作为村民自治单位的一系列权利。

例如村小组作为村民自治单位一直有小组公章。集体化时期生产队也有队公章。在村小组组长眼里，公章等同于村小组长的权力，公章意味着村小组是一级独立单位。但 2016 年换届选举之后，地方政府（街道办）不再像过往一样将换届期间暂时保管的村小组公章还回各村小组。从那以后村小组要出具任何文书或证明，在小组长签名后，再拿去村委会（社区居委会）请求代章。此事对于村小组来说是很严重的权力被剥夺。村小组

---

① 笔者在安徽绩溪县一个地处山区的自然村进行调研时，发现这个自然村（村内有 5 个小组，该村与附近 8 个自然村构成一行政村）在 2016 年前后，为应对村两委没有主要领导人（书记和村委会主任）来自该村的局面，经村民选举成立自然村范围的村庄理事会。这个村内居住的大多数是老年人，年轻人基本在外打工，并搬迁到县城或杭州居住。几乎每一家都是这种空间上撑开的家庭。村理事会代表来自村内每一姓氏代表和村民代表，理事会会长则是一个年过七旬的村小组长。理事会会长中农出身，是石匠，从"文革"时期开始就是村内生产队长。另一理事会骨干是曾任过乡党委书记、退休回村的本村人。理事会是在本村在外工作的"旅外人士"倡导下成立的，主要目的是统一维护全村利益，处理和村规有关的事项，例如筹款修仿古戏台、实施自来水安装工程和监督村规民约实施等。

组长刘述戎对笔者多次抱怨：村小组自己的事需要村委会代章，不就是等于要村委会批准吗？更严重的事发生在换届选举后不久。2016年10月区政府网站上有一份题为《关于小村城中村改造项目用地不要求听证的说明》的文件称："小村居民小组的14.9101公顷用地（即老村）已经征得村小组党员、村民代表及被征地农户同意，对项目用地不申请听证。"落款单位为"小村社区小村居民小组"。该文件上加盖社区居委会（村委会）公章，并附有村小组组长刘述戎的"签字"。

以上这些出现在文件中的内容大多数不是事实。区有关部门没有按程序就"同意不申请听证"一事，征询村民代表和被征地村民意见。文件所附的村小组组长签字也是伪造的。

刘述戎很快去相关司法鉴定机构对该文件上的签字做了笔迹鉴定。结果是签名非刘笔迹。此后刘向（区和市）纪检部门打了报告要求彻查。结果是政府网站撤回那份公告，假冒签名之事却无人来查。此事最后不了了之。

村小组公章被收和被冒名签字只是村小组权力被削弱和侵害的一个事例。更多的情况是在日常村政中，村两委是政府实施基层治理的基本单位。与村庄政务和治理有关的重要活动都被落实到社区（行政村）层面。如小村的新村被承诺不再拆除，并被政府列为"城中村微改造试点"后，地方政府组织的所有关于微改造活动都是找村两委承接。虽然村两委在小村作为一个"悬浮政府"，仍然要请村小组落实微改造的项目，但村小组不再像过去几年那样有较大决定权。当然这种小组自治权的削弱也与村小组长个人及其与现任村两委领导的关系有关。简言之，自2016年换届以来，村小组组长刘述戎与书记兼村委会主任张生民关系密切。虽然在征地拆迁问题上刘述戎坚持过去的立场（与张生民对立），但在其他事务上则明显靠拢村委会。按刘的说法，如果不靠拢村委会自己没办法做事。他说："我连盖章都要找村委会，如果不搞好关系一件事也做不成。"

从现象上看，自2016年底以来，小村新村的环境有了很大改观。主要的变化是将过去紧挨排污大沟的烧烤街腾挪到加盖后的大沟上，并用统一的彩钢瓦修成"风情夜市街"。此外还将新村的中心修成广场，成为晚上居民跳广场舞的地方。还有便是在新村的外围修筑了围栏。2017年村的另一重要事务是配合昆明市政府"创文明城市"的活动。从是年5月以来村中的卫生有了极大改观。

以上这些变化是村小组与村委会之间合作的结果。如果不联想到村委会做事总是在配合政府和开发商拆迁征地，以上这些事都是惠及小村人和自然村的"民生工程"。当然这些项目进村也在村内引发冲突。由于其中几项工程牵涉寻找投资合作、租赁乙方或招标投标等，获得工程实施和土地租赁合同的乙方基本上都是村委会主任和村小组党支部书记推荐的单位。虽然在准备和实施过程中也开过村民代表大会，但其程序有瑕疵，而且工程或多或少影响一部分村民的利益。其结果是包括利益受到损害和无关的部分村民对村小组组长十分不满，认为村小组组长刘述戎已经"叛变"，成了村委会的跟从。

对小村当前的状况如果不仅仅从个人层面看，而是联系到以上所说的国家的基层治理重心所在和村小组/自然村"虚体化"等一般性趋势，我们便会看到背后的结构性和制度性原因。简言之，随着国家基层治理的下沉，行政村-社区成为国家与村政交接的基本层面，来自国家的资源都集中在此层面再分配，村庄行政也因而上浮到村两委层面。村两委在基层治理中的地位和权力因此得以强化，而村小组/自然村的权力也随之遭到削弱。

但是如前所述，自然村/小组作为社区的身子骨仍然在。它仍然是人伦-地缘重合的单位，仍然是集体土地所有权的框架①，仍然是仪式性活动的中心（婚庆、丧葬等）。用本章的话来说小村自然村/小组仍然延续着其生境-地势的自足性。

当下的乡村治理自然单位本应是与生境-地势关联的自然村/村寨/小

---

① 按农业部的统计，从2010年到2013年，集体土地归村小组所有的比例没有重大变化，甚至略有增加（从50.85%到51.52%）。变化较大的是乡镇集体经济组织土地从11.35%降到7.36%。同一时期，行政村所有的土地从37.79%上升到41.12%。如何理解这些变化？从我们的个案研究来分析，"乡镇集体经济组织"主要是过去生产大队/行政村办的乡镇企业。

组，这个层级显然应当成为村民自治的关键节点。但是地方政府出于自己的事项考虑，趋向于增强易于其控制的村两委的权力，与此同时着力削弱自然村/小组的自治权。其结果是，一方面行政村并未因此变得更具社区性；另一方面自然村/小组则成了被剥光衣物的赤裸之人，身子骨虽然在，但时时遭遇寒风侵袭。虽然村小组组长在一些事务上屈就村两委和上级政府的要求，但在征地拆迁等根本大事上仍然不敢不听从本村村民的意见。地方政府在推进这种事项的时候，如果遇到来自村小组的阻力，一般会依靠村两委，绕开村小组行事。这种村庄治理使村小组组长这类人处在上下夹击的缝隙中。他们个人感到左右为难，村民自治和村庄治理也因此处在危机之中。

八 结语

笔者在2010年以来介入昆明地区的城中村改造，特别是最近4年介入滇池东岸小村的治理过程中，获得了一些过去不知道的知识。与此同时，过去的一些关于当地的碎片知识或未朝深处追究的印象也得到了集中和提炼。其中一个重点就是这个村落的政治过程和治理。[①]

总而言之，对乡村基层治理的讨论很容易被政治观念史所左右。在这种情况下，一些政治观念的长期影响，遮蔽了具体时空下的实况。首先是关于政治领导人问题。20世纪50年代前后较有影响的观点是"士绅模式"。费孝通、胡庆钧和周荣德等对士绅的性质和意义多有论述，特别是后两位还有深入的田野调查。但60年代以后，士绅模式被批评，被认为不适合研究当时的乡村。这些观点基本上依据现代国家建构或国家深入农村的视角，对乡村社区的干部等进行观察后得出的。这些研究强调现代国家或国家意识形态宰制和组织建构现实的能力。从这些路径出发，乡村社会的领导人被概括为"经纪人"、"代理人"或"国家中介"等，乡村社区在集体化时期被理解为"原子化"。但是这些视角下的研究都没有关注具

---

① 本章的内容一定程度上是笔者在《开放时代》2016年第4期上发表的《乡绅、"废墟"和自治》一文的扩展讨论。

体村落生计和生境对乡村领导人形成的影响。例如大多数研究都没有看到集体化时期生产小队与大队两级干部之间的差别。在这种情况下，容易将体现党的阶级路线的大队（行政村）干部，特别是党支部干部的角色等同于生产小队（自然村）干部。其次是关于国家与传统家族的内在关系虽然被许多研究者注意到，但是这种内在联系的地方性农耕环境和生计面向原因没有被深究。在厘清以上问题后，对于当下乡村社会的治理应当有新的见解。①

本章就此讨论两种乡村领导人。第一种与国家进入农村的组织路线有关，通过这条路线，从土改时期开始，形成贫下中农背景的大队/党支部/红家庭及其"我家人"的正式政治层面。第二种是由于自然村范围的家庭/集体生存需要，农耕社会能人（乡绅、富裕中农甚至富农等）成为生产队/自然村的经营者和管理者。基于这一最近60余年的地方历史，本章勾勒出从乡绅到中农，甚至到21世纪自然村社会中隐然延续的结构。

要言之，国家60余年来对乡村社会的进入确实成功，其通过政治/组织路线，对以血缘/地缘为纽带的村落社会进行了重新编织，并利用这个扎根乡土的特殊网络建立起统治和治理的基础。同时，国家同一时期也因其试图全面控制和计划农村生计/生产而遭遇失败。其失败和撤退，使传统精英得以栖息在村落社会中，并成为影响基层政治生活和社会凝聚的另一重要势力。

本章在讨论滇池小村个案的时候，注意到这里在20世纪以来的历史与因具体的时间、政治经济条件和具体的人而形成的地势之间的关系。但案例在很大程度上与全国其他地方的状况有相似性，即乡土社区的基本单位——村小组/自然村日益遭到"虚体化"的处置。

---

① 例如徐勇和周青年提出"组为基础"的自治。参见徐勇、周青年《"组为基础，三级联动"：村民自治运行的长效机制——广东省云浮市探索的背景与价值》，《河北学刊》2011年第5期。贺雪峰在《新乡土中国》中注意到村小组组长经常是相当于村落宗族族长或红白喜事组织者的人。贺还在《乡村的前途》一书中强调村小组存在的意义和反对合村并组的做法。参见贺雪峰《乡村的前途》，山东人民出版社，2007。在实践层面，前些年云南省大理白族自治州开始进行自然村村民自治试点。2016年11月，中共中央办公厅、国务院办公厅发布了题为《关于以村民小组或自然村为基本单元开展村民自治试点实施方案》的文件。

在党的十九大报告中，习近平总书记指出，要"加强社区治理体系建设，推动社会治理重心向基层下移。发挥社会组织作用，实现政府治理和社会调节、居民自治良性互动"。我们如何解读党的十九大报告的如上内容？或许这里蕴含着破解乡村社区治理不确定未来问题的关键。

第八章　基层社会空间的法

本章首先用城中村改造的一个案例，以家宅为尺度来测度（mapping）法律，或者说讨论社会空间是如何安顿法的。家宅之法勾连了传统的家庭共享权和当代的不动产产权，形成一种法律人类学意义上的不同范式之间的对接。但是当代城市更新中更不可抗拒的力量来自这种对接之上的国家势力及其实施的城市更新运动。其次，本章追溯人类学法律研究从社会形态学传统到当代地势学的发展历程。最后，本章从日常语言视角，用家园、家宅和处境等来讨论地势。这种地势与本章开头案例中的政治势力的兵法有区别。

一

起初这一章准备从莫斯的社会形态学开始，讨论社会形态中的法律，然后再用笔者以前做过的几个案例来论述法律人类学相关问题。由于2020年笔者的长期田野点突然发生的一件事，使本章的写作计划被打乱了。现在笔者要从讨论这个事件开始。以下是笔者在事发后几天所写的有关事件的一篇短文的部分内容，题为《"留住乡愁"不该是句空话——八旬老人和他的百年老宅》[①]：

<blockquote>当下连少不更事的孩子都已经学会了"留住乡愁"这句话。可以说这已经是新时代城市更新的金科玉律。但也只有昆明市某区小村老</blockquote>

---

① 全文见新浪微博，https://weibo.com/u/1275507972?refer_flag=1005055010_&is_all=1s。

村城中村改造指挥部在这个时刻，敢于"冒天下之大不韪"，公然将老村的一幢有百年历史的传统"一颗印"（四合院）建筑喷上"验"和"拆"等大红字。一颗印是什么？称它为云南地方的传统民居建筑典范或"化石"不为过。更让人唏嘘的是，这幢老建筑的户主，年逾八旬的莫正才不仅没有签过拆迁协议，相反，他从差不多20年前开始，多次给昆明市和官渡区的有关部门写信或打报告，要求将这幢祖传老宅列为文物。莫正才最近一次向包括昆明市规划局、昆明市文化广播电视体育局和官渡区文化广播电视体育局在内的政府主管部门递交《关于请求保护古建筑的报告》是2019年2月10日。报告中说：

"……自2010年5月开始，官渡区把宏仁村列入城中村改造范围，此屋便不断遭到骚扰。2015年6月，我曾向省信访局写过报告，由市里转到某区，区文管所的某某曾率领有关工作人员实地考察，但至今未有回复。在2019年1月7日公布的"官渡区宏仁村城中村改造项目控制性详细规划调整"中，宏仁村230号建筑没有被列为文物古迹用地。而在日前宏仁村城中村改造拆迁再次启动以来，拆迁指挥部更是无视这一典型古建筑的存在，将之当作拆迁对象。为了保护宏仁老村传承下来的古建筑及其他历史遗留下来的不可移动文物，我强烈要求将宏仁老村230号列为不可移动文物……"

按照2015年和2019年北京大学、云南大学、中国社会科学院等机构的一些专家学者对宏仁村传统建筑的调查报告，包括莫正才家的房屋在内的该村多处建筑属于"尚未核定为文物保护单位的不可移动文物"。专家的报告称。

…………

莫正才和专家学者的报告至今仍然在某些部门中被搁着或旅行着，莫家的一颗印四合院却已经被喷上了大大的"拆"字。

实际上任何人，哪怕不亲自来到宏仁村，只要看上一眼莫正才家宅的照片，就会认定这是传统文物，这是不能拆的历史建筑。拆这幢建筑就是在破坏文物，就是毁灭文化。

当然，从宏仁村城中村改造指挥部的角度，拆除这幢建筑是合理

图 8-1　莫正才的老屋

合法的。理由是莫正才的儿子已经在拆迁协议上签了字。这就引出了另一个问题：谁是户主？谁有权签拆迁协议？昆明地区乡村社会的一个传统是：老人未过世便将房产以口头形式宣布由儿子继承。但这种继承的实际发生应当是在老人过世以后。在现实中拆迁方为了达到尽快拆迁的目的，往往会劝诱未来的继承人，背着户主，在拆迁协议上签字，然后再来将仍然居住其中的户主撵走。这种事情在宏仁村已经发生过多起。莫正才对这种情况其实早有警觉。而且他已经是第二次面对这种被他人代签的局面。第一次是 2010 年，他发现自家的房子被儿子签了拆迁协议后，自己到拆迁办去讲理，以土地证证明自己是房子的主人。后来拆迁办不得不取消了莫的儿子签下的协议。但是，九年过后，故伎又重演。这一回莫正才的房子上还被刷上了"拆"字。

拆迁办实际上是在利用乡村的礼俗，进行破坏性推进。其结果是使被拆迁的家庭产生不和，甚至父子冲突。正是这样，当莫正才昨天去拆迁办要求取消协议时，对方说："你去法院告你儿子去。"

拆迁办的做法甚至也违背当下国有土地上不动产交易的规范做法。例如在这些交易的场合，不动产交易处会要求所有利益相关者（包括不是房主的配偶和直系亲属）或亲自到场或写下授权书，房屋过户手续才能进行。但是这个以改造城中村为目标的指挥部却可以公开地侵犯莫正才这个正式户主的权利。是的，莫正才正是使用了"侵权"这个词来描述发生在他和他的房子上的事件。昨天，莫正才向儿子说："我就是死也要死在这间房子里。"

…………

上文需要更正的内容是，莫正才几天后到拆迁指挥部讲理时，对方拿出来的仍然是其子 2010 年签的那份协议。请注意，莫正才曾于 2010 年携土地证和户口本到拆迁办去要求协议无效，拆迁办口头答应他的要求。① 莫后来于 2012 年又上书地方政府有关部门，要求政府追查这个违规的行为。

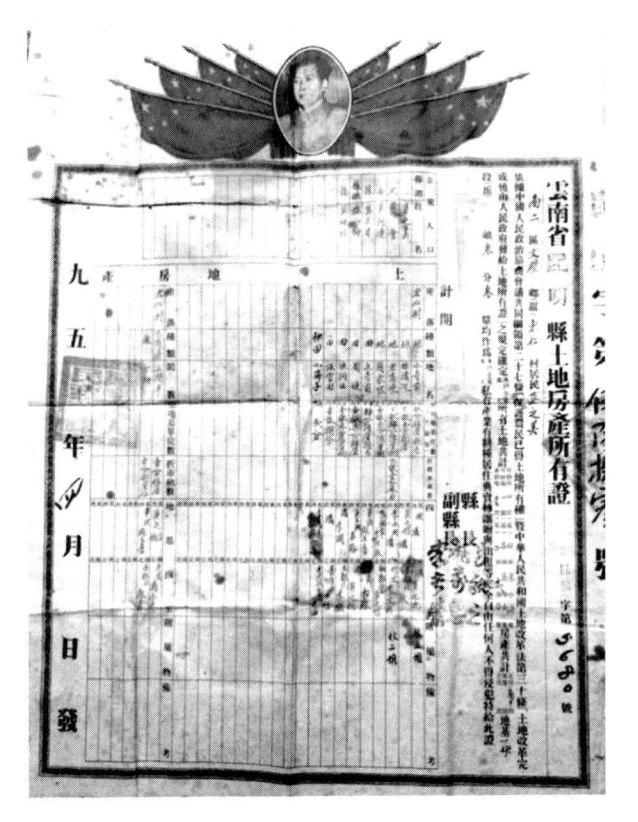

图 8-2 莫正才家 1952 年颁发的土地房产所有证

---

① 莫正才在 2010 年被其子代签的情况，可参见孙超《村庄拆迁改造中的家庭关系与老人生活——以昆明市郊小村为例》，载苏力主编《法律和社会科学》第 11 辑，法律出版社，2013。

以上案例涉及集体土地上房屋产权的一些重要问题，或者说以家宅为本体的共享所有权在城市更新运动①中所遭遇的困境。其中较重要的有两点：第一，谁是这幢老宅的所有者？第二，这幢房子能不能拆？

让我们首先不从法律关于产权的规定出发，而是基本上依据田野调查收集的资料和参与观察来描述莫家老宅的所有权或家宅之法的状况。其次，对家宅法的测度将会顺理成章地引出能否拆这幢房子的讨论。

莫正才的家宅是由一所一颗印②加半颗印（加上外天井）组成的建筑。其形如图8-3所示。

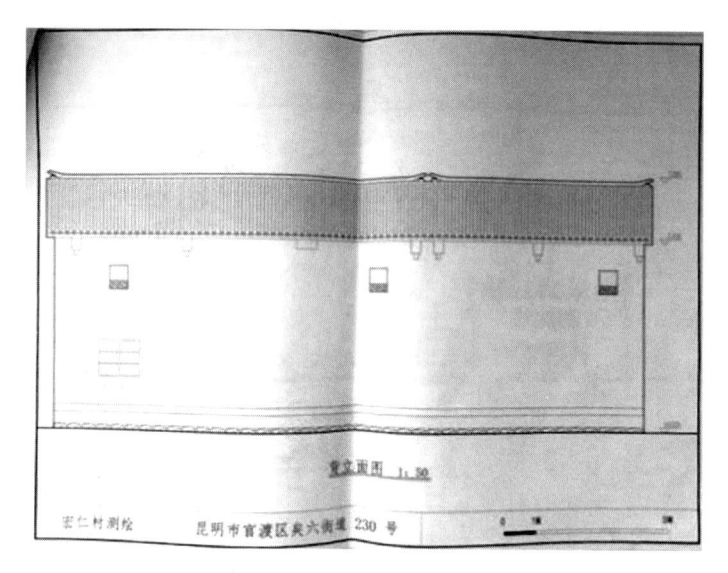

图8-3 莫家老宅测绘图（1）

---

① 本章用"运动"或"搞运动"来描述城市更新，特别是本章所涉的城中村改造是有具体所指的。
② 20世纪30年代建筑学家刘致平第一个发现云南民居一颗印——四合院的重要价值。他对这种融合儒家文化、彝族传统，又适应云南山区环境的建筑做了深入研究。此后这种流行于云南彝汉地区的家宅的文化价值开始被外界认识。如今这种建筑形式被称为中国的五大传统民居类型之一。与其并列的四种典范民居分别是北京四合院、西北的窑洞、广西干栏式和客家的围龙屋。参见刘致平《云南一颗印》，《中国营造学社刊》1944年第1期，第63~94页。

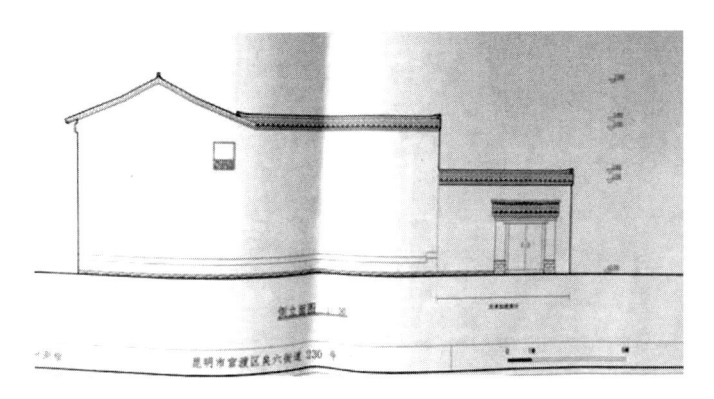

图 8-4　莫家老宅测绘图（2）

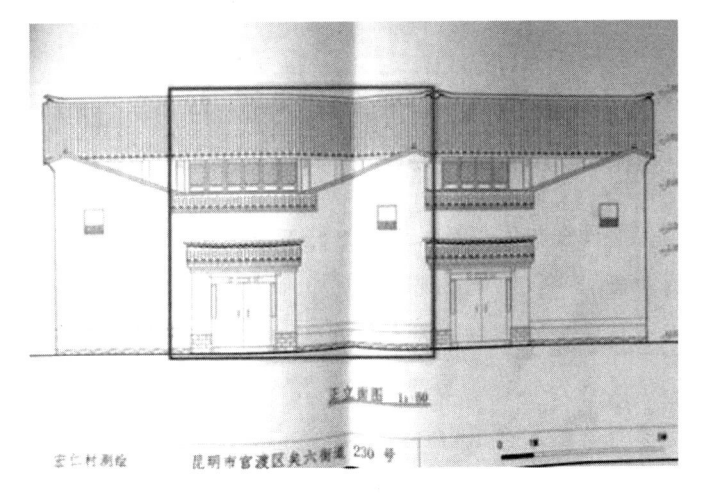

图 8-5　莫家老宅测绘图（3）

这幢建筑为莫正才的曾祖于 1915 年所建，后来这幢建筑被析分为三份，由曾祖的三个儿子继承。莫正才的祖父继承其中三分之一，莫的祖父一脉四世单传，至莫正才及其子辈一直拥有祖父遗留的部分。

1981 年莫正才的堂叔将其所有的三分之一部分的堂屋和对厅等卖给莫正才，因此莫正才家拥有这座四合院的三分之二，即现在莫正才仍居住的部分。1952 年该房屋获得当时昆明县政府颁发的"土地房产所有证"（土地证），莫正才的名字出现在土地证上（唯一在世者）。

莫家一颗印四合院的建造、不同时期所有权变更（包括细节）和居住历史十分清晰，相关文献非常完整。这是在其他类似性质土地上的民宅所

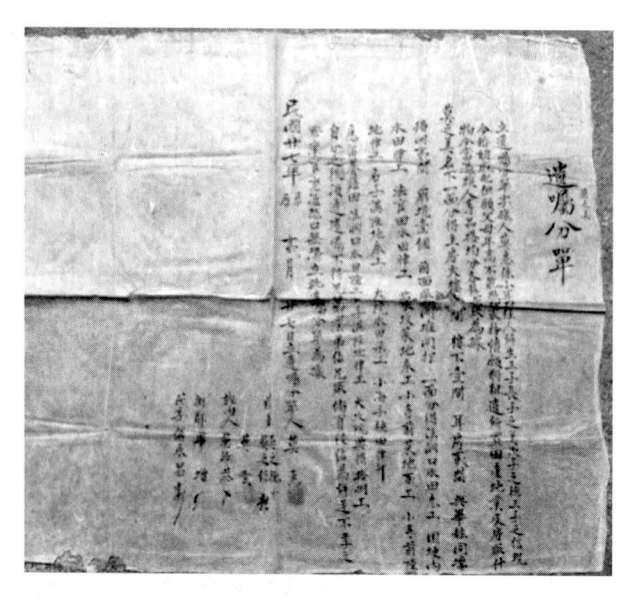

图 8-6　1938 年莫正才曾祖给莫正才祖父的财产遗嘱分单

不大有的情况。现在我们甚至可以用这些文献完整地描绘出以这幢家宅为例的中国百年民居产权历史及现状。例如1938年的遗嘱分单上记载了关于莫正才祖父（长子）分得的田产和房产。这份材料虽然称为遗嘱，却只是针对家庭的房地产，且作为分单之一，只涉及分给莫正才祖父一脉的部分。分单上面有莫正才曾祖口述的理由，"所生三子……现今婚姻成配，但愿（因为）父母年高不能照理家务情愿将祖遗所置田产地业及房产什物今当凭族人等品搭均分各执一张为据"。分单有族内人和街邻为证，有代书人签字。其中还列出"应留养赡田十工（大约3亩）"作为其曾祖父的赡养田。分单既是房屋产权的依据，也是1950年代初土改划分阶级的基础。[①] 莫正才一家当时被划为上中农。1952年的"土地房产所有证"确认

[①] 按照1952年的土地证，莫家6口人，有田地11亩多（其中5亩多为水田），瓦房三间半和打场一块。莫家被定为上中农。土改时期官渡区三分之一强的土地属于中农，人均1.1亩；13%属于贫农，人均0.5亩。参见段森《官渡区农业志大事记（1949—1957年）》，载昆明市官渡区地方志办公室编印《官渡史志资料》第二辑，1989，第55页。莫正才说，祖父家的劳动力较多，田地基本上是自种，因此被定为上中农；相反同院的堂叔家缺乏劳力，雇人种地为主，土改时计算剥削率超过25%，结果被定为富农。这一家长期住在昆明，后来将房子卖给莫正才。

了莫家宅院的居住者（也是共享者），其中包括莫正才的祖父（户主）、祖母、曾祖（由莫家赡养）、莫正才之母（莫父已逝）、莫正才和其妹妹。1981年的"房屋出卖协定书"载明了莫氏亲戚之间的一次房产交易。由莫正才和另外两个堂叔买下堂叔莫兴同宅院的房产。另有两份文件分别是2010年拆迁期间，在拆迁办的胁迫下莫正才儿子与拆迁指挥部签下的关于莫家宅院的拆迁补偿协议，以及2012年莫正才向街道办事处报告要求将其子与拆迁指挥部签的协议宣布为"无效合同"的文件。

将不同时代的房产交易文件进行比较很有意义。这些文件虽然是针对不同的问题的，所涉及的人事也不相同，但是有一点是所有文件都涉及的，即所有者。例如1938年的遗嘱分单是由家长，即曾祖莫惠主持分配，遗产继承人则仅列出莫正才的祖父，即儿子一人。其他家人，如其妻和其子等均不列出。1952年则是国家（县政府）颁发的"土地房产所有证"，所有者单位是"户"，列出"本户本人"和"全家人口"。文件确认所列土地和房产"均作为本户全家本人私有产业"。1981年的私人之间买卖房产合同上甲方（卖方）包括莫正才的堂叔及其儿子，买方（乙方）则是莫正才。2010年拆迁安置协议则是儿子背着父亲与拆迁办签的。

莫家房产的交易历史和文书显示的家宅法的特征有以下几点。首先是以父权为轴心的房产权所有，例如给予（出售）方均为家宅的男性。其次，在将近90年及其间社会制度发生重大变化条件下，家宅法呈现承袭性或延续性。延续性体现在例如虽然契约文书都以户主为所有者，但家长仅是家宅的代表。其他家庭人口虽然是共享者，但名字不出现在文书中。只有1952年国家颁发的土地证确认"全家人口"为房产所有者。最后，家宅为家庭成员所共享、继承人明确和继承发生时间模糊则是家宅产权非排他性的特征。这种特征既有使传统法与现代法灵活地对接的可能，也留下在21世纪拆迁时期拆迁人能够钻空子破坏家宅法的空间。

莫正才从一出生就在这所家宅居住。1950年代中期至1993年他在昆明市的国营单位工作，但家仍然在这所房子里，其妻子和儿子仍是农民。莫正才虽为国营企业（农场）干部，有城市户口，但在昆明无房产，仅有单位宿舍寄住，一放假就回村里的家宅居住。莫正才 1993 年退休后，户口也转回本乡，户口登记住址为宏仁村 230 号。莫妻于 1994 年因病去世，此前其子在这所家宅结婚，正房的楼上是当年儿子的婚房。儿子家在 2005 年分得一块宅基地，并在其上建成新宅（在宏仁新村）。儿子一家此后搬入新宅，老宅仅剩莫正才一人居住。莫正才的儿子是独子，虽然与父亲分住不同地点，但按本地规矩，这不算分家，其子仍是莫正才家宅的成员，仍然是其继承人。

乡村住宅的户主虽然是一个主要的所有人，但与当下的不动产证上的业主并非同一含义。户主在此与家庭的主人同义，例如 1952 年的房产土地证上所写的居民莫之美（莫正才祖父），其他人则在全家人口内列出。家宅的所有者是共享同一家宅的成员。家宅是一套父系血缘的差序格局关系的实物体现。多子生长在家宅中，在结婚分家后父母将会或者分割家宅的一部分给分出单过的儿子，其状如莫的曾祖给三个儿子分配家宅那样；或者为分家的儿子在外建房。父母则与负责赡养父母的儿子继续居住在家宅内。家宅的女性子辈成员虽然出生和长大在此，但出嫁之后便不再是家宅的所有者。例如在 1952 年的房产土地证上有莫正才的未婚姐妹的名字，将其作为家庭人口之一。按照传统，家宅成员的女性配偶，如果发生离异并再嫁或夫死再嫁①，其不再属于家宅成员，也不再具有家宅的分享权。② 这种情况与女性的土地承包权一样。因此，对家宅的共享权是以父系为轴心的家庭成员的居住和共享权。这种权属既是亲属制度的规范要求，也是因实际居住而形成的权利。

二

实际居住在多大程度上演成对家宅的部分所有权似乎情况较复杂。实

---

① 如莫正才的父亲于抗战时期被征兵，死于服役期间。其母未改嫁，仍然属于家庭人口，因此也是家宅成员。
② 公社时期有夫妻离异后，前妻仍然在前夫家的家宅内空余的房子里，或者将家宅分割出一部分给离异的妇女居住。但这些妇女一般都没有再嫁。

际居住形成的往往是对家宅的事实占有①。这种占有如果没有亲属制度规范的支持，则不会得到"所有"的名分，但在例如拆迁中，实际居住者仍然能得到或多或少的补偿。② 如果实际居住者有传统家宅规范（往往与父系亲属制度重叠）的支持，例如本案例中的莫正才本人，其对于家宅的处置决定权就会十分重要。在这里，莫正才既是户主，又是一家之长，同时又是长期的实际居住者。一般而言，仅凭户主和家长的地位，莫正才已经是其家宅共享者中（其他包括儿子及其家庭成员）最重要的一个。但应当强调，莫正才除了这些名分外，其一辈子居住于斯也是他对这所家宅拥有所有权的原因。笔者认为，莫正才虽然用户口本，用1952年的房产土地证，用家庭谱系和数代分家析产的物证或口述证据等，证明自己对于家宅的处置权力，但从拆迁办和莫的儿子方面会认为莫正才已经立下遗嘱（口头）将房子确定为由儿子继承，因此儿子可以作为户主签拆迁协议。当然这种做法与习惯的遗嘱分单并不相符。例如莫家的1938年遗嘱分单上还列出"养赡田"若干，作为曾祖父的生活来源。而莫正才在主张自己的权利时，主要依据国家当时的法律。例如他在2012年致街道办的报告中说："《继承法》第二条'继承从被继承人死亡开始'。至今我还健在，谈不上其他人继承。"但村民中也会有人认为，既然已经说"归儿子所有，人家就有权处理"。这里出现的情况是下文将谈的一种兵法局势而使延续百年的家宅法断裂。因此，莫正才在提出权利主张的时候不得不提到公民的居住权。

这种被他表述为居住权的背后实际上是他在这所宅子里的长期实际居

---

① 本章关于实际居住的描述可以看作方法论意义上的栖居进路的体现，看作这一进路的具体方法——测度的使用。笔者认为对于家宅之法的理解，只有通过对实际居住的测度才能把握。这是在讨论空间与法的时候必须强调的。关于测度，Ingold 指出几个特点：其一，它更像一种故事讲述，当地人不一定知道一统的（如同钟点时间一样的）空间中，自己所处的位置，但是能够用包含历史的位置或地区；其二，mapping 在时间中运动，这也是真正的世界；其三，mapping 是开放的、继续的，总是导致下一个 mapping 的例子和下一幅地图，mapping 的情形类似摸着石头过河；其四，mapping 相当于 wayfinding（找路）。Mapping 一个重要意义是通过这个路径能够进入土著的世界或生活形式，能够发现地方的规范或法。
② 这种情况类似以租住形式长期居住在国有企业单位房子或房管所房子的居民。这些家庭在城市改造中，如果是在国有土地上，其居住权利一般会被以补偿的形式得到承认。

住。这很重要，但他提到不多，其原因可能是他这样的住居现实和历史在他参考过的法律中找不到表述。但就这所家宅而言，笔者认为他在此居住80余年，与这所宅子可以说是互相演成了今天的现实。这种现实应当成为所有权的一个重要方面。

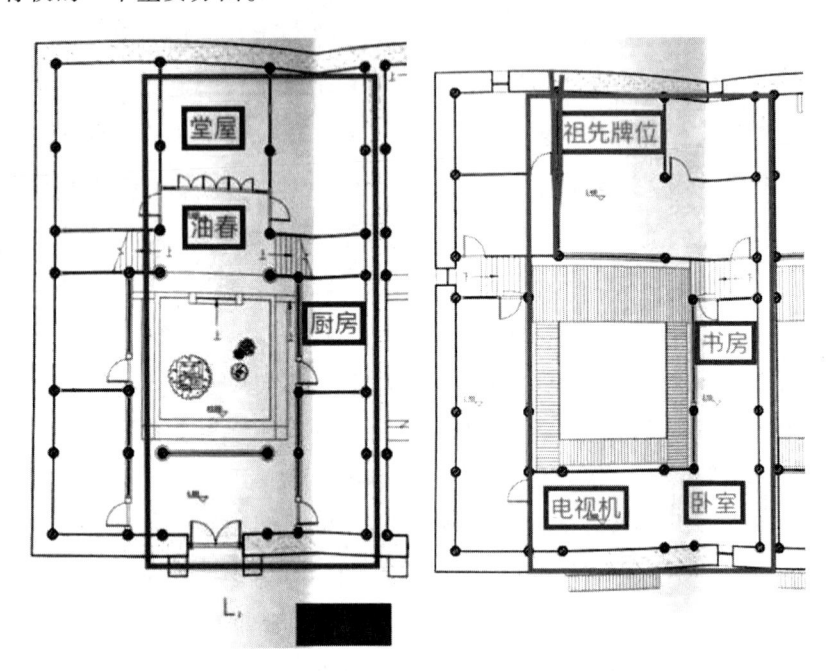

图8-7 莫家内部功能分布（左：第一层；右：第二层）

讨论住居历史和现实，可以先从认识莫家宅院的一颗印建筑形制开始。最早研究这种建筑的刘致平先生认为，一颗印的以下几个特点尤其突出。其一，在空间上完整体现礼俗社会形制；其二，具有高度地方环境和社会适应性。例如天井的尺度与古制和地方环境都有关系。再如"一颗印住宅实一碉堡式住宅也。此种住宅分散田野，则自成堡垒，如涧山密集，构成村落时，尤可节省地面，而一旦有事则即是鸿沟"[①]。

莫家的这所四合院的形制和空间格局虽然保有其初建时的面貌，但在莫正才长期居住，特别是其个人占有的最近20年，房屋的功能已经有较大变化。例如堂屋楼上的正房的北墙前现在供着莫家祖先的牌位（最远至其

---

① 刘致平：《云南一颗印》，《中国营造学社刊》1944年第1期，第63～94页。

高祖，共五代）。本地供祖先牌位的一般位置有的是在一层堂屋的北面。堂屋外的"油春"——面朝天井的外露平台部分，被设置成一个会客厅。其西边有供来客坐的椅子和沙发，东北角是莫正才的小书桌和椅子。在传统家宅形制下，这部分是家宅成员公共活动的地方。这里面朝南方，日照最多。这里平日可能是孩子玩耍、大人聚集聊天的地方；秋天可能会是晒农作物、冬天晒腌菜或人晒太阳的地方；这里一般不得为任何个别私人物品完全占据。目前的客厅安排显然是因莫正才单独一个人生活需要而做出的调整。以前提到，堂屋和油春是莫正才从其堂叔处购得的。莫正才等与堂叔莫兴的买卖合同约定："油春，所有权属莫正才，莫勇（购买部分正房的另一亲戚）及其后代可自由通过，对厅下面，西边属莫勇过道，东边属莫正才过道，天井两家共同使用，任何一方不得占用。"

四合院的二层被调整过功能的地方还有耳房和对厅。朝西向的耳房被安置成书房，其中有面朝窗户和天井的书桌与椅子，还有书架。耳房与对厅部分被打通，一部分成为莫的卧室，对厅的西边放着电视机。在传统的乡村一颗印家宅中，长辈的床一般会在一层的正房内，厨房（耳房）的楼上一般不住人，通常作为储藏室。但碉堡式的一颗印正房无窗户，终年照不到阳光，而朝向天井的耳房楼上日照充足。莫正才因此将书房和卧室调整到耳房的二层。

图 8-8 祖宗牌位和书房

按刘致平先生的研究，一颗印的天井非常有讲究。他指出："惟天井一事，其位置居中固为国内四合房之常制，但其形小而高深，则非他种住宅所得见者。此种小而高之天井，以常例断之，似于住宅之通风采光及容纳骡马牲畜等稍感不足，但在云南确无甚问题。盖云南风大，房内通风实无甚困难，而地近赤道，阳光入射角较北方大。天井虽小，其直射光及返射光均强，昼间尚可足用。"[1]

莫家一颗印的天井保留着原初面貌。伴随着莫的长期生活，这里形成了一个包括天井在内的小生境。这个生境可以用极简或生态可持续等当代环保主义的辞令来歌颂。但于这位老人的实践而言，很大程度是由于他的节约、简朴、自律、使物尽其用的秉性、闲不住的手脚等，总之是他的勤快与周遭的物质条件演成了一个世界。他在四合院的天井南边放了一口大水缸（高约一米），用来收集从屋檐落下的雨水，院子里栽了桂花树和珠兰等植物。收集起来的雨水用于浇灌植物和除饮用之外的生活需要。莫正才曾告诉笔者他的自来水用得很少。吃剩下的食物被他用来喂鸡和鹅，或者在外天井做成堆肥。在天井西北边，靠着楼梯的外墙上还有蜜蜂筑的一个巢。蜂巢在那里形成已经有好些年。笔者第一次注意到它是在2010年。蜂因此也是这所家宅的居民。外天井的一部分因为隔壁院子被荒废，莫正才在原猪圈（已经签过拆迁协议）的地方，用栅栏围住，里面养了其孙子寄养在此的几只鹅。每年雨季来临之前，莫正才便从正房二层的窗户爬到房顶上去薅瓦沟里的草。他直到最近一次生病（两三年）前仍然这样做。

以上这种住居现实是在过去几十年中由作为物的家宅和居住者相互缓慢演成的。其中有按照家宅法的规范操作，例如莫正才对堂叔家的堂屋、天井和对厅的购买和使用；也有基于个人生活方便做出的调整，例如对油舂和耳房二层功能的重新安排；还有在其他业主长期不使用自己房产的情况下，实际居住者进行的占有，例如在外天井建的家禽农场。

---

[1] 刘文关于一颗印的形制和天井有如下解释：现在仅知一颗印制度与我国古制相似之处甚多：(1) 平面布置颇似九室之制，其天井即在九室的中心之分位；(2) 宾主出入须经倒八尺屏门两侧分两路，沿左右耳房阶沿出入，与西礼东西两阶之制相合。参见刘致平《云南一颗印》，《中国营造学社刊》1944年第1期，第63~94页。

第八章　基层社会空间的法

为什么要描述莫正才家宅的住居现实形成的各种细节片段?[①] 简言之,这所家宅和莫正才相互浸入的世界正是家宅之法本身。在百余年和四代人的栖居中,特别是莫正才80余年居住于此,以及最近20年的独自栖息和调整中,这里生成了自己的现实或物、规范、尺度、经济、惯习、意义、价值、伦理和功能等。传统的实证社会科学不讨论非观察现象之外的东西的意义,实证的法学的事实也不包括住居史中不可言说的和非理性的东西。但是这些因素确实影响生活世界中的人,影响他们规划与其世界相合的法。用韦伯式的话说,这是概念和被把握之物之间的"非理性嫌隙"[②]。这些"非理性嫌隙"在城市更新和房屋产权变更的活动中有着生死攸关的意义。[③] 请注意,莫正才对劝他搬家的儿子说过"我就是死也要死在这间房子里"。他用这句"非理性"的话,喊出了80余年居于斯、建于斯的真理。这声呼喊昭示了家宅栖居的"活法"[④]。

不妨再直白说一句:莫正才与他的房子互为命根。因此,他经历搬迁就是拔根,当然就是夺命。民间说法中有"老人不能搬动",说的就是这个道理。我们正是从这种生与死相照面的真实瞬间,见识到法律的本体。如果说当下人类学本体论在何处超越了后现代人类学的表征论,此处揭示的"人-物命根"正是一例。或可说这是现代-后现代论争的一个"终止点"。

无独有偶,在莫正才喊出这声"死不离开"之前一个月,同村另一位

[①] 关于家宅形制和居住者关系方面的经典研究,一般都会想到布迪厄对柏柏尔家屋的研究。在那篇文章里,布迪厄从貌似结构主义的分析入手,以北非柏柏尔人的生活形式将家屋空间的分类、规范、功能、意义和价值等与践行者的倾向性(disposition)之间相互互动想象出来。[P. Bourdieu, *Outline of a Theory of Practice*, R. Nice (trans.), Cambridge: Cambridge University Press, 1977.] 布迪厄的核心问题是"习性"(habitus)如何在环境条件与倾向性之间,于机遇结构下形成。这种路径与本章基于个人和家庭生命史的家宅之法的测度有所区别。

[②] 转引自裴电清《从国民经济学到理解社会学——韦伯文化科学方法论的一条线索》,北京大学社会学系讲座,2018年11月。

[③] 用"生死攸关"来描绘并不是修辞,不是如下文提到的桑托斯那样的后现代法律学者所称的那样。笔者观察过昆明的拆迁中,一些老人死亡的一个原因是一般所称之"老人不能搬"的状况遭到破坏。下文的宏仁老村另一幢一颗印(139号)的居民田老太太是一个例子。

[④] 在当下的社会语境中,一般都会将莫正才式的主张或抗争视为"坐地要价"。这种受到形式经济学影响的法律观已经深入人心。而从后现代法律人类学(如桑托斯)的视角来看,莫正才与其家宅的关系及其居住权利的主张不过是"被压迫者"的法的"修辞",并非本体性的差异所致。

住在一颗印中的田姓老太太死在老屋里。老太太年过八旬，是一个盲人，终身未婚。如莫正才一样，老太太一辈子住在祖辈留下的老家宅中，平日由自己的侄女家送饭和关照，这家亲戚是老太太的房子的继承人。在2020年的拆迁中，侄女家将老太太的房子签了拆迁协议，承诺将把老人搬到新村去好好照顾。老人则在房屋被签协议后不久便死了。

回到上文关于实际居住的话题开始处，这种实际居住是当下考虑不动产的产权时应当得到承认的。如果法律应当有根本的话，这种长期实际居住便是房屋所有权的一个重要根源。①

至于房产继承，莫正才案例已经说得很清楚了。按照传统，父母会在在世时候，请来证明人证明，将房产的分割以口头或立字据的方式赋予负责赡养者，如1938年莫正才曾祖的遗嘱分单那样。这时候会写下"某某名下一面分得大房二间"。实际上这是指这个"某某"儿子是家宅的"继承人"，并不是说这个某某于字据立下或许诺做出之时就是家宅的独一所有者。只要父母还在世，继承人就不能宣称自己是家宅的唯一主人。

在拆迁期间这样一套约定俗成的习惯法律遭到破坏。拆迁办为了快速推进，利用乡村的口头或字句承诺"房子归某某"，便或利诱或威胁，让其背着父辈在拆迁协议上签字。而父辈则依据传统赋予的户主权或共享权去抗争。在绝大多数情况下，都是父辈屈服于子辈和拆迁办的压力。②

以莫正才的家宅为例，在2010年开始的拆迁之初，莫姓家宅，除莫正才家之外的部分，都被其主人（莫正曾祖的后人）签了拆迁协议。莫正才

---

① 笔者在下文讨论"家园"时，依据的法便是这种因"家园"演成的所有权。参见朱晓阳《"误读"法律与秩序建成：国有企业改制的案例研究》，《社会科学战线》2005年第3期。相关信息"英国占屋者权利"，根据英国《1980年时限法案》规定，原房屋所有者收回土地所有权的任何行动都必须在12年之内提出，否则，这就是所谓的"占屋者权利"。如果在一处土地上居住满十年后，就可以拿着账单等证据，申请将房产登记变更为自己的名字，申请期需要两年，其间如果没有异议，那么登记可以完成，"占屋者"就可以取得房屋的所有权，且原房屋所有者已无权采取法律行动收回这个房屋。

② 莫家所在的宅院的东边的半四合院和莫家四合院的一间正房与耳房（相当于三分之一的四合院）被其主人在2010年与拆迁办签了拆迁协议。莫正才家外天井内的猪圈部分，也因其子强烈要求，由莫正才本人签了拆迁协议。但协议不包括莫家的大房、耳房、对厅和院子。孙超对这种情况的多个案例做了详细描述和分析，参见孙超《村庄拆迁改造中的家庭关系与老人生活——以昆明市郊小村为例》，载苏力主编《法律和社会科学》第11辑，法律出版社，2013。

第八章 基层社会空间的法

家也面临拆迁压力。在儿子的劝说下,莫正才将外天井里的自家的猪圈部分(5~6平方米)签了拆迁协议,得到6万元补偿费。莫正才没有签过莫家的正房、耳房、对厅和内天井(院子)。但是由于其子是村干部,当时在仇和治下,以问责为威胁,要求干部必须带头签协议,否则将被停止工作。[1] 莫正才的儿子于是背着父亲,在协议上签了字。莫正才知道此事后,带着土地证和户口本等文件到拆迁办,要求撤销协议。而拆迁办的工作人员当时则哄他说协议被取消了。

正如上文所说,当下连国有土地上的不动产交易都采取了所有利益相关者到场或以委托书形式才能完成房产交易的方式。可以说这是房产交易经过多年实践后摸索出的一套实用办法,其目的是减少因房产交易引起的纠纷,结果则是实际承认传统的非业主对家宅有共享权。但是在土地属于集体,没有不动产证,也未确认业主的乡下,当拆迁来临时却会出现以上这种不受两种法约束,却能自由利用两种法的行为。我们不是要检讨什么传统与现代司法冲突,也不是要去讨论什么两种法律语言遭遇而发生的"法律语言混乱"[2],我们要审视的是轻而易举击穿两种法律空间的政治势力本身。在这里出现的是政治势力,是凭借以国家发展大计为背景,游走在两种法之间的力量。

这种势力除了以发展为意识形态之外,有无所依凭的法?特别是有无与本章所关心的空间问题相关的法?其实是有的。那就是势,即一切都以地势、局势和人势为进退取舍的根本考量,也就是说这里的法即兵法[3]。

---

[1] 见朱晓阳《放假回家帮拆迁之昆明版》,http://blog.sina.com.cn/s/blog_4c06b5040100ib34.html。

[2] C. Geertz, "Local Knowledge: Fact and Law in Comparative Perspective", in *Local Knowledge*, New York: Basis Press, 1983.

[3] 笔者曾用搞运动来描述城中村改造拆迁指挥部的策略。按搞运动方式实施的城中村改造项目有着深刻的人类学意义。它是按照战争组织、过渡仪式和科层制的问责制度等多种实践需要设计的政治和生活形式。它被国家用来推进一段时期的中心事项,如土地改革、合作化、"大跃进"、"文化大革命",以及对付非典、办奥运会、城中村改造等。以搞运动的方式成立"领导小组"或指挥部,将国家体制下的各分散部门和各级组织统合到中心工作中,并于党政一把手的领导之下。搞运动能以超常规的一套口号、组织、仪式和手段使中心事项得以快速推进。搞运动在以拼政绩上位的"锦标赛体制"或"项目制"下仍然是各级党政部门喜欢选择的重要手段。在今天,搞运动不仅没(转下页注)

什么"审时度势"和"趁虚而入"等自然是这种势力在侵入或者传统家宅法或者现代法律空间时的策略。这种势力首先在可以利用传统法资源的时候则利用。例如莫正才在儿子劝说下,将外天井内的猪圈签给拆迁办。这仍然是在承认家宅为家庭成员所共享和以户主为代表(由莫正才签字)的前提下进行的交易①。其次,这也是拆迁人和栖居者莫正才根据兵法进行的周旋。拆迁人采用"拆局"或乘虚而入的策略,即诱使户主将一座完整的家宅中"次要部分"签给拆迁办,并声称不影响主人的居住。在拆迁人看来,此举因此得到破局的机会,因为可以对外宣传此处业主"已经签了拆迁协议"。而莫正才则考虑到猪圈在外天井,不属于建筑主体,因此在被逼无奈下,不妨签给拆迁办。这样使作为干部的儿子在村委会和拆迁办面前有一个交代。这也满足了儿子作为房产共享人的权利和对现金的需求。这是莫正才与儿子合谋之下的对房屋的分割。拆迁办自然不满足这一切分式的签约,于是乘势前进,利用分家析产约定的归儿子所有,让继承人背着户主签协议(子代父签)。

到末了,当莫正才喊出"死也要死在这间房子里"的时候,拆迁办则四处张扬"他那个房子已经签了",并将"验"和"拆"字刷上莫的家宅的墙。而莫的儿子则称父亲是个"老顽固",应当搬走了。到此,从兵法角度,栖居者莫正才大势已去,应当是输了。

但是当拆迁人信心满满,在将"拆"和"验"字刷上这幢家宅墙头的

(接上页注③) 有式微,反而被很多商业机构和慈善机构用于促销或劝募活动中。拆迁办的成立和运作就是搞运动式工作推进的体现。将领导小组-指挥部-拆迁办这一组织从上到下贯彻到基层,使利益分化和相互掣肘的部门暂时放弃各自的利益和惯常路径。最近30年因倡导法治建设或依法行政出现的"司法公正"等可能产生独立倾向的部门被"搞运动"重新统合进一元化的党-政系统中。

① 在一份题为《关于昆明螺蛳湾国际商贸城片区塔密村、五腊村、宏仁村城中村改造推进工作有关问题的纪要》[官渡区矣六街道城中村改造指挥部,《会议纪要》(第2期),2010年5月16日]中,写着:"拆迁人在与被拆迁人签订协议时,经常会碰到由非产权人在协议上签字的情况,为了避免将来可能带来的法律纠纷,经征求律师意见,确定如下:1. 以土地证、房产证或三级组织证明上载明的人名为房屋产权人;2. 由他人代房屋产权人签订协议的,需提供产权人授权委托书(统一格式,经委托人和受托人签字按手印),委托人和受托人的身份证复印件。"从文字看,拆迁办清楚知晓合法的行为是什么。但在实践中,为了快速推进拆迁,拆迁人并不按规定操作。

第八章 基层社会空间的法

时候，可能以为只是在一幢乡村烂房子的土坯墙上做了该做的事。他们可能不知道这座建筑在当下要"保护传统"和"留住乡愁"的大政策环境下，已经变成一个"拆不得"的宝贝了。① 当然，来考察的文物专家仅仅根据这幢建筑的外观、形制和功能而认定它"有一定历史价值"，并建议"列为一般文物保护"②。他们不会去想这幢建筑在过去一百年，如何经过四代人的精心照料，特别是莫正才的看护，其形制才依然和建成时候基本一样。但是，即使专家眼中并无莫正才这个栖居者存在，仅按当下的政策，这也是个不能拆的古建筑。而拆迁办手里的协议和墙上的"拆"字，这些原准备用来消灭莫正才的巢穴的武器，现在却都成了违规操作的"证据"。

基于兵法的斗争当然还没有结束，莫正才和拆迁人都仍然有机会。拆迁人的一个机会是使这幢建筑自然倒塌。在莫正才仍居于此的情况下，东边的院子已经由于长期无人居住而部分倒塌。另一个机会是等待房屋因灾被毁。在2011年10月，莫家宅院的西北边的相邻建筑（已经签过拆迁协议的空房子）曾经被人纵火。当时全村有上百人赶来救火才将火扑灭。③ 无独有偶，2020年5~7月，在莫家被刷上"拆"字的前后，这个村庄竟然发生了71起火灾。更令人猜疑的是，最近因为有全国媒体报道莫家家宅等多处宏仁村老宅是不能拆的文物后，一些老宅接连失火，最严重者被完全烧毁。总之无论是基于什么原因，房屋被毁是最有效的消除钉子户的方法。④ 这里并非说莫家起火是拆迁办所为。相反，在最近的几次火险中，

---

① 笔者为此写了一篇文章题为《"一颗印"上的"拆"字：文物保护之困》，该文刊于澎湃新闻·市政厅，https://www.thepaper.cn/newsDetail_forward_3457002。
② 根据昆明市规划局的一位官员（5月10日和13日）与笔者通话的记录，该官员转达了昆明市和官渡区的文物官员来宏仁村对包括莫正才家在内的古旧建筑进行考察的意见。据官员转达的专家考察的意见称，莫家的家宅和另外两处建筑"有一定历史价值"。建议在业主同意情况下，列为一般文物保护。但是专家认为莫家和另一家已经"签了协议"。在此情况下，专家意见似乎暗示保护问题取决于新业主，即拆迁指挥部。而对村里的一处古照壁的专家意见是整体"迁移"到村中两处文物点。
③ 关于这次火灾，纪录片《滇池东岸》中有完整记录，参见朱晓阳、李伟华的《滇池东岸》（纪录片）2013。
④ 《孙子兵法》的"火攻篇"有句："故以火佐攻者明，以水佐攻者强。"

· 183 ·

有人看到驻村的拆迁办工作人员也加入救火的人员中间。①

本章的立场也很清楚：笔者公开主张栖居者莫正才对这所家宅的权利。这种权利既来自传统家宅之法，也来自他对栖息之地80余年的占有和建设。虽然几年来一些文物专家和文化学者从房屋的形制、材料、建成时间和完好程度等对这所家宅给予"有历史价值"的评语，但没有人在申请保留的报告中提出这个文物是栖居者莫成才与物相互生成的。作为栖息场所而存在本应是家宅文物的最重要性质。很可惜这一点却无人提及。

图 8-9 墙上写有"验"字的莫家老宅

---

① 在2020年，莫家老宅及其主人经历着几乎被拆的时刻，B站"直播"下的老宅使在场或不在场的观众亲眼看到一件标准的文物如何遭到毁灭。这幢老宅给人的整体鲜活印象使得后来到莫家考察的省文物专家认为不仅房子要原址保护，连院子里的一棵桂花树也属于保护范围。在2020年10月10日拆迁行动被阻后，才过了一个多月这幢老宅就被区文管部门确定为"区级不可移动文物"。据当时的公示称："经专家评审一致认为，官渡区矣六街道宏仁村230号民居为相对完整的昆明地区典型的'一颗印'建筑，其建筑形制独特，现存木构件雕刻精美，具有一定的历史和建筑艺术价值。"到2020年底，老宅已经被正式确认为"区级不可移动文物"，并被安排了抢险保护措施，例如修建排涝水沟和遮雨钢棚等。在2021年经由昆明市中级人民法院调解，莫家老宅被以产权置换方式完全归国家所有，莫正才及其子以共有业主获得房屋补偿，莫正才本人还得到老宅修复后的"居住权"。这是依照《中华人民共和国民法典》的相关条款新提出的一项居住者权利。2022年区文管部门的落架并抬升地基高度的计划没有得到专家的同意，最后区文物局红头文件规定："遵循最小干预的原则……对宏仁村230号民居进行原址原标高修缮。"目前这项修复工程已经基本完成。

概言之，我们面对着三种情况。其一是与家宅对应的共享权利；其二是传统的共享权与私有产权之间的对接和互相包容；其三是以国家为背景的势力对前两种法律空间的侵入和击碎。在当下如果要讨论空间与法律，无论是传统的空间（如家宅）还是权利为本的法律的空间（如业主对物业的权利）都不能不对这三个方面及其关系进行阐释。而相比于此，传统法律人类学关于空间与法律关系的研究虽然富有洞见，但仍然过于简单和刻板。以下是三个经典的案例。

三

首先是莫斯的《论爱斯基摩人社会的季节性变化：社会形态学研究》[①]。这是人类学关于空间与法律、道德和宗教的重要文章。这篇长文直接影响到埃文思-普里查德的《努尔人——对一个尼罗特人群生活方式和政治制度的描述》的政治研究。[②] 莫斯认为社会空间（房屋）是与相应法律重合的。这是他在文中的核心观点。莫斯的社会形态学在解释爱斯基摩人冬夏两季的钟摆活动及其相应的道德、宗教和法律生活方面仍然很简单。文中

[①] 马塞尔·毛斯：《论爱斯基摩人社会的季节性变化：社会形态学研究》，载马塞尔·毛斯著《社会学与人类学》，佘碧平译，上海译文出版社，2003。关于社会形态学，可见莫里斯·哈布瓦赫《社会形态学》，王迪译，上海人民出版社，2005。此外可参见罗伯·希尔兹《空间问题：文化拓扑学和社会空间化》，谢文娟、张顺生译，江苏凤凰教育出版社，2017，第101~117页。

[②] 这种社会形态学的传统可追溯到孟德斯鸠的《论法的精神》和康德的"永久和平的保证"。按照福柯，康德是这样讨论地理与法律的："关于地理为了使人们活下去，他们就应该能够养活自己，可以生产自己的食物，他们之间能够形成社会组织结构，可以相互之间或者与其他地区的人交换他们的产品。自然想要的是整个世界以及它的每一处都服从于生产和交换的经济活动。从这时起，自然就规定给人类一些义务，后者对人类而言既是法律上的义务，在一定程度上又是大自然秘密地授意给人类的，是自然标记于地理、气候等事物的配置（disposition）中的。而此种配置都有哪些呢？首先，人们可以相互之间独自形成一些建立在所有权等之上的交换关系。人们将自然的规定、自然的准则重新表述成法律的义务，这就成了民法。其次，自然希望人们分布在世界的不同区域上，在其中的每个区域内部，人们之间的关系要优先于他们与其他区域居民的关系；人们把这种自然的准则重新表述为法律，通过建立诸多相互分隔的并且由若干法律关系所维系的国家。这就成了国际法。"米歇尔·福柯：《生命政治的诞生》，莫伟民、赵伟译，上海人民出版社，2018，第48页。

将地理-生计与道德、宗教和法律直接做了对接,并以其所称之涂尔干的功能论来解释法律和宗教形式与社会形态学之间的关系。① 例如莫斯在文章的结尾处这样说:

"我们提出了一条方法论准则,即社会生活及其所有形式(道德、宗教、司法等)是它的物质基础的功能,它是与这一基础一起变化的,也就是说与各个人类群体的总量、密度、形式和构成一起变化的。"②

莫斯仅用功能一个词就将社会形态与道德、宗教和司法之间的关系做了化约。莫斯的功能在此是在涂尔干社会学意义上的使用。实际上莫斯在文中论及关于地理环境的影响时,提出土地因素的影响必须被纳入与完整的和复杂的社会环境的"中介"的关系中。唯有这些社会环境才能说明最终的合成结果③。换句话说,在包括人类群体总量、密度在空间中聚合、分散和流动的社会形态与道德、宗教和司法等形式之间会有"中介"。但是通观全文,莫斯没有指出或讨论过"中介"到底是指什么。简言之,莫斯这样简单和直接处理空间(社会形态)与法律的关系,在今天的人类学看来太过粗略。

其次是格尔茨的《地方知识》④。该文是解释人类学关于法律的经典文献。其中用代表伊斯兰、印度和马来西亚的三组词语⑤厚描出三种法律"地方知识"。格尔茨在文章的最后部分,以印度尼西亚为例,讨论第二次世界大战后这个地区的法律地方知识与植入的西式法律之间形成一种"法律的语言混乱"。格尔茨乐观地称赞这是一种可以从法律多元视角来解释的进步。文中称:在任何第三世界国家,即使在 Volea 和新加坡,业已确立的正义观

---

① 马塞尔·毛斯:《论爱斯基摩人社会的季节性变化:社会形态学研究》,载马塞尔·毛斯著《社会学与人类学》,佘碧平译,上海译文出版社,2003,第394页。
② 马塞尔·毛斯:《论爱斯基摩人社会的季节性变化:社会形态学研究》,载马塞尔·毛斯著《社会学与人类学》,佘碧平译,上海译文出版社,2003。
③ 马塞尔·毛斯:《论爱斯基摩人社会的季节性变化:社会形态学研究》,载马塞尔·毛斯著《社会学与人类学》,佘碧平译,上海译文出版社,2003,第326页。
④ 克利福德·格尔茨:《地方知识》,载克利福德·格尔茨著《地方知识——阐释人类学论文集》,杨德睿译,商务印书馆,2014。
⑤ haqq,伊斯兰教法律用词,意为现实、真理、有效性等。dharma,梵文,意为职责、义务、是非曲直。adat,阿拉伯语,在马来语中指社会共识、道德风尚等。

(haqq, dharma, adat) 同从外部引入的、更多反映现代生活方式和压力的正义观之间的紧张, 使得整个司法过程变得更具生机了。"① 格尔茨的"地方知识"的问题是将自洽和刻板的法律感知 (legal sensibility) 套用在复杂的法律"地方世界"情景中。而且格尔茨的解释人类学以板块式的文化为整体。这种关于地方知识的法律文化整体只适合做远距离和大尺度的比较研究。

最后可以以桑托斯的《被压迫者的法: 帕萨嘎达地区合法性的建构与再生》② 为例。一般认为桑托斯是后现代法律人类学的一个代表。③ 该书是关于巴西里约热内卢贫民区非法占地者的法的民族志。桑托斯将非法占地居民的规范称为社区法 (Pasargada 法), 并对之进行文化分析。他认为这是当地的法权威 (居民协会或 RA) 自己 (采纳一些国家法规辞令) 创制的一套在非法占地者社区内通行的房屋买卖规范。例如正式法律系统中有一种技术表达"(可移动或不可移动的)物质东西的改善 [improvements upon material things (movable or mmovable)]", 或者说"修缮权"。而在社区法规中, improvement 意思与"修缮"无关, 意指房屋或棚子等。有些买卖房屋的合同中不写"房屋", 而写"修缮权"。按照国家法律规定, 房屋交易必须包括房屋之下的土地, 但作为非法占地居住居民区, 土地归国家所有, 如果按一般的合同去写房屋则是违法的。桑托斯认为, 社区法用修缮权之类的说法, 以及这些社区规范的实施目的是避免居民间的冲突, 有利于维持社会的稳定。但桑托斯的"被压迫者的法"的研究基本上不关注这些法的话语实践或"修辞"之外的真实住居状态。例如"修缮权"仅仅

---

① 克利福德·格尔茨:《地方知识——阐释人类学论文集》, 杨德睿译, 商务印书馆, 2014, 第 222 页。
② 这个案例被桑托斯删削后, 作为第四章 (题为《被压迫者的法: 帕萨嘎达地区合法性的建构与再生》) 编入其专著《迈向新法律常识: 法律、全球化和解放》, 参见博温托·迪·苏萨·桑托斯《迈向新法律常识: 法律、全球化和解放》(第二版), 刘坤轮、叶传星译, 中国人民大学出版社, 2009, 第 121~199 页。
③ 桑托斯自称为"对抗式后现代主义 (oppositional postmodernism), "对抗式后现代主义立场认为确实存在着没有现代答案的现代问题; 而这正是我们这个时代所具有的转型特质之所在"。[博温托·迪·苏萨·桑托斯:《迈向新法律常识: 法律、全球化和解放》(第二版), 刘坤轮、叶传星译, 中国人民大学出版社, 2009, 第 4 页。]

被当作一种避免与国家法冲突的"修辞",完全没有讨论这个词的意义所关联的生活形式为何。

桑托斯还以"后现代"视角,将法律(包括违法占地者的法)视为一种不同的人可以"误读"的地图或按不同的政治需要制作的地图。他说:"的确,法律是地图,成文的法律是制图的地图,习惯法和非正式法是内心的地图。"①

在桑托斯看来,法律是一种多重网络的现象,即对同一个(社会)对象进行不同的现实构想,将它们创造为不同的法律对象。桑托斯的法律观比格尔茨的"法律是想象现实的一种方式"②更朝后现代方向走远一步,导向了一种法律的非本体性的主张。在此前提下,司法被想象成政治性的话语实践之间的竞争或修辞活动。

四

笔者近年来在处理类似莫斯的空间与政治/法律的问题时,将空间特别是地方(place)或场所设想为一种地势、生境或处境。在讨论地势/生境/处境与政治/法律等问题时,笔者将技能或者布迪厄意义上的习性作为中介。地势一词则是采用文化持有者的汉语日常语言表达生境、地方等,地势因此被当作一种日常语言述说中的生活形式或差异本体。笔者在过去十多年所做的几个政治/法律民族志研究就是在这种日常语言视角实在论或本体论③下开展的。

---

① 博温托·迪·苏萨·桑托斯:《迈向新法律常识:法律、全球化和解放》(第二版),刘坤轮、叶传星译,中国人民大学出版社,2009,第512~538页。
② C. Geertz, "Local Knowledge: Fact and Law in Comparative Perspective", in *Local Knowledge*, New York: Basis Press, 1983, p. 183.
③ 有关地势和人类学本体论,参见朱晓阳《地势、民族志和"本体论转向"的人类学》,《思想战线》2015年第5期。此外参见朱晓阳、林叶《地势、生境与村民自治——基于滇池周边村落的研究实践》,《广西民族大学学报》(哲学社会科学版)2018年第1期;朱晓阳:《中国的人类学本体论转向及本体政治指向》,《社会学研究》2021年第1期。

第八章 基层社会空间的法

它们包括五个个案。由于这些个案都被笔者分别讨论过，并都已经成文发表，本章仅以标题形式列出其内容。个案一，林权绘相（mapping）[1]，这是关于西南边疆某地岐村的林权改革的案例。个案二，草原共有地[2]，这是关于内蒙古某地草场使用权制度改革的研究。个案三，Z厂家园和产权[3]，这是关于一家国有企业兼并和反兼并的案例。个案四，农民的地权观[4]，这是从村规民约讨论农民地权观与现代产权的差别的研究。个案五，城中村改造[5]，这是关于城市更新中"家园"的案例研究。

在这些案例中，笔者虽然自觉或不自觉采用了"地势 – 生境"的路径来讨论基层社会空间的法的问题[6]，但是没有将地势当作一种兵法的势来考量[7]。相反，笔者将地势作为一个日常语言视角下的本体或实在性因素[8]，

---

[1] 朱晓阳：《林权与地志：云南新村个案》，《中国农业大学学报》（社会科学版）2009年第1期。

[2] 朱晓阳：《语言混乱与草原"共有地"》，《西北民族研究》2007年第1期。

[3] 朱晓阳：《"误读"法律与秩序建成：国有企业改制的案例研究》，《社会科学战线》2005年第3期。

[4] 朱晓阳：《"彻底解释"农民的地权观》，载苏力主编《法律和社会科学》第8辑，法律出版社，2011。

[5] 朱晓阳：《物的城市化与神的战争》，载苏力主编《法律和社会科学》第12辑，法律出版社，2013。

[6] 在这些案例中，笔者都采用测度方法，去发现例如地方视野的产权。运用测度也是为了认识地方的土地利用规范。在政策层面则为了使国家法框架下的产权获得地方支点，或使产权成为栖居的所在。

[7] 笔者另文称，地势本体论即一种整体性的变的原则，而且强调与地或与世界有关的变和动。很重要的一点，地势是汉语述说视角下的日常世界或实在。（参见朱晓阳《中国的人类学本体论转向及本体政治指向》，《社会学研究》2021年第1期。）将势当作兵法，可以以法国学者余莲关于中国的势的研究为例，余莲的势观更强调这个词的非本体论面向或者说变易性、策略性等，与兵法较近。他从中国人生活的关键象征和日常用语开始，即从势的观念出发，认为这是一种"既非机械论（决定论），也非目的论的看法"。余莲称："中国人通过客观运作之中的趋势，便能见到眼不可见的事物，这是为何中国人不需要一个变成'肉身'的媒介，也不需要'形而上学的公设'。"（弗朗索瓦·余莲：《势：中国的效力观》，卓立译，北京大学出版社，2009，第210页。）

[8] 参见张沐阳、孙超、向伟、朱晓阳《"地势"及其对当地人的理解——人类学学者访谈录之八十二》，《广西民族大学学报》（哲学社会科学版）2018年第1期。在文中，笔者提到"'地势'概念里最重要的是与汉语说话者视角和生境有关的现实"。

将之与家园①和家宅等本体联系起来。例如关于"家园"在国有企业 Z 厂兼并和城中村改造中的意义,文章指出:

"身家一体,家园是身的延伸,家园是身及其栖居的壳。因此家园必有'身','身'实在地或象征性地栖居其中。家园不是'现成'的'房子';家园是'生成'的,是一种人与物相互住入的经历。"②

再例如笔者曾在分析滇池东岸城市更新案例时,对与"家园"相关的

---

① 关于"家园",笔者在一篇博文中讨论过。文中称:"家园"是中国的城市化和城市改造中频繁出现的一个词。1998 年,一家国有企业(郑州造纸厂)发生职工反对(开发商)兼并工厂的事件时,他们将其行动称为"救厂护家园"。笔者后来在一篇文章中写道:"职工将保护国有资产与护卫'家园'当作同一件事情。也可以说,他们的'保护国有资产'也是在保卫自己作为居民和所有者自然拥有的那一份共同体财产。"这些说法没有错,其局限性是仅将"家园"解读成一种财产权要求。最近有社会学者在研究都市的群体事件时称:"'保卫家园'不约而同地成为各地抗争者用以维权和抵抗开发项目的重要口号。"学者的这一观察也比较准确,但将"家园"仅看作动员资源的策略则有些偏颇。质言之,这也是透过西方社会理论的镜子看中国的一种判断。"家园"是人们对生于斯长于斯的场所的称呼。在群体事件中,这个词听上去可能有些矫情,不如"家"这个字那样直白而厚重。但是这些职工、居民或村民选择使用"家园"自有其合理考虑。"家园"是用来抵抗开发项目的唯一正当理由。这些开发项目本来都打着无可质疑的"德政"和"公共利益"旗号,例如城中村改造、旧城改造、城改大业和"农民上楼"等。只有在"保卫家园"的主张之前,这些"大业"才陷入了困局。"维护家园"有天经地义的正当性。"家园"与传统文化中的"身家"这一观念吻合。我们都会念"修身、齐家、治国、平天下"这句古训;"身家性命"正是日常政治伦理的基础和出发点。如《水浒》中有一句"身家性命,都在权奸掌握之中"。普通人的"政治"之身或政治生活就是从感受和维护"身家性命"开始的。身家一体,家园是身的延伸,家园是"身"及其栖居的"壳"。因此家园必有"身","身"实在地或象征性地栖居其中。家园不是"现成"的"房子";家园是"生成"的,是一种人与物相互住入的经历。近代以来的正统意识形态总是漠视或排斥"身家"。这种意识形态基于启蒙主义传统的理念,崇拜浮士德式的"创造性破坏"或曰"开发"。在这套理念中,身家缺位;而在其实践中,身家受到压制。再则,为了宏大理想,身家应当被牺牲。这种意识形态肆无忌惮拆除人们"家园"的行为提供了有力支持。拆除家园意味着消灭人身!到头来这也就意味着宏大理想最终失去支撑。因为没有身家的社会或天下是空洞的。普通人一旦拒绝了这种"理念",身家/家园便重新回到日常生活政治的中心。家园就成为生活世界维护的基础,就成为抗拒不公正的理由。在当下的城市化和"城改大业"中,很多人及其栖居之所被污名为"脏乱差的城中村"、危旧房、"要高价的钉子户"⋯⋯唯有"家园"为这些人提供维护自己利益和权利的理由,提供表达自己的生活世界理想的可能。"家园"正在成为基层政治学的起点和基石。"保护家园"也是唯一的绝地反击之理由。一旦"发展主义"挑战并威胁到普通人的"身家性命",一旦人们有意识地维护"家园","宏大事业"就会遭到质疑,并从此陷入正当性困境。正是在这些经历中,"家园感"得以诞生,"家园"得以建成。(朱晓阳:《家园,使生活更美好》,http://blog.sina.com.cn/s/blog_4c06b5040100qp6x.html。)

② 朱晓阳:《家园,使生活更美好》,http://blog.sina.com.cn/s/blog_4c06b5040100qp6x.html。

地势所得结论如下：

"当面对强大国家对地方的连根拔除时，村庄内仍然有某种坚韧的支撑力。这种力在'势'之外，这是什么东西呢？组织坚守村子的刘杰说：'保住这个家'。我以前将'保家'概括为'保卫家园'。我在本书导言提出要从地势的角度研究政治，并将'家园'作为地势政治学的一个基本概念。我们也许应当将'地势'当作一个莫斯意义上的'整体社会事实'看待。从这种意义上说，地势是一种'本体'，是一种凝聚精神和物质的现实物。它包含人的世界感知、情感和地方认同，而不仅仅是政治谋略性的空间布局。这是'地势'会在小村个案中显得如此重要和有意义的原因。"

结　语

本章讨论了以下几个方面。第一，用城中村改造的一个案例，以家宅为尺度来描绘法律，或者说讨论社会空间如何安顿法。家宅之法勾连了传统的家庭共享权和当代的不动产私权，形成一种法律人类学意义上的不同范式之间的对接。但是当代城市更新中更不可抗拒的力量来自这种对接之外的国家势力及其实施的城市更新运动。第二，追溯人类学法律研究从社会形态学传统到当代地势学的发展历程。第三，从日常语言视角，讨论家园、家宅、生境和地势等。这种地势与本章开头案例中的政治势力的兵法有区别。这里所指的空间-地势对于生于斯长于斯之人的心之图式（schema）和惯习形成，以及认同（identity）建立有着重要意义。

回到本章开头的案例，莫正才家宅面临的根本问题不是什么传统法与现代法之间的"语言混乱"，也不是如后现代法律人类学所称之"政治话语"的竞争。相反，两种法律语言在当下的不动产交易过程中已经出现"完美"的对接。在这个个案中，严重的问题是以国家发展大计为背景的势力可以轻而易举地击碎无论是传统、现代，还是两者相结合的法律。其结果是使社会赖以维系的秩序处于危殆或断裂之中。如何规范这种势力是当下的一个重要实践和理论命题。

参考文献

A. R. 德赛：《现代化概念有重新评价的必要》，载西里尔·E. 布莱克编《比较现代化》，杨豫、陈祖洲译，上海译文出版社，1996。

阿尔都塞：《马基雅维利和我们》，载阿尔都塞著《哲学与政治：阿尔都塞读本》，陈越编译，吉林人民出版社，2003。

阿拉腾：《半农半牧地区自然资源的利用——内蒙古察右后旗阿达日嘎嘎查的人类学田野考察》，《西北民族研究》2004年第4期。

阿拉腾：《文化的变迁——一个嘎查的故事》，民族出版社，2006。

阿图罗·埃斯科瓦尔：《发展的历史，现代性的困境——以批判性的发展研究视角审视全球化》，傅荣译，《中国农业大学学报》（社会科学版）2008年第1期。

阿图罗·埃斯科瓦尔：《人类学与发展》，载中国社会科学杂志社编《人类学的趋势》，社会科学文献出版社，2000。

白美妃：《超越自然与人文的一种努力——论英格尔德的"栖居视角"》，《青海民族大学学报》（社会科学版）2017年第4期。

白美妃：《撑开在城乡之间的家——基础设施、时空经验与县域城乡关系再认识》，《社会学研究》2021年第6期。

彼得·F. 斯特劳森：《个体：论描述的形而上学》，江怡译，中国人民大学出版社，2004。

博温托·迪·苏萨·桑托斯：《迈向新法律常识——法律、全球化和解放》（第二版），刘坤轮、叶传星译，中国人民大学出版社，2009。

布鲁诺·拉图尔：《我们从未现代过》，余晓岚等译，王文基等校订，台北：群学出版有限公司，2012。

参考文献

陈波等：《分析哲学——批评与建构》上卷，中国人民大学出版社，2018。

陈亮：《以势谋地：移民的城市生存空间和生计策略》，《广西民族大学学报》（哲学社会科学版）2018年第1期。

陈小文：《建筑中的神性》，《世界哲学》2009年第4期。

大卫·哈维：《希望的空间》，胡大平译，南京大学出版社，2006。

丹尼尔·L. 埃弗里特：《语言的诞生：人类最伟大发明的故事》，何文忠、樊子瑶、桂世豪译，中信出版集团，2020。

丹尼尔·埃弗里特：《别睡，这里有蛇：一个语言学家和人类学家在亚马孙丛林深处》，潘丽君译，新世界出版社，2019。

E. P. 汤普森：《英国工人阶级的形成》，钱乘旦等译，译林出版社，2013。

恩格斯：《劳动在从猿到人的转变中的作用》，载《马克思恩格斯选集》第三卷，中共中央马克思恩格斯列宁斯大林著作编译局编译，人民出版社，2012。

费孝通：《茧》，孙静、王燕彬译，王铭铭校，生活·读书·新知三联书店，2021。

费孝通：《师承·补课·治学》，生活·读书·新知三联书店，2002。

费孝通：《试谈扩展社会学的传统界限》，《北京大学学报》（哲学社会科学版）2003年第3期。

费孝通：《乡土中国》，生活·读书·新知三联书店，1985，第55页。

费孝通：《乡土重建》，载《费孝通文集》第四卷，群言出版社，1999，第301页。

冯耀云：《本土化讨论厘清社会学话语权建设要点》，《中国社会科学报》2019年11月6日。

弗朗索瓦·余莲：《势：中国的效力观》，卓立译，北京大学出版社，2009。

高小贤：《"银花赛"：20世纪50年代农村妇女的性别分工》，《社会学研究》2005年第4期。

韩丁：《翻身——中国一个村庄的革命纪实》，韩倞等译，北京出版社，1980。

贺雪峰：《本土化与主体性：中国社会科学研究的方向——兼与谢宇教授

商榷》，《探索与争鸣》2020年第1期。

贺雪峰：《新乡土中国》，广西师范大学出版社，2003。

黑格尔：《精神现象学》（下卷），贺麟、王玖兴译，商务印书馆，1979。

胡鸿保主编《中国人类学史》，中国人民大学出版社，2006。

胡雯、张浩、李毅、刘世定、国光：《分子遗传学的发展对社会学的影响》，《社会学研究》2012第5期。

胡英泽、郭心钢：《区域、阶级与乡村役畜分配——以20世纪30—50年代山西省为例》，《开放时代》2017年第4期。

J. D. 万斯：《乡下人的悲歌》，刘晓同、庄逸抒译，江苏凤凰文艺出版社，2017。

金岳霖：《论道》，商务印书馆，1987。

金岳霖：《知识论》，中国人民大学出版社，2010。

景天魁等：《中国社会学：起源与绵延》（全2册），社会科学文献出版社，2017。

卡尔·波兰尼：《经济：制度化的过程》，侯利宏译，渠敬东校，载许宝强、渠敬东选编《反市场的资本主义》，中央编译出版社，2000。

凯蒂·加德纳、大卫·刘易斯：《人类学、发展与后现代挑战》，张有春译，中国人民大学出版社，2008。

柯尔斯顿·哈斯特普：《迈向实用主义启蒙的社会人类学？》，谭颖、朱晓阳译，《中国农业大学学报》（社会科学版）2007年第4期。

科大卫：《皇帝和祖宗：华南的国家与宗族》，卜永坚译，江苏人民出版社，2010。

克利福德·格尔茨：《地方知识——阐释人类学论文集》，杨德睿译，商务印书馆，2014。

克利福德·格尔茨：《作为文化体系的宗教》，载克利福德·格尔茨著《文化的解释》，韩莉译，译林出版社，1999。

李耕：《规矩、示能和氛围：民居建筑遗产塑造社会的三个机制》，《文化遗产》2019年第5期。

李隆虎：《同一文化，多个世界？——评美洲印第安视角主义》，《思想战线》2016 年第 3 期。

李区:《上缅甸诸政治体制——克钦社会结构之研究》,张恭启、黄道琳译,正港资讯文化事业有限公司,2003。

李周:《社会扶贫中的政府行为比较研究》,中国经济出版社,2001。

德里克·弗里曼:《玛格丽特·米德与萨摩亚:一个人类学神话的形成与破灭》,夏循祥、徐豪译,商务印书馆,2008。

梁玉成:《走出"走出中国社会学本土化讨论的误区"的误区》,《新视野》2018 年第 4 期。

林叶:《"废墟"上的栖居——拆迁遗留地带的测度与空间生产》,《社会学评论》2020 年第 4 期。

林毅夫:《解决农村贫困问题需要有新的战略思路——评世界银行新的"惠及贫困人口的农村发展战略"》,《北京大学学报》(哲学社会科学版)2002 年第 5 期。

刘超群:《栖居与建造:地志学视野下的传统民居改造》,《广西民族大学学报》(哲学社会科学版)2018 年第 1 期。

刘珩:《民族志诗性:论"自我"维度的人类学理论实践》,《民族研究》2012 年第 4 期。

刘梁剑:《有"思"有"想"的语言——金岳霖的语言哲学及其当代意义》,《哲学动态》2018 年第 4 期。

刘世定:《对社会学中国化的反思》,载周晓虹主编《重建中国社会学:40 位社会学家口述实录(1979—2019)》,商务印书馆,2021。

路易·阿尔都塞、艾蒂安·巴里巴尔:《读〈资本论〉》,李其庆、冯文光译,中央编译出版社,2008。

罗伯·希尔兹:《空间问题:文化拓扑学和社会空间化》,谢文娟、张顺生译,江苏凤凰教育出版社,2017。

罗康隆:《社区营造视野下的乡村文化自觉——以一个苗族社区为例》,《中南民族大学学报》(人文社会科学版)2015 年第 5 期。

M. 福蒂斯、E. E. 埃文思-普里查德编《非洲的政治制度》,刘真译,商务印书馆,2016。

马丁·海德格尔：《思的经验》，陈春文译，商务印书馆，2018。

马丁·海德格尔：《在通向语言的途中》（修订译本），孙周兴译，商务印书馆，2004。

马克思、恩格斯：《德意志意识形态》，载《马克思恩格斯选集》（第一卷），中共中央马克思恩格斯列宁斯大林著作编译局编译，人民出版社，2012。

马克思：《关于费尔巴哈的提纲》，载《马克思恩格斯选集》（第一卷），中共中央马克思恩格斯列宁斯大林著作编译局编译，人民出版社，2012。

马克思：《1844年经济学哲学手稿》，中共中央马克思恩格斯列宁斯大林著作编译局编译，人民出版社，2014。

马克斯·韦伯：《社会科学认识和社会政策认识中的"客观性"》，载马克斯·韦伯著《社会科学方法论》，韩水法、莫茜译，中央编译出版社，2008。

马塞尔·毛斯：《社会学与人类学》，佘碧平译，上海译文出版社，2003。

迈克尔·布若威：《制造同意——垄断资本主义劳动过程的变迁》，李荣荣译，商务印书馆，2008，第146页。

米歇尔·福柯：《两个讲座》，载包亚明主编《权力的眼睛——福柯访谈录》，严锋译，上海人民出版社，1997。

米歇尔·福柯：《生命政治的诞生》，莫伟民、赵伟译，上海人民出版社，2018。

米歇尔·福柯：《说真话的勇气：治理自我与治理他者Ⅱ》，钱翰、陈晓径译，上海人民出版社，2016。

莫里斯·弗里德曼：《中国东南的宗族组织》，刘晓春译，王铭铭校，上海人民出版社，2000。

莫里斯·郭德烈：《人类社会的根基：人类学的重构》，董芃芃等译，中国社会科学出版社，2011。

莫里斯·哈布瓦赫：《社会形态学》，王迪译，上海人民出版社，2005。

尼古拉斯·卢曼：《权力》，瞿铁鹏译，上海人民出版社，2005。

乔治·E.马尔库斯、米开尔·M.J.费彻尔：《作为文化批评的人类学——

一个人文学科的实验时代》,王铭铭、蓝达居译,生活·读书·新知三联书店,1998。

任剑涛:《重思中国社会科学的本土化理想》,《广州大学学报》(社会科学版)2020年第3期。

瑞雪·墨菲:《农民工改变中国农村》,黄涛、王静译,浙江人民出版社,2009。

世界银行编著《中国战胜农村贫困:世界银行国别报告》,国务院扶贫办译,中国财政经济出版社,2001。

唐纳德·戴维森:《真理、意义与方法——戴维森哲学文选》,牟博选编,商务印书馆,2008,第274页。

托马斯·C. 帕特森:《卡尔·马克思,人类学家》,何国强译,云南大学出版社,2013。

王铭铭:《当代民族志形态的形成:从知识论的转向到新本体论的回归》,《民族研究》2015年第3期。

王铭铭:《联想、比较与思考:费孝通"天人合一论"与人类学"本体论转向"》,《学术月刊》2019年第8期。

王晓毅:《家庭经营的牧民——锡林浩特希塔嘎查调查》,《中国农业大学学报》(社会科学版)2007年第4期。

威拉德·蒯因:《经验论的两个教条》,载威拉德·蒯因著《从逻辑的观点看》,江天骥、宋文淦、张家龙、陈启伟译,上海译文出版社,1987。

吴飞:《梁漱溟的"新礼俗"——读梁漱溟的〈乡村建设理论〉》,《社会学研究》2005年第5期。

吴文藻:《〈社会学丛刊〉总序》,载吴文藻著《论社会学中国化》,陈恕、王庆仁编,商务印书馆,2010。

吴毅、李德瑞:《二十年农村政治研究的演进与转向——兼论一段公共学术运动的兴起与终结》,《开放时代》2007年第2期。

希拉里·普特南:《事实与价值二分法的崩溃》,应奇译,东方出版社,2006。

谢立中:《"中国本土社会学"辨析》,《北京工业大学学报》(社会科学版）2020 年第 2 期。

谢宇：《走出中国社会学本土化讨论的误区》，《社会学研究》2018 年第 2 期。

徐菡：《电影、媒介、感觉：试论当代西方影视人类学的转向与发展》，《思想战线》2013 年第 2 期。

徐勇、周青年：《"组为基础，三级联动"：村民自治运行的长效机制——广东省云浮市探索的背景与价值》，《河北学刊》2011 年第 5 期。

许倬云：《汉代农业：早期中国农业经济的形成》，江苏人民出版社，1998。

雅各布·伊弗斯：《人类学视野下的中国手工业的技术定位》，胡冬雯、张洁译，《民族学刊》2012 年第 2 期。

杨小柳：《参与式行动——来自凉山彝族地区的发展研究》，民族出版社，2008。

尹绍亭：《远去的山火——人类学视野中的刀耕火种》，云南人民出版社，2008。

余晓敏、潘毅：《消费社会与"新生代打工妹"主体性再造》，《社会学研究》2008 年第 3 期。

余昕：《燕窝贸易与"海洋中国"——物的社会生命视野下对"乡土中国"的反思》，《西南民族大学学报》（人文社科版）2016 年第 1 期。

约翰·R. 塞尔：《社会实在的建构》，李步楼译，上海人民出版社，2008。

约翰·格莱德希尔：《权力及其伪装：关于政治的人类学视角》，赵旭东译，商务印书馆，2011。

翟学伟：《社会学本土化是个伪问题吗》，《探索与争鸣》2018 年第 9 期。

詹姆斯·C. 斯科特：《逃避统治的艺术：东南亚高地的无政府主义历史》，王晓毅译，生活·读书·新知三联书店，2016。

张晖：《视觉人类学的"感官转向"与当代艺术的民族志路径》，《西北民族大学学报》（人文社科版）2016 年第 8 期。

张廷国：《建筑就是"让安居"——海德格尔论建筑的本质》，《世界哲学》2009 年第 4 期。

张晓琼：《变迁与发展——云南布朗山布朗族社会研究》，民族出版社，

2005。

张仲礼：《中国绅士——关于其在19世纪中国社会中作用的研究》，李荣昌译，上海社会科学院出版社，1991。

章邵增：《阿拉善的骆驼和人的故事：总体社会事实的民族志》，载郑也夫、沈原、潘绥铭编《北大清华人大社会学硕士论文选编2007》，山东人民出版社，2007。

郑宇健：《规范性：思想和意义之基》，中国人民大学出版社，2019。

周大鸣：《渴望生存：农民工流动的人类学考察》，中山大学出版社，2005。

周飞舟：《人伦与位育：潘光旦先生的社会学思想及其儒学基础》，《社会学评论》2019年第4期。

周荣德：《中国社会的阶层与流动：一个社区中士绅身份的研究》，学林出版社，2000。

周怡：《贫困研究：结构解释与文化解释的对垒》，《社会学研究》2002年第3期。

朱健刚：《当代中国公民社会的成长和创新》，《探索与争鸣》2007年第6期。

朱晓阳：《本体观人：重温马克思主义人类学》，《新视野》2022年第1期。

朱晓阳：《日常语言视角的人类学本体论》，《中国农业大学学报》（社会科学版）2021年第2期。

朱晓阳：《"彻底解释"农民的地权观》，载苏力主编《法律和社会科学》第8辑，法律出版社，2011。

朱晓阳：《从乡绅到中农》，《中国农业大学学报》（社会科学版）2018年第1期。

朱晓阳：《地势、民族志和"本体论转向"的人类学》，《思想战线》2015年第5期。

朱晓阳：《地势与政治：社会文化人类学的视角》，社会科学文献出版社，2016。

朱晓阳：《反贫困的新战略：从"不可能完成的使命"到管理穷人》，《社会学研究》2004年第2期。

朱晓阳：《黑地·病地·失地——滇池小村的地志与斯科特进路的问题》，《中国农业大学学报》（社会科学版）2008年第2期。

朱晓阳：《基层社会空间的法：社会形态、兵法和地势》，《原生态民族文化学刊》2021年第3期。

朱晓阳：《林权与地志：云南新村个案》，《中国农业大学学报》（社会科学版）2009年第1期。

朱晓阳：《社会学"本土化"及其对手的问题》，《中国社会科学报》2020年7月22日。

朱晓阳、谭颖：《对中国"发展"和"发展干预"研究的反思》，《社会学研究》2010年第4期。

朱晓阳：《"误读"法律与秩序建成：国有企业改制的案例研究》，《社会科学战线》2005年第3期。

朱晓阳：《小村故事：地志与家园（2003—2009）》，北京大学出版社，2011。

朱晓阳：《小村故事：罪过与惩罚（1931—1997）》（修订版），法律出版社，2011。

朱晓阳：《语言混乱与草原"共有地"》，《西北民族研究》2007年第1期。

朱晓阳：《"语言混乱"与法律人类学的整体论进路》，《中国社会科学》2007年第2期。

朱晓阳：《在参与式时代谈建构"性别主体"的困境》，《开放时代》2005年第1期。

朱晓阳：《中国的人类学本体论转向及本体政治指向》，《社会学研究》2021年第1期。

庄孔韶：《重建族群生态系统：技术支持与文化自救——广西、云南的两个应用人类学个案》，《甘肃理论学刊》2007年第4期。

Agustin Fuentes, "Integrative Anthropology and Human Niche: Toward a Contemporary Approach to Human Evolution", *American Anthropologist*, June 2015, Vol. 117, No. 2, pp. 302–315.

Alfred Gell, "The Technology of Enchantment and the Enchantment of Technology", in Jeremy Coote (ed.), *Anthropology, Art, and Aesthetics*, Clarendon Press, 1994, pp. 43 – 44.

Amiria Salmond, "Transformation transformed", *HAU: Journal of Ethnographic Theory*, 2016, 6 (3).

Bruno Latour, *We Have Never Been Modern*, trans. By Catherine Porter. New York: Harvester Wheatsheaf, 1993.

Bruno Latour, "Another Way to Compose the Common World", *HAU: Journal of Ethnographic Theory*, 2014, 4 (1), pp. 301 – 307.

Clifford Geertz, "From the Nativeing", in *Local Knowledge: Further Essays in Interpretive Anthropology*, New York: Basic Books, 1983, p. 57.

Donald Davidson, "On the Very Idea of a Conceptual Scheme", in *Inquiries into Truth and Interpretation*, Oxford: Oxford University Press, 2001, pp. 183 – 198.

Donald Davidson, Radical Interpretation, in *Inquires into Truth and Interpretation*, Oxford: Clarendon Press, 1985, pp. 125 – 139.

Eduardo Kohn, "Anthropology of Ontologies", *Annual Review of Anthropology*, 2015, 44.

Eduardo V. de Castro, "Perspectival Anthropology and the Method of Controlled Equisvocation", *Tipití: Journal of the Society for the Anthropology of Lowland South America*, 2004, Vol. 2, Iss. 1, Article 1.

Elizabeth A. Povinelli, "Geontologies of the Otherwise", January 13, 2014, https://culanth.org/fieldsights/series/the-politics-of-ontology.

Graham Harman, *Tool-Being: Heidegger and the Metaphysics of Objects*, New York: Open Court, 2002.

James Clifford & George Marcus (eds.), *Writing Culture: The Poetics and Politics of Ethnography*, Santa Cruz: University of California Press, 1986.

James Ferguson, *The Anti-Politics Machine: "Development", Depoliticization, and Bureaucratic Power in Lesotho*, Cambridge: Cambridge University Press, 1990.

James J. Gibson, *The Ecological Approach to Visual Perception*, Boston: Houghton Mifflin, 1979.

Katy Gardner & David Lewis, *Anthropology, Development and the Post-modern Challenge*, London: Pluto Press, 1996.

Kay Milton, *Environmentalism and Cultural Theory: Exploring the Role of Anthropology in Environmental*, Discourse London: Routledge, 1996.

Kay Milton, *Loving Nature: Towards an Ecology of Emotion*, London: Routledge, 2002.

Kirsten Hastrup, "Social Anthropology: Towards a Pragmatic Enlightenment?", *Social Anthropology*, 2005, 13 (2).

Marisol de la Cadena, "Indigenous Cosmopolitics in the Andes: Conceptual Reflections beyond 'Politics'", *Cultural Anthropology*, 2010, 25 (2).

Martin Holbraad & Morten Axel Pedersen, *The Ontological Turn: An Anthropological Exposition*, Cambridge: Cambridge University Press, 2017, p. 5.

Martin Holbraad & Morten Axel Pedersen, "The Politics of Ontology", January 13, 2014, https://culanth.org/fieldsights/series/the-politics-of-ontology.

Martin Paleček & Mark Risjord, "Relativism and the Ontological Turn within Anthropology", *Philosophy of the Social Sciences*, 2012, 43 (1).

Maurice Bloch, *Marxism and Anthropology: The History of a Relationship*, Clarendon Press, 1983, p. 10.

Michael Beaney, "Ordinary Language Philosophy", in Gillian Russell & Delia Graff Fara (eds.), *The Routledge Companion to Philosophy of Language*, New York: Routledge, 2012, p. 875.

Michael Herzfeld, "Engagement, Gentrification, and the Neoliberal Hijacking of History", *Current Anthropology*, 2010, Vol. 51, No. S2, p. S265.

Michel Foucault, *The History of Sexuality*, Robert Hurley (trans.), London: Penguin Books, pp. 80–84.

Paul Bohannan, *Justice and Judgment among the Tiv*, Oxford University Press, 1957.

Philippe Descola, *Beyond Nature and Culture*, Chicago: The University of Chicago Press, 2013.

Sam Beck & Carl A. Maida, "Toward Engaged Anthropology", *Collaborative Anthropologies*, 2015, 7 (2), pp. 220 – 226.

Sarah Pink, *The Future of Visual Anthropology: Engaging the Senses*, Routledge Press, 2006.

Sherry B. Ortner, "Dark Anthropology and Its Others: Theory since the Eighties", *HAU: Journal of Ethnographic Theory*, 2016, 6 (1), pp. 47 – 73.

S. Low & S. Merry, "Engaged Anthropology: Diversity and Dilemmas", *Current Anthropology*, 2010, 51 (2), p. S210.

Steve Woolgar & Javier Lezaun, "The Wrong Bin Bag: A Turn to Ontology in Science and Technology Studies?", *Social Studies of Science*, 2013, 43 (3).

Tim Ingold, *The Perception of the Environment: Essays on Livelihood, Dwelling and Skill*, New York: Routledge, 2003.

Vincent Crapanzano, "Hermestion", in James Cliford and George E. Marcus (eds.), *Writing Culture: The Poetics and Politics of Ethnography*, Berkeley: University of California Press, 1986, pp. 72 – 74.

Webb Keane, "Perspectives on Affordances, or the Anthropologically Real: The 2018 Daryll Forde Lecture", *HAU: Journal of Ethnographic Theory*, 2018, 8 (1 – 2).

图书在版编目(CIP)数据

政治人类学：从日常语言视角/朱晓阳著. -- 北京：社会科学文献出版社，2024.5（2025.1重印）
（魁阁学术文库）
ISBN 978 - 7 - 5228 - 3433 - 7

Ⅰ.①政… Ⅱ.①朱… Ⅲ.①政治人类学－研究 Ⅳ.①D0 - 05

中国国家版本馆 CIP 数据核字（2024）第 066055 号

魁阁学术文库
政治人类学
——从日常语言视角

著　　者／朱晓阳

出 版 人／冀祥德
组稿编辑／谢蕊芬
责任编辑／庄士龙
责任印制／王京美

出　　版／社会科学文献出版社·群学分社（010）59367002
　　　　　　地址：北京市北三环中路甲29号院华龙大厦　邮编：100029
　　　　　　网址：www.ssap.com.cn
发　　行／社会科学文献出版社（010）59367028
印　　装／唐山玺诚印务有限公司
规　　格／开　本：787mm×1092mm　1/16
　　　　　　印　张：13.5　字　数：202千字
版　　次／2024年5月第1版　2025年1月第2次印刷
书　　号／ISBN 978 - 7 - 5228 - 3433 - 7
定　　价／89.00元

读者服务电话：4008918866

版权所有 翻印必究